Theo Löbsack

VERSUCH UND IRRTUM
Der Mensch: Fehlschlag der Natur

C. Bertelsmann Verlag

»Es scheint mir, daß der Versuch der Natur,
auf dieser Erde ein denkendes Wesen hervorzubringen,
gescheitert ist.«

Nobelpreisträger Max Born

© 1974 Verlagsgruppe Bertelsmann GmbH/
C. Bertelsmann Verlag München, Gütersloh, Wien
Gesamtherstellung: Welsermühl, Wels
Printed in Austria
ISBN 3-570-02260-9

FÜR DENISE

Inhalt

Vorwort 11

1. VERSUCH UND IRRTUM 13
Das Großhirn als Fehlentwicklung – Der Zwang zur Anpassung – Vermehrungs- und Vernichtungsdruck – 100 Millionen Tonnen menschlicher Biomasse – Der Herrgott segnet die Suppentöpfe – Das Katastrophenorgan – Lustgewinn durch Erkenntnisgewinn – Unstillbare Neugier, aber keine Antwort auf »Letzte Fragen« – Der Mensch als »Gedanke Gottes« – »Immer mehr« und »immer größer« – Scheitern an der selbstgeschaffenen Umwelt – Der Räumungsbefehl für den Menschen.

2. WIE DAS VERHÄNGNISVOLLE ORGAN ENTSTAND 23
Der prometheische Stolz – Vorstufen des Geistigen in toter Materie? – Der Sechste Sinn als tastender Versuch der Natur, ein neues Organ zu schaffen – Der Qualitätssprung zum Bewußtsein – Gefühl und Verhalten: Der Verpaarungstrick macht's möglich – Die Lustprämie des Orgasmus – 100 000 Nervenzellen verhindern das Stolpern – Zehn Watt Energie im Gehirn – Stürzender Baum und Insektenstich: die blitzartigen Vorrang-Entscheidungen – Unkontrollierbare Urgefühle im Limbischen System – Die Folgen der Sprach-Entwicklung – Biologische und kulturelle Evolution – Aufrechter Gang und abspreizbarer Daumen – Was das Menschenhirn dem Schimpansenhirn voraus hat – Warum blieb das Gehirn in seiner Entwicklung stehen? – Preis der Massenvermehrung: Immer weniger Fortpflanzungserfolg für Überlegenheit – Eine Quinquillion Verschaltungsmöglichkeiten – Die gefährlichen Entscheidungen des Stirnhirns – Haarlose Haut und Sexualverhalten – Die permanente Geschlechtslust – Wie der Altruismus auf die Welt kam – Selektionsdruck durch den Brutpflegeinstinkt – Wenn Berliner Eltern »abkindern« – Ein ganz neues Mordgefühl – Das Phänomen des richtigen Denkens – Das überdimensionierte Gehirn oder der Luxus abstrakter Gedankengänge.

3. DAS ZWECKENTFREMDETE GEHIRN 57
Allzu menschlich: Die bösartige Aggression – Keine ökologische Nische für den Menschen: Der Zwang zur Umweltgestaltung – Gefährlicher »Spaß« an der Technik – Der »Point of no return«, als das basale Stirnhirn entstanden war – Die Entfernung vom ursprünglichen Zweck, Sinnesreize zu beantworten – Rad und Hebel: technische Erfindungen verstärken die Muskelkraft – Vom Steinbeil zum maßgeschneiderten Molekül: der unaufhaltsame Weg – Als Adam und Eva von den Bäumen stiegen – Das Gehirn auf der Suche nach dem Göttlichen – Die Frage nach dem Sinn des Daseins.

4. DAS AUSLESEGESETZ, UND WAS DER MENSCH AUS IHM MACHTE 74
Das Unbehagen, den Naturgesetzen unterworfen zu sein – Wie das Leben entstand – Die Triebkräfte der Evolution – Moleküle im Konkurrenzkampf – Die Umwelt als prüfende Instanz – Der Mensch, ein Produkt blinden Zufalls? – Wie konnten komplizierte Sinnesorgane entstehen? – Beim »Kampf ums Dasein« fließt kein Blut – Das Rätsel der Höherentwicklung – Plan im Planlosen – Organe als Kompromisse – Resistenz als Anpassungstrick – Wo die Evolution schnell verläuft – Der Quastenflosser steigt ans Land – Wie die Arten entstanden – Leben im ewigen Eis – Verhaltensweisen als Mutationsersatz – Wie der Mensch die Evolution überspielte – Viele Nachkommen und längeres Leben: perfekte Todeskontrolle, aber kein Ersatz für den Daseinskampf – Die unheimliche Wasserlilie – Strahlen und Chemikalien erhöhen die Mutationsrate – Was die Wasserflöhe uns lehren – Der Kampf des Menschen gegen die Natur – Die Abkehr von der Geborgenheit.

5. DIE INSTINKTLOSEN HANDLUNGEN 123
Mehr Erkenntnisse, weniger Weisheit – Von der Pferdedroschke zur Weltraumfahrt: das Beschleunigungsphänomen der letzten Jahrzehnte – Die Stunde der Wahrheit – Die kleinen und die großen Sünden – Die Erde als Ausbeutungsobjekt – Mit 130 PS zum Einkaufsbummel – Jagdleidenschaft am Steuer – »Manöverschäden« durch Jux-Fahrzeuge – Das verpönte Einfache Leben – Wenn die Rohstofflager schrumpfen – Der gänzlich unangebrachte Respekt vor den Werken der Technik – Vogelmord als Sport – 100 ausgerottete Wirbeltier-Arten in einem Jahrhundert – Pflanzen auf der Abschußliste – Die Perversion der Verkehrssicherheit: Straßenbäume als Wegelagerer – Naturverbundenheit als peinliche Schwarmgeisterei – Das gestörte Gleichgewicht – Ist die Erde nur für den Menschen da? – Die Bombe als Denkprodukt des Gehirns – Die tötbare Erdbevölkerung – Warum Otto Hahn keine Schuld hat – Kernkraftwerke treiben die Industrialisierung voran – Das gefährliche Plutonium – Die zunehmende Kompliziertheit unserer Welt und die Unfähigkeit des Gehirns, ihrer Herr zu bleiben.

6. DIE ZWEISCHNEIDIGE MEDIZIN 157

Hilfsbereitschaft mit positivem Auslesewert – Die beherrschten Krankheiten – Überleben im Eissarg? – Organverpflanzungen und andere Großtaten – Ein Gesundheitsbericht prophezeit: Zwanzig Jahre länger leben – Der Kampf gegen die Kinderlosigkeit: Künstliche Befruchtung und Zeugungshilfen – Perlenketten für gebärfreudige Inderinnen – Zunehmendes Analphabetentum als Auch-Ergebnis der Bevölkerungsexplosion – Geburtenkontrolle bei Mäusen und Elefanten – Warum die Phasentheorie des Bevölkerungswachstums versagt – Das Problem der Erbkranken – Die Schwächung der Immunsysteme – Wenn die Medikamente knapp werden – Der medizinisch »verwöhnte« Mensch und die Probleme der Zukunft – Das Risiko der Röntgenstrahlen – Erbschäden auch durch Medikamente? Der maskierte Erbverfall – Menschen im Vorfeld von Geisteskrankheiten.

7. KEHRSEITEN VON ETHIK UND MORAL 200

Als das Christentum entstand – Die Problematik der christlichen Tugenden heute – Haben nur die Lebenden ein Recht auf Nächstenliebe? Wunderglaube als Freibrief – Wohin das Mitleid führt – Katholische Kirche und Sexualverhalten – Die Rolle der Papst-Berater – Wann beginnt das menschliche Leben? – Die sogenannte »Naturtreue« als Verhaltensprinzip – Erbkrankheiten: Wenn der Teufel mit dem Beelzebub ausgetrieben wird – Ethik als Luxus – »Mobbing«, die Anstoß-Aggressivität als Relikt aus der Zeit unserer tierischen Ahnen – Warum das Negerkind auf dem Schulhof von den Weißen verprügelt wird – Ein Seelsorger sagt es geradeheraus – Sterbehilfe: ja oder nein? – »Töten Sie mich, sonst sind Sie mein Mörder!« – Die »metaphysische Schuld« der Ärzte – Wann ist der Mensch tot? – Überleben mit Hilfe der Todgeweihten.

8. DIE TODESMECHANISMEN 230

Was heißt »erfolgreiche Art«? – Methoden, sich anzupassen – Ein Drama im Reagenzglas – Wo die Ziegen der Hunde Tod waren – Risiken für das Überleben der Art sind überall – Indizien für den stammesgeschichtlichen Tod – Die Brüll-Orgien der Brüllaffen – Warum der Säbelzahntiger ausstarb – Höhlenbären lebten wie im Paradies – Die dünnen und die dicken Eierschalen der Saurier – Was die Mungos auf Jamaika anrichteten – Kein Halten auf dem Weg in den Arten-Tod: Die Inzucht-Depression besorgt den Rest – Das Großhirn als Exzessivorgan.

9. DIE ERSTEN ZEICHEN 254

Psychische Störungen nehmen zu – Was die Manhattan-Studie offenbarte – Kinder in der Erwachsenenwelt: unablässige Stimulation bei gleichzeitiger Behinderung – Der Mitmensch als Sache – Leistungsdruck in der Industriegesellschaft – Die Unfä-

higkeit, erholsamen Urlaub zu machen – Ein falscher Prophet – 1973: 76 Millionen Menschen mehr auf der Erde – Hunger in der Sahel-Zone – Nahrung aus dem Meer: warum die Hoffnungen trügen – Arbeitslosigkeit, Inflation, Unzufriedenheit, Kriminalität und Selbstmordrate.

10. DAS ENDE 296

Das Spekulative dieses Kapitels – Drei Milliarden Tote zu Lebzeiten unserer Kinder und Kindeskinder? – Zur Unausweichlichkeit einer Entwicklung – Nochmals: Die Sahel-Zone als Modellfall – Schußwaffen zur Verteidigung gegen den Nachbarn – Vom Krankenhaus zur Krankensiedlung – Das Nachstoßen der Krankheitserreger – Geschwächte Immunsysteme und Erbverfall: die weiträumige Vorbereitung – Der Selbsterhaltungstrieb und der Mitleidsverlust – Die »gute alte Zeit« ist jetzt – Das Phänomen der Ersten Welle – Leben mit der Müllkultur – Wer überlebt? – Das Auslaufen der Schwingung und das undramatische Ende.

Literaturhinweise 317

Vorwort

Isaac Newton, sagt man, habe die Gravitationsgesetze gefunden, nachdem ihm ein Apfel auf den Kopf gefallen war, und James Watt sei beim Anblick eines klappernden Topfdeckels auf das Prinzip der Dampfmaschine verfallen. Einsichten in Naturzusammenhänge haben manchmal banale Anlässe. Manchmal liegen sie auch in der Luft. »Die Zeit war reif für diese Entdeckungen«, heißt es von der Kernspaltung und der »Doppelhelix«, der Intimstruktur der Erbsubstanz.
Liegt heute wieder »etwas in der Luft«?
Lange schon hören wir von den Gefahren für die Zukunft der Menschheit, der Bevölkerungsexplosion, der Umweltverschmutzung, dem industriellen Wachstum, den schwindenden Rohstoffvorräten auf dem »Raumschiff Erde«. Wir wissen es und wir sehen es täglich, was alles wir falsch machen auf diesem Planeten. Aber die Frage, warum wir das alles tun, ist offengeblieben. Noch niemand, soweit ich sehe, hat den logischen, wenngleich für viele schockierenden Schritt über die Anprangerung des Menschen als Umweltsünder hinaus getan und hat die letzte Ursache für unser Verhalten beim Namen genannt.

Auf eine kurze Formel gebracht liegt diese Ursache darin, daß der Homo sapiens während der Zeit der Menschwerdung mit seinem Großhirn das stammesgeschichtlich gefährlichste Organ erworben hat, das sich für ihn denken läßt. So ungeheuerlich es klingen mag, aber es ist eben dieses Organ, das die Überlebenschancen des Menschen, all seiner Einsicht in die Umweltnot und all seinen Gegenmaßnahmen zum Trotz, zusehends schwinden läßt.

Die Schuld daran tragen bestimmte Merkmale unseres Zentralen Nervensystems. Allen voran steht die zwanghafte Eigenschaft des Großhirns, Erkenntnisse zu gewinnen und zu realisieren, die zu einer luxurierenden, einer überschießenden Umweltveränderung führen – einer Veränderung, deren Ausmaß und Beschleunigung eine dauerhafte und harmonische Integration des Menschen in seinen selbstgeschaffenen Lebensraum verhindern.

Sieht man diese Entwicklung mit den Augen der in langen Zeiträumen denkenden Archäologen oder Biologen, so wird deutlich: Das Großhirn erweist sich als Exzessivorgan mit Überschußfunktionen, die mehr und mehr zum Nachteil des Menschen gereichen. Trotz aller seiner bewunderten Fähigkeiten muß es als gescheiterter Versuch der Evolution gelten, als ein Versuch, der vielversprechend begann, aber in eine Sackgasse führte. Es ist kein Verlaß mehr auf dieses Organ, mit dem wir so vieles entdeckt, erkannt und erreicht haben, das aber nicht fähig gewesen ist, unser Überleben auf der Erde langfristig zu sichern.

Sind wir die Opfer eines Irrtums der Natur? Sind wir die Leidtragenden eines stammesgeschichtlichen Experiments, das mit uns angestellt wurde – spielerisch sozusagen, kaum länger als ein Atemzug im Weltenlauf? Es muß befürchtet werden, daß es so ist. Die Indizien sind erdrückend.

T. L.

1. Kapitel
Versuch und Irrtum

Dieses Buch stellt eine neue These über den Menschen auf. Es versucht nachzuweisen, daß die Tage des höchstentwickelten Lebewesens auf der Erde gezählt sind. Es wird dafür nicht vordergründig äußere Umstände anklagen wie Umweltverschmutzung und Bevölkerungswachstum, sondern eine innere Ursache, ein Körperorgan: das menschliche Gehirn.

Wir werden eine Hypothese wagen: In der Vergangenheit der Erde sind zahlreiche Tier- und Pflanzenarten ausgestorben. Was die Tiere unter ihnen angeht, so war der Grund manchmal ein übermäßig gewachsener Körperteil: die riesigen Zähne des Säbelzahntigers, die langen und spitzen, zahnlosen Kiefer der Flugechsen, der ungeheure Körper der Dinosaurier. Eine solche Extrembildung ist auch das Großhirn des Menschen. Verglichen mit dem Gehirn eines Tieres ist es ein Organ von Riesenwuchs und verweist damit auf eine gefährliche Überspezialisierung. Wenn dies so ist, dann entsteht zwangsläufig die Frage, ob der Mensch nicht ebenfalls an dieser Extrembildung scheitern wird und schon nach den wenigen Jahrmillionen seiner stammesgeschichtlichen Existenz zum Aussterben verurteilt ist.

Die Indizien für diese Vermutung sind unübersehbar. Wir wollen nicht vorgreifen, aber es ist doch merkwürdig: Während alle Tier- und Pflanzenarten bestehende Umweltverhältnisse ausnutzen, ohne sie wesentlich zu verändern, während Tiere und Pflanzen in ihre »ökologischen Nischen« hineinwuchsen, um schließlich dank bestimmter Eigenschaften in sie zu passen wie der Schlüssel ins Schloß, mußte sich der Mensch damit abfinden, daß es für ihn eine solche Nische zunächst nicht gab. Waren wir auf der Erde unerwünscht? Wie auch immer: Der Mensch mußte sich seine Umwelt selbst gestalten. Erst waren es Höhlen und Feuerstellen, heute sind es Großstädte, Industrieanlagen und komplizierte soziale Systeme, die ihm Geborgenheit bieten sollen.

Aber je weiter der Mensch seine ökologische Nische ausbaute, um so mehr wurde ihm die Kehrseite dessen bewußt, was er mit Hilfe seines Gehirns erzeugt. Immer spürbarer zeigt sich, wie nervenaufreibend seine Lebensverhältnisse geworden sind. Immer deutlicher wird auch, daß er weder das Wachstum seiner Wirtschaft und Industrie noch das seiner eigenen Individuenzahl bremsen kann.

Viele Pflanzen und Tiere haben mit ihrem Verhalten auf der Erde »Erfolg« gehabt. Immer dann aber, wenn es ihnen nicht mehr gelang, sich mit ihrer Umwelt zu arrangieren, starben sie aus. Für den Menschen entsteht durch dieses Überlebensprinzip der Natur ein unlösbares Dilemma: Einerseits war er gezwungen, seine Umwelt selbst zu gestalten, andererseits hat sich diese seine Umwelt zu einem Monstrum entwickelt, das ihn zu ersticken droht. Und je emsiger er sich gebärdet, um so deutlicher wird: das menschliche Gehirn ist von der Aufgabe überfordert, für die eigene Art eine dauerhafte, überlebensfreundliche ökologische Nische zu schaffen.

Doch es ist nicht nur das. Der Mensch hat mit seinem Gehirn auch jene Naturgesetze durchschaut, die das vielfältige Leben auf der Erde hervorgebracht und erhalten haben, und er hat sie für seine Person entschärft, ja teilweise gänzlich außer Kraft gesetzt. Seine Nächstenliebe, sein humanes Handeln in der Medizin, seine Sozialhygiene – lauter Denkergebnisse seines Gehirns, haben ungewollte, antihumane Folgen gehabt. Neben einer fortschreitenden Schwächung seiner Erbanlagen und einem gefährli-

chen Nachlassen der Abwehrkräfte gegen Krankheiten haben Denkakte des Gehirns zu jenem dramatischen Bevölkerungswachstum geführt, das heute wie ein Damoklesschwert über den Menschen hängt. Der Tatbestand ist bekannt: Täglich bevölkern rund 200 000 mehr Menschen die Erde. 200 000 zusätzliche Esser jeden Morgen, das ist die Einwohnerschaft einer Stadt wie Braunschweig. Montag: Braunschweig, Dienstag: Saarbrücken, Mittwoch: Freiburg ...
Wie kam es dazu?

Sehen wir uns um: Tiere und Pflanzen konnten und können als Arten nur bestehen, weil sie sich den gegebenen Lebensverhältnissen angepaßt, weil sie sich nicht übermäßig vermehrt haben, sondern im Gleichgewicht mit ihrer Umwelt geblieben sind. Da nahezu alle Tiere und Pflanzen viel mehr Nachkommen hervorbringen, als notwendig wären, um die Art zu erhalten, üben sie einen Vermehrungsdruck auf die Lebensgemeinschaft ihrer Umgebung aus. Der Vermehrungsdruck trifft aber auf Gegenkräfte. Klima und Feinde, begrenztes Nahrungsangebot und andere Faktoren sorgen dafür, daß die Bäume nicht in den Himmel wachsen, daß ein Vernichtungsdruck entsteht, der die Vermehrung beschränkt. Der Vernichtungsdruck wirkt dem Vermehrungsdruck entgegen; die Individuenzahlen sind das Ergebnis dieses Kräftespiels.

Diesem zwar brutalen, doch bewährten System konnte sich der Mensch weitgehend entziehen. Sein Gehirn fand Mittel und Wege, dem Vernichtungsdruck immer erfolgreicher zu widerstehen. Mit überlegenen Waffen – vom Steinbeil über die Schrotflinte bis zum DDT – hielt er sich seine Feinde nicht nur vom Leib, sondern dezimierte sie und rottete sie teilweise sogar aus. Hinzu kam seine Medizin. Die siegreiche Bekämpfung der Infektionskrankheiten, die Beherrschung des Kindbettfiebers, die zahlreichen Kunstgriffe, das Leben des einzelnen Menschen zu verlängern und die Lebenserwartung von einst 25 oder 30 auf mehr als 70 Jahre zu steigern – all das »befreite« ihn, wie er selbstgefällig meinte, von den Fesseln der Natur. Wiederum sind es Denkergebnisse des Großhirns gewesen, die auch von dieser Seite her die massenhafte Zunahme unserer Art ermöglicht, ja heraufbeschworen haben.

Sagen wir es offen und hart: Das Großhirn hat es bewirkt und zugelassen, daß gegenwärtig rund 100 Millionen Tonnen rasch sich vermehrender menschlicher Biomasse den Planeten Erde bevölkert, ihn auspovert und seine Rohstoffreserven unbekümmert um den Bedarf künftiger Generationen plündert und damit immer rascher die Lebensgrundlage zerstört, zu der es keine Alternative gibt. Allein das Bevölkerungsproblem zwingt zu einem beklemmenden Vergleich: Die Menschheit ähnelt einem Bakterienrasen auf begrenztem Nährboden, einem Myriadenheer wimmelnder Lebewesen, die sich wuchernd ausbreiten und nur noch ausgestattet sind mit dem Trost Papst Johannes des Dreiundzwanzigsten, der den Müttern zurief: »Habt keine Angst davor, viele Kinder zu bekommen! Diese Welt ist von Gott nicht geschaffen worden, um ein Friedhof zu sein. Der Herrgott segnet die großen Suppentöpfe!«

Einst ein Organ mit der Funktion, die Überlebensaussichten seiner Träger im Daseinskampf zu erhöhen, ist das Großhirn mittlerweile zum Katastrophenorgan geworden, dem es nicht mehr gelingen will, seine eigenen Werke unter Kontrolle zu halten, um sie mit den Lebensgrundlagen auf der Erde in Einklang zu bringen. Diese ins Übermaß gewucherte, von ihrer knöchernen Schale nur mühsam an weiterer Ausdehnung gehinderte Masse ist in der Tat den ins Riesenhafte gewachsenen Leibern der Dinosaurier vergangener Zeiten vergleichbar geworden – Tiere, die vor sich selber kapitulieren mußten. Gigantismus zahlt sich auf der Erde offenbar nicht aus, weder der des Körpers noch der des Geistes. Das gewaltig entwickelte Großhirn mit seinem allzu raschen Erkenntnisgewinn, das seinen Trägern bei neuen Erkenntnissen auch noch Lustgewinn bescherte, dieses Großhirn, das nach Sicherheit und Bequemlichkeit strebt – es hat lauter Aktionen provoziert, die für den Menschen auf lange Sicht nur tödlich verlaufen können. Das Danaergeschenk der Natur, dieses lautlos im Kopf arbeitende Instrument von der Konsistenz frischen Ziegenkäses ist dabei, sich nicht mehr nützlich und überlebensgerecht zu verhalten. Wohin wir sehen auf der Erde – wir richten mit ihm mehr Unheil an als Heil.

Das Schlimmste, das Unbegreiflichste aber ist unser Stolz auf dieses Organ. Wir preisen wahlweise den Schöpfer oder die Natur, die uns mit ihm ausgestattet hat. Das Großhirn als Sitz des Geistes und der Seele, jene Kombination zweier gefurchter Halbkugeln aus grauer und weißer Substanz, die mehr als Dreiviertel des gesamten Gehirns ausmachen – es kommt in der belebten Welt kein zweites Mal vor. Mit dem Großhirn, dem »Menschenhirn«, haben wir unsere Sprache entwickelt, unseren Verstand geschärft und unsere Kultur geschaffen. Seinen Milliarden Nervenzellen verdanken wir unseren Rang unter den Organismen der Erde.

Der Mensch, so lernt schon das Kind, ist das höchstentwickelte Lebewesen. Warum? Weil nur er dank seines Gehirns fähig ist, bewußt zu leben und vernünftig zu handeln. Weil nur er Erfahrungen sammeln und sie mit Hilfe seiner Sprache und seiner Kommunikationsmittel weitergeben kann. Weil nur er über Leben und Tod nachdenkt und sich Ziele setzt. Die Tiere können das nicht. Ihr Hirn, soweit sie eines haben, reicht dazu nicht aus. Sie sind nicht fähig zu geistigen Höhenflügen.

Das alles hat uns stolz gemacht, aber auch überheblich. Denn allzuviel Grund zum Stolz haben wir nicht mehr, seit uns das gleiche Organ, dessen Leistungen wir bewundern, das Leben auf der Erde zunehmend schwerer macht, ja dieses Leben ernstlich bedroht. Hätte das Großhirn vor der Stammesgeschichte des Lebendigen bestehen wollen, so wäre es seine erste, seine vordringlichste Aufgabe gewesen, dem Menschen auf der Erde das Überleben zu sichern. Statt dessen ärgern wir uns darüber, daß es uns nicht gelingt, die sogenannten Letzten Fragen zu beantworten.

Wir übersehen dabei ganz, zu welchem ursprünglichen Zweck das Gehirn einst entstanden war; daß es sich wie jedes andere Organ als Ergebnis von Auslesevorgängen gebildet hat. Dabei wurden neue, erfolgreiche Erbeigenschaften im Zentralen Nervensystem damit belohnt, daß sie künftigen Generationen erhalten blieben, zum Beispiel die bessere Aufnahme und Auswertung von Sinneseindrücken. Die Beschäftigung mit Fragen wie der nach der Herkunft der Materie oder des Lebens hätte keinerlei Nützlichkeitswert für den Urmenschen gehabt. Wenn er einen Steppenbrand bekämpfen oder vor ihm fliehen mußte, oder wenn er für seine hungernde Horde auf möglichst schnelle und erfolgreiche Weise Jagdbeute zu machen hatte, wäre ihm das Wissen um die Ursachen einer Spiralnebel-Bildung wenig hilfreich gewesen.

Dann aber – im Lauf der Jahrtausende – erwarb das Gehirn eine unstillbare Neugier. Es suchte und forschte und dachte nach, um die Fallgesetze und die Vererbungsregeln zu entdecken, um die Stromlinienform herauszufinden und den Trick, mit dessen Hilfe man Atomkerne spalten kann. Es ruhte nicht eher, bis es die Sonne als einen unter Milliarden anderen Sternen in der Milchstraße erkannt und den Menschen als »Gedanken Gottes« begreifen zu müssen glaubte. Es verwandte Zeit und Mühe auf die Beantwortung der Frage, woher die Energie und die Materie komme und was nach dem Tode geschehe.

Statt sich der Welträtsel anzunehmen, für deren Lösung es nicht programmiert ist, statt sich in abstrakten Denkspielen zu ergehen und nach dem Sinn des Lebens zu fragen, hätte es besser konkrete existenzielle Probleme lösen sollen. Bei all seiner geistigen Regsamkeit hätte es sich für ein ökologisches Verhalten des Menschen einsetzen und die Risiken einer ungezügelten Massenvermehrung rechtzeitig zu vermeiden lernen müssen. Statt seines urzweck-entfremdeten Treibens hätte es für ein integriertes Verhalten des Menschen in der Natur als dessen eigentlicher Heimstatt sorgen sollen.

Alles spricht dafür, daß es dazu jetzt zu spät ist. Der Versuch der Natur, mit dem Großhirnwesen Mensch einen auf lange Sicht erfolgreichen Erdbewohner zu schaffen, scheint gescheitert zu sein. Es war ein Irrtum. Der Mensch, der seinem Gehirn auf Gedeih und Verderb ausgeliefert ist, wird von der Erde wieder verschwinden und mit ihm das Organ, dem er seinen Aufstieg, aber auch seinen Untergang verdankt.

Dieses Buch will Argumente zu dieser These liefern. Es will zeigen, daß der Homo sapiens in einer nicht mehr fernen Zukunft an seiner gefährlichsten stammesgeschichtlichen Errungenschaft scheitern wird. Es wird den Versuch unternehmen, die unheilvolle Rolle aufzudecken, die das Menschenhirn in der neueren Stammesgeschichte des Menschen gespielt hat. Es wird in diesem Zusammenhang über grundlegende Naturgesetzlichkeiten berichten, an die sich viele Tiere und Pflanzen erfolgreich hielten. Es wird aufzeigen, wie das Menschenhirn diese Gesetze im Lauf der Zeit systematisch zu umgehen lernte. Es wird auch die Frage untersuchen, wie weit menschliche Ethik und Moral als spezifische Leistungen des Gehirns mitgewirkt haben, den unheilvollen Prozeß voranzutreiben. Dies wird ein besonders bitteres Kapitel sein. Denn auf unsere Ethik und Moral halten wir uns viel zugute. Sie sind vor allem durch das Wirken der Kirchen zu einer Art heiliger Kuh erhoben und ihre Prinzipien zu absoluten Werten stilisiert worden. Sie angesichts der menschlichen Massenvermehrung anzutasten oder auch nur kritisch über ihren Sinn und Inhalt nachzudenken, wird für manchen eine schockierende Herausforderung sein. Und doch sollte uns gerade auf diesem Felde vieles nachdenklich stimmen.

Der amerikanische Soziologe Robert Cook hat im Hinblick auf die Bevölkerungsexplosion einmal gesagt, wenn die Geburtenkontrolle nicht moralisch wäre, dann müßte man sie moralisch machen, weil sie sozial notwendig sei. Dabei ist das menschliche Vermehrungsproblem nur ein Faktor von mehreren, die auf das Ende der Menschenzeit hindeuten. Der Erbverfall ist ein anderer. Und die Vernichtung der Natur durch die rasch fortschreitende Industrialisierung der Erde ist ein dritter. Ein vierter wiegt besonders schwer – nämlich die allmähliche psychische Verwandlung des Menschen unter den Einflüssen seiner zunehmend unmenschlicher werdenden Zivilisation und Technik. Dieser Vorgang scheint für unser Problem zunächst nur am Rande zu liegen. Wir wissen aber, daß psychische Störungen wie Depressionen, Neurosen und Psychosen Folgen für den Körper haben können, darunter solche auf die innersekretorischen Systeme und die Fähigkeit, Nachkommen hervorzubringen. Schon heute sehen wir, wie das Gefühlsleben unter den Bewohnern der Ballungsräume mehr und mehr verarmt, wie die Menschen unter dem Streß einer fortwährend nach Leistung lechzenden Gesellschaft erkranken.

Wie sich der psychische Verfall im einzelnen weiter auswirkt, kann nur vermutet werden. Sein schädigender Einfluß auf die körperliche Gesundheit ist jedoch unbestritten, denn die Empfindlichkeit zahlreicher Regelsysteme des Körpers auf solche Störungen ist bekannt. Mit der zunehmenden Maschinenhaftigkeit unseres Lebens, mit dem Abbau der Mitmenschlichkeit beschleunigen wir den Verfall dessen, was uns »Menschen« sein läßt.

Auch dies hat, wie die übrigen genannten Faktoren, etwas Unumkehrbares. Es sieht so aus, als gebe es kein Zurück mehr auf dem eingeschlagenen Weg. Denn wir können ja nicht anders, wir müssen uns weiter so verhalten, wie unsere Gehirne es uns diktieren. Und dieses Verhalten wird nicht Grundsätzen folgen, wie sie uns jetzt allmählich einzuleuchten beginnen. Es wird nicht jener späten Einsicht entsprechen, wonach die Erde begrenzt ist und mit der wachsenden Menschenzahl ebensowenig mitwachsen kann wie mit deren materiellen Ansprüchen, sondern es wird anderen, seit Jahrhunderttausenden eingefahrenen Prinzipien folgen, gegen die auch eine »späte Einsicht« desselben Organs nichts ausrichten kann. Das heißt, es wird ein Verhalten sein, das auf einer noch weitgehend menschenleeren Erde bei einer kurzen Lebenserwartung sinnvoll gewesen ist, nicht aber auf einem überfüllten Planeten mit schnell schrumpfenden Rohstoffreserven nützlich sein kann.

Damals, als die Erde noch groß und leer war, damals mag es gut und richtig gewesen sein, viele Nachkommen zu haben, möglichst viel Wald zu roden, immer mehr Land zu erobern, Waffen, Fahrzeuge und Geräte aller Art herzustellen und sie auch anzuwenden. Zu einer Zeit, da »immer größer« und »immer mehr« noch gleichbedeutend war mit »besser«, wurde ein solches Verhalten mit einer Erhöhung der Lebensqualität belohnt, mit dem Wohnlicherwerden der ökologischen Nische des Menschen. Heute sitzen wir in einem vergleichsweise bergab fahrenden Karren, der nicht mehr zu bremsen ist, weil er gar keine Bremsen hat. Der Karren ist nur für die Bergfahrt geeignet, für das »immer höher«, das »immer mehr«, das »immer größer«.

Dieser Karren ist unser Gehirn. Von ihm zu verlangen, daß es Eigenschaften entwickle, die einer gänzlich neuen, einer zwar von ihm selbst verursachten, jedoch überfallartig schnell eingetretenen Situation gerecht würden, hieße von den Katzen erwarten, daß sie das Mausen einstellten. Darum wird auch das Ende des Menschen kommen – rascher vielleicht, als uns lieb ist, und aller unserer Eitelkeit zum Hohn. Mit einem wachsenden psychischen Leidensdruck, mit zunehmender Aggression in den Ballungsgebieten wird es beginnen. Mit dem Erbverfall, der Schwächung der Immunsysteme, mit der Erschöpfung der Rohstoff- und Nahrungsreserven, mit Hungerkatastrophen wird es weitergehen. Das Massensterben in der afrikanischen Sahelzone ist ein erstes Signal. Es steht in vieler Hinsicht modellhaft für das, was die Zukunft der Menschheit insgesamt bringen wird.

Unser Kampf gegen die einst so erfolgreich zurückgedrängten Feinde des Menschen, die Krankheitserreger und Insekten vor allem, wird an Schärfe wieder zunehmen. Er wird noch dramatisch werden, denn die Kleinlebewesen sind es, die die beginnende Schwäche ihrer großen Widersacher in der Natur augenblicklich nutzen werden. Unser Mitleid mit den Sterbenden wird erlahmen, weil die Toten Platz für die Überlebenden schaffen. »Gehet hin und mehret Euch und machet Euch die Erde untertan«, heißt es in der Bibel. Gläubige Christen halten diesen Auftrag für gottgegeben. Stammte er vom Teufel, so würde er dem Bösen alle Ehre machen. Stammt er von Gott, so bleibt nur die Erkenntnis einer fatalen Fehleinschätzung der Folgen, die dem Allwissenden unterlaufen sein muß.

Unser Großhirn, auf das wir so stolz sind und mit dem wir unsere Welt nach unserem Gutdünken gebaut haben, es wird uns auf seine Art auslöschen. Es wird sich als das erweisen, was es seit der Zeit des Neandertalers immer gewesen ist: als Irrtum der Natur, als ein stammesgeschichtliches Monstrum, als Versuch, dem nur allzu kurze Zeit Erfolg beschieden war.

Es wird sich zeigen, daß wir unter den Lebewesen der Erde keineswegs besonders tüchtig waren. Der Planet, der uns hervorgebracht hat, wird uns nicht mehr lange dulden, denn wir haben gegen seine Hausordnung verstoßen. Vor uns liegt der Räumungsbefehl. Die Erde wird nicht zögern, uns wieder abzuschütteln. Wir werden anderen Lebewesen das Feld überlassen müssen wie randalierende Mieter, die dem Hauseigentümer die Wohnung beschädigt haben.

2. Kapitel
Wie das verhängnisvolle Organ entstand

Der Mensch, das Großhirnwesen – ein Fehlschlag der Natur? Fragen wir doch erst einmal so: Welche Merkmale, welche Eigenschaften sind es eigentlich, die uns so stolz machen, so von uns selber überzeugt und davon, die Krone der Schöpfung zu sein? Goethe hat den Faust geschrieben, Michelangelo hat die Pietà in der Peterskirche zu Rom geschaffen, Otto Hahn hat die Kernspaltung entdeckt, Marie-Antoinette ist tapfer zur Guillotine geschritten und Mark Spitz hat auf der Münchener Olympiade sieben Goldmedaillen gewonnen – darum bewundern wir sie. Was diese Männer und Frauen geleistet haben, beeindruckt uns. Es rührt uns etwas an im Charakter dieser Menschen. Es fasziniert uns der Genius oder der Körper, die große Menschlichkeit, die unbestechliche Logik, die Phantasie, der Scharfsinn, die Leistung der Muskeln, die Tapferkeit oder die erstaunliche Kombination mehrerer solcher Tugenden. Wir wissen aber auch, daß sich ein Tier von solchen Eigenschaften kaum beeindrucken lassen würde.

Das klingt wie Nonsens. Trotzdem muß es gesagt werden, weil es auf unser Problem hinführt. Schütteln wir einmal die üblichen Denkschablonen ab. Was immer wir leisten, was wir tun und lassen – sind es nicht von uns selbst gesetzte Maßstäbe, nach denen wir unsere Taten bewerten? Der prometheische Stolz auf uns selbst, jener Narzißmus, den wir genießerisch kultivieren und pflegen, er badet sich zwar in der befriedigenden Genugtuung über große menschliche Leistungen, für das Überleben des Menschen auf der Erde trägt er jedoch herzlich wenig bei. Dies zu sichern wäre zwar vordringlicher, aber dazu ist unser Gehirn offenbar nicht mehr fähig. Es leistet sich lieber den Luxus elitärer Begeisterung über sich selbst.

Darum besteht auch kein Grund, allzu hehre Vorstellungen von diesem Organ zu bewahren. Wir haben auch keine Veranlassung, dem Gehirn so etwas wie eine Sonderstellung einzuräumen. Nur weil das Gehirn uns befähigt, Symphonien zu komponieren, die Allgemeine Relativitätstheorie zu entwickeln und herauszufinden, daß nicht die Erde, sondern die Sonne der Mittelpunkt unseres Planetensystems ist – nur deshalb schon offenen Mundes und staunend vor ihm niederzuknien, scheint keineswegs begründet. Vielmehr sollten wir an das Gehirn die gleichen Maßstäbe anlegen wie an andere Organe auch: an Augen, Ohren, Nase und Haut. Wir sollten fragen: Wieviel trägt das Gehirn noch zum Überleben des Menschen bei? Ein höherer Komplikationsgrad der Anatomie oder die Schwerdurchschaubarkeit einer Funktion allein rechtfertigen weder blindes Bewundern noch Vorschußlorbeeren. Wer sein Überleben nicht sichern kann, der hat bald nichts mehr von der schönsten Symphonie. Ihm nützt auch der komfortabelste Düsenklipper nicht mehr.

Sehen wir genauer hin: Während die Leistungen von Augen, Ohren, Nase, des Tastsinns und des Geschmacks sich in der Vergangenheit durchweg als überlebens-hilfreich erwiesen haben, während es bei ihnen kaum Indizien für Zweischneidigkeit, für Negatives gibt, so ist dies beim Gehirn anders. Zwar ist auch das Gehirn in die Verarbeitung von Sinnesempfindungen eingeschaltet und bildet insofern eine unentbehrliche Ergänzung jener Sinnesorgane. Doch diese Funktion wird vor allem von den stammesgeschichtlich älteren Hirnteilen wahrgenommen. Diejenigen Bereiche der Hirnrinde, die besonders spät in der Entwicklungsgeschichte des Menschen aufgetreten sind, haben keinen Bezug mehr zu unserem Bewegungsapparat oder zu den Sinnesorganen. Es sind die »neokortikalen Sekundärgebiete«, wie die Hirnforscher sagen. Dazu gehören bestimmte Felder im Stirnhirn, in denen unser Denkapparat, die psychischen Empfindungen und die Willenserlebnisse ihren Sitz haben. Gehen wir einmal so weit, eine Art Nutzen-Schaden-Abwägung im Hinblick auf den Überlebenswert jener Handlungen anzustellen, die von eben diesen Teilen des Großhirns veranlaßt worden sind und weiter veranlaßt werden, dann ergibt sich ein Negativ-Saldo, der langsam, aber deutlich wächst. Die roten Zahlen der Großhirn-Bilanz gehen in die Höhe, je steiler die Weltbevölkerungskurve ansteigt, je rascher wir die Erde industrialisieren und je schneller wir ihre Rohstoffreserven ausbeuten. Die roten Zahlen klettern, je größer die Begeisterung ist, die wir angesichts einer startenden »Concorde« empfinden, deren Knallschleppe Fensterscheiben platzen, historische Baudenkmäler zerbröckeln läßt und die Nerven derjenigen strapaziert, denen ihr Lärm und ihre Abgase zugemutet werden.

Der Schluß ist legitim: Das Großhirn mit seinen stammesgeschichtlich jungen Teilen ist eine Fehlentwicklung, wie spät uns diese Einsicht auch kommen mag und wie groß die Auflehnung, wie laut auch der Aufschrei gegen solche Behauptung sei.

Aber wenn man etwas in Frage stellt, so soll man auch Argumente liefern. Wir werden tiefer zu loten haben. Vor allem werden wir fragen müssen: Wie ist dieses Organ entstanden? Welche Notwendigkeit sah die Natur für seine Existenz und was bewegt es zu Entschlüssen, die zwar vordergründig imponieren, auf lange Sicht aber eher fragwürdig sind? Welche seiner Eigenschaften sind in einem Sinne wirksam, daß man von einem Automatismus, wenn nicht von einer Höllenmaschine sprechen möchte, deren verhängnisvolles Wirken in den Rechenzentren der Industrie, den wissenschaftlichen Laboratorien, in den Direktionsräumen der großen Konzerne und den Befehlszentralen der Weltpolitik spürbar wird? Wie konnte es dazu kommen, daß dieses Organ heute in einem so apokalyptischen Umfang auf die Dezimierung der menschlichen Spezies zusteuert, auf Ereignisse, die jenseits derselben Ethik und Moral stehen, auf deren Besitz wir Menschen uns soviel zugute halten?

Das Menschenhirn hat sich im Laufe von Jahrmillionen entwickelt. Es kam nicht plötzlich auf die Welt, sondern hatte Vorläufer im Tierreich. Nach Meinung des Evolutionsforschers Bernhard Rensch sollen Vorstufen des Geistigen in Gestalt bestimmter Substanzen schon in der toten Materie enthalten sein. Dafür spreche einerseits, daß psychische Leistungen in der Stammesgeschichte der Tiere nicht unvermittelt auftreten, sondern sich allmählich entwickeln. Am Anfang stehe einfaches Reagieren auf optische, mechanische oder chemische Reize aus der Umwelt, am Ende das komplizierte Verhaltensmuster des Menschen. Außerdem seien geistige Eigenschaften vererbbar, ein Umstand, der nur mit der Bindung geistiger Prozesse an die Materie – in diesem Fall an die DNS-Moleküle im Zellkern – gedeutet werden könne.

Lange bevor die Natur das Menschenhirn zustandebrachte, hat sie Vorstufen dieses Organs entworfen und erfolgreich mit ihnen experimentiert. Das hatte gute Gründe. Denn von Anfang an bestand für alle Lebewesen die Notwendigkeit, sich in ihrem Lebensraum auf der Erde zurechtzufinden. Nur bei den primitivsten ein- und mehrzelligen Tieren ging dies noch ohne Nervensystem. Bei ihnen genügten zweckmäßige Körperform in Verbindung mit »Organellen« wie einem Wimpernkranz zum Herbeistrudeln von Nahrungsteilchen aus dem Wasser oder die Fähigkeit, das energiespendende Sonnenlicht zu chemischen Prozessen im Innern der Zelle zu nutzen oder Vorteile aus der stärkeren oder schwächeren chemischen Konzentration des Zellinhaltes zu ziehen. Den höheren Tieren genügte all dies nicht mehr. Sie, die sich aktiver und vielseitiger verhalten, die größere Anpassungsleistungen vollbringen, waren zunehmend auf besondere Sinnesorgane angewiesen, auf Tastsinn, Geruch, Geschmack, Gehör und Gesicht. Diese Sinne signalisierten ihnen alles Wichtige über den Zustand und die Vorgänge in ihrer Umwelt, so daß sie zweckmäßig darauf reagieren konnten. Wo aber mehrere Sinnesorgane sinnvoll funktionieren sollen, da bedarf es einer koordinierenden Stelle, einer Schaltzentrale, eines »Gehirns«. Aus bescheidenen Anfängen zu immer komplizierteren Formen fortschreitend, bildete sich deshalb das »Zentrale Nervensystem« heraus.

Vergleicht man die einfachsten Lebewesen mit höher entwikkelten, so sieht man, wie aus ursprünglich primitiven Reaktionen auf Umweltreize allmählich ein komplizierteres Verhaltensrepertoire wird, an dessen Ende beim Menschen so vielschichtige Erscheinungen stehen wie die Religiosität oder die Liebe zwischen Mann und Frau. Man kann sich sogar fragen, ob die Natur beim Menschen noch auf der Suche nach neuen Sinnesorganen ist, nach zusätzlichen Möglichkeiten für ihn, mit seiner Umgebung in Verbindung zu treten. Sollte das, was wir den »Sechsten Sinn« nennen, ein solcher erster, tastender Versuch in dieser Richtung sein? Sollten wir hier einen Hinweis darauf haben, daß sich die Natur einen weiteren Sinnesbereich über die klassischen fünf Sinne hinaus erschließen will? Träfe das zu, dann hätten wir es bei den sogenannten »Medien« mit ihren parapsychologischen Fähigkeiten gewissermaßen mit Menschen zu tun, die über die Vorstufen für einen rein geistigen Sinn verfügten, einen Sinn, der nur noch an das Substrat der Nervenzellen im Großhirn gebunden wäre. Solange dieser Sinn nicht mit negativen anderen Eigenschaften gekoppelt wird, könnte er aufgrund der Möglichkeiten solcher Menschen einen massiven Auslesevorteil bedeuten und relativ rasch, das heißt, innerhalb von Jahrtausenden, weiterentwickelt werden. Die Voraussetzung dafür wäre allerdings, daß noch soviel Zeit für stammesgeschichtliche Experimente mit dem Menschen zur Verfügung steht, was freilich bezweifelt werden muß.

Bei der Entwicklung einer Schaltzentrale für Sinnesempfindungen hat die Natur einfach angefangen. Nur Spuren eines Nervensystems finden wir bei den Quallen und den meeresbewohnenden Hohltieren. Der Regenwurm hat dagegen schon regelrechte Nervenstränge, die in Abständen zu Knoten, den Ganglien, verdickt sind. Die Ganglien sind Zentren der Nerventätigkeit. Sie können Sinnesreize verarbeiten und ermöglichen eine Spur von Gedächtnis. Regenwürmer lassen sich dressieren. Läßt man ihnen in einem T-förmigen Rohr die Wahl, an der Verzweigungsstelle nach links oder rechts zu kriechen, nachdem sie »links« ein paarmal mit einem kleinen elektrischen Schlag bestraft worden sind, dann kriechen sie für etwa 24 Stunden von vornherein nach rechts, um dem Schlag zu entgehen. Solange immerhin hält das Regenwurm-Gedächtnis an schlechte Erfahrungen vor.

Die nächste Stufe ist bei den Insekten erreicht. Die Honigbiene besitzt nach einer Schätzung schon rund 850 000 Nervenzellen, die zu Gruppen vereint sind und eine erste Form von Arbeitsteilung im Nervensystem zulassen. Bei den Wirbeltieren ist wieder alles anders. Schon die niedersten, die Fische, haben ein richtiges Gehirn. Bei der Forelle kann man, ähnlich wie bei den höheren Wirbeltieren, einzelne Gehirn-Abschnitte unterscheiden: Vorder-, Zwischen-, Mittel- und Kleinhirn, außerdem verlängertes Mark mit den Zentren für die Reflexe – die Verbindung zum Rückenmark. Fische haben einen hervorragend ausgeprägten Gleichgewichtssinn im Inneren Ohr. Von hier kommen die aktuellen »Lageberichte« über ihre Körperhaltung im Wasser. Die Meldungen fließen über das verlängerte Mark dem mächtig ausgebildeten Kleinhirn zu, wo sie verarbeitet und in Signale an Flossen- und Schwanzmuskeln verwandelt werden. Fische lernen schon viel besser als Insekten. Nach Bernhard Rensch können ausgewachsene Regenbogenforellen zwei verschiedene Punktmuster auseinanderhalten und noch 150 Tage nach der Dressur voneinander unterscheiden.

Das verlängerte Mark der Fische ist auch ein Beispiel dafür, wie Verhaltensweisen über Reflexbahnen gesteuert werden. Rascheste Reaktionen, die für das Tier manchmal lebenswichtig sind, entstehen hier gewissermaßen im Kurzschluß-Verfahren ohne den zeitraubenden Umweg über das Gehirn. Feine Tastnerven an ihrer Seitenlinie zeigen den Fischen an, was in ihrer Umgebung im Wasser geschieht. Die Nerven reagieren auf Druckschwankungen. Wie ein körpereigenes Radargerät vermitteln sie ihre Eindrücke dem verlängerten Mark, das notfalls blitzschnelle Muskelbewegungen für Angriff oder Flucht auslöst. Auch bei solchen Fischen, die elektrische Schläge austeilen können, wie dem Zitteraal, verläuft die Reizleitung dafür nicht über das Gehirn, sondern nimmt den »kurzgeschlossenen Weg« über das verlängerte Mark.

All diese Reaktionen laufen vermutlich noch unbewußt ab. Das, was wir »Bewußtsein« nennen, tritt wahrscheinlich erst bei höheren Tieren mit entsprechend komplizierterem Nervensystem auf. Der Qualitätssprung, der damit verbunden ist, läßt sich an der Schmerzempfindung zeigen. Der ursprüngliche Sinn des Schmerzes ist es, das betreffende Lebewesen zu warnen, es aus einer bedrohlichen Situation flüchten zu lassen, zumindest aber einen gefährdeten Körperteil rasch aus dem Gefahrenbereich zu entfernen. Wir reißen den Arm zurück, wenn wir uns an der Hand verletzen, wir lassen den Topfdeckel fallen, wenn er zu heiß ist. Der Unterschied zur bloßen Reaktion auf das Gefühl »Schmerz«, wie auch Tiere sie zeigen, liegt für uns in der Qualität »unangenehm«, die dem Schmerz innewohnt, so wie es umgekehrt »angenehm« ist, ein erfreuliches Erlebnis zu haben. Um die Qualität dieser und anderer Reize bewußt zu empfinden, sind weit entwickelte Systeme notwendig, mit anderen Worten: Zentralnervensysteme höherer Ordnung, wie das des Menschen.

Mit ihrer Hilfe hat die Natur noch etwas besonders Interessantes geschaffen, sie hat nämlich bestimmte Verhaltensweisen mit Empfindungen gepaart. So erleben wir beim Geschlechtsakt Lust, beim Essen Befriedigung. Die Flucht ist mit Angst, die Aggression mit Wut verbunden. Der Vorteil liegt auf der Hand: Wo ein Verhalten mit freudigen oder erregenden Gefühlen verkoppelt ist, wird es in der Regel zuverlässiger ausgelöst, wird es stimuliert, verstärkt, läuft es sicherer ab. Das Paradebeispiel ist die »Lustprämie des Orgasmus« der Natur für das Fortpflanzungsverhalten. Jene Sekunden jenseits von Raum und Zeit, die das Intensivste an Lustempfindung sind, das die Natur zu vergeben hat – sie sind die Belohnung für das, was den Fortbestand der Art sichert.

Es gibt Hinweise dafür, daß es das Limbische System zwischen Großhirn und verlängertem Mark ist, in dem diese Verbindung von Verhalten und Gefühl stattfindet. Das Limbische System erscheint zum ersten Mal bei Schlangen und Echsen. Ob deshalb, wie manche Forscher vermuten, erstmals bei diesen Tieren auch Schmerzempfindungen auftreten, ist unbekannt.

Auch mit der Existenz des Limbischen Systems ist jedoch das, was die Psyche des Menschen ausmacht, noch nicht erklärt. Für das menschliche Geistes- und Seelenleben ist ein noch komplizierteres Organ notwendig gewesen, nämlich das Neuhirn mit der gigantisch gewucherten Großhirnrinde. Was in diesem Gebilde vor sich geht, was es als Sitz unseres Bewußtseins kennzeichnet und welche zweischneidigen Entscheidungen es getroffen hat, wird uns noch ausführlich beschäftigen.

Wo immer Geistig-Seelisches und wo Sinnesorgane vorkommen, sind Nervenzellen im Spiel. Es sind spezialisierte Gebilde, die auf Reize ansprechen, Erregungsimpulse leiten, sie verarbeiten und körperliche Reaktionen veranlassen. Eine Nervenzelle, Neuron genannt, besteht aus dem Zellkörper, der vollgepackt ist mit zahlreichen Inhaltsstoffen von teils unbekannter Aufgabe. Auffällig vor allem ist ein großer Zellkern neben zahlreichen »Eiweißfabriken«, den Ribosomen. Unter dem Mikroskop erkennt man dunkle Körperchen, die den Nervenzellen das Aussehen von Pantherfellen geben: die Nisslschollen mit ihrem hohen Gehalt an Nucleinsäuren. Außerdem fallen ungewöhnlich viele kleine Energiespender auf: Mitochondrien mit der Aufgabe, den Stoffwechsel der Nervenzellen in Gang zu halten. Was sie leisten, läßt sich ermessen, wenn man hört, daß in einer einzigen Nervenzelle pro Sekunde rund 15 000 Eiweißmoleküle erzeugt werden. Alle diese Stoffe dienen möglicherweise dem Gedächtnis; vielleicht helfen sie auch bei der Leitung der Nervenimpulse im Körper mit.

Im menschlichen Gehirn finden sich zwei Arten von Zellen. Einmal sind es die erwähnten Nervenzellen oder Neuronen, deren Zahl zwischen 11 und 18 Milliarden liegt, zum andern die weitaus zahlreicheren Gliazellen, die eine bindegewebsartige Stützsubstanz bilden. Vom Zellkörper der Nervenzellen gehen jeweils ein Haupt- und mehrere Nebenfortsätze aus: Neuriten und Dendriten. Sie bilden das Nervennetzwerk des Körpers. Die Hauptfortsätze, die Neuriten vor allem sind es, die die Sinneseindrücke empfangen und ins Gehirn weiterleiten, umgekehrt aber auch Botschaften und Befehle des Gehirns an die verschiedenen Körperteile senden, zum Beispiel an die Muskeln. Die Neuriten sind von fett- und eiweißhaltigen Häutchen umgeben und nur Millimeterbruchteile dick. Sie können sehr lang werden – beim Ischiasnerv des Menschen bis zu einem Meter.

Wie die Sinnesempfindungen innerhalb der Nervenbahnen geleitet werden, ist lange rätselhaft gewesen und auch heute noch nicht restlos geklärt. Schon seit einiger Zeit weiß man, daß elektrische Vorgänge dabei eine Rolle spielen. Aber nicht nur die Elektrizität, auch chemische Reaktionen sind bei der Erregungsleitung beteiligt. Dort, wo zwei Nervenfasern aneinanderstoßen, bildet die eine eine wulstförmige Verdickung, die Synapse, die andere eine Membran, den Rezeptor. In den Zwischenraum sondert die Synapse sogenannte Transmittersubstanzen ab, deren Aufgabe es ist, dem Nervenimpuls den Weg von einer Nervenzelle zur anderen zu bahnen. Dieser Vorgang läuft außerordentlich rasch ab, manchmal in nicht weniger als einer Millionstel Sekunde. Würde mehr Zeit verstreichen, so wäre jede Straßenüberquerung, jede Bergtour ein lebensgefährliches Unterfangen. Bei einer Gratwanderung würden wir auf einen Ausrutscher viel zu spät reagieren und allzu leicht abstürzen. Das Nervensystem koordiniert deshalb die vom Fuß kommenden Signale blitzschnell und sendet den Muskeln Befehle zum richtigen Verhalten zu. Rund 100 000 Nervenzellen helfen mit, dieses komplizierte Gleichgewichtsmanöver auszuführen und den Wanderer wieder festen Fuß fassen zu lassen.

Der englische Mediziner Young hat einmal gesagt, das Menschenhirn sei mit einem Riesenbüro zu vergleichen, in dem rund 14 Milliarden Beschäftigte säßen. Jeder von ihnen habe ein Telefon und stehe mit jedem anderen und darüber hinaus noch mit der Außenwelt in Verbindung. Das Erstaunliche sei, daß jede dieser Verbindungen funktioniere, daß sie keine umständlichen Schaltvorgänge erfordere und stets blitzschnell zustande komme.

Young hat recht: Die Schaltzentrale in unserem Kopf ist imponierend. Sie ist es um so mehr wenn man bedenkt, daß »besetzte Leitungen« nach geheimnisvollen Prioritätsentscheidungen jeweils für neue Verbindungen sofort freigegeben werden. Wird ein Mann im Wald von einem umstürzenden Baum bedroht und gleichzeitig von einem Insekt gestochen, dann passiert folgendes: Würde der Baum nicht auf ihn stürzen, so würde er unweigerlich nach dem Tier schlagen oder es abzuschütteln versuchen. Der Baum aber hat »Vorrang«. Das Gehirn sortiert die beiden Eindrücke blitzschnell nach ihrer Wichtigkeit und zwingt den Gefährdeten, zuerst vor dem Baum zur Seite zu springen und dann erst das Insekt abzuwehren. Und das alles spielt sich in einer kürbisgroßen, mit nur zehn Watt elektrischer Energie arbeitenden, wabbeligen Masse ab, die in absoluter Dunkelheit von ein paar Häutchen umgeben auf dem Polster einer stoßdämpfenden Flüssigkeit in der Hirnschale ruht.

Wollte man einen Computer bauen, der auch nur annähernd die Kapazität des Menschenhirns erreichte, müßte er so groß sein wie unser Erdball. Auch dann freilich hätten wir noch kein »künstliches Gehirn« geschaffen. Denn ein Computer kann nur Aufgaben lösen, für die der Mensch ihn programmiert hat. Er ist und bleibt eine Maschine, während das Gehirn viel mehr leistet. Es reguliert Atmung und Herzschlag, es kontrolliert die Körpertemperatur ohne unser willentliches Zutun. Es stellt die Verbindung zur Umwelt des Menschen her, indem es Sinnesreize nicht nur empfängt, sondern diese auch nach einem jeweils individuellen Beschluß sortiert, bewertet und stärker oder schwächer bewußt werden läßt. Im Gegensatz zum Computer kann sich das Gehirn in gewissen Grenzen sogar selbst »reparieren« oder ersetzen, indem bestimmte Teile in ihm die Aufgabe anderer, durch Krankheit ausgefallener Hirnabschnitte übernehmen.

Das Organ, dessen Beschaffenheit dies alles möglich macht, ist ein weichliches Gebilde von weißgrauer Farbe. Es liegt zusammengeknäuelt wie ein unordentlich in einen Koffer gestopfter Teppich in unserer Schädelkapsel. Wie die Wasserkrone an der Spitze eines Springbrunnens, so hat es sich im Lauf der Stammesgeschichte am Ende des Rückenmarks entfaltet. Seine Anatomie ist verwickelt, doch lassen sich große, auch funktionell abgrenzbare Bereiche unterscheiden. Das obere Ende des Rückenmarks, das verlängerte Mark, wird überdacht vom Limbischen System, zu dem eine Reihe poetisch benannter Zonen gehören wie die »Mandel« (Amygdala, ein Teil des »Schlafgemachs« Thalamus), das »Seepferdchen« (Hippocampus) und der Hypothalamus. Hier werden Gefühle und Stimmungen gesteuert, im Hypothalamus ist der Sitz von Regulationszentren des vegetativen Systems, das dem Willen nicht zugängliche Körperfunktionen beeinflußt. Zwischen Hippocampus und Hypothalamus liegt die Hirnanhangdrüse, in der Hormone für Wachstum und individuelle Entwicklung entstehen. Im Hinterkopf befindet sich ein faustförmiger Gehirnteil, das Kleinhirn oder Cerebellum. Es enthält die Regulationszentren für die Erhaltung des Gleichgewichts und ist für die Bewegungskoordination zuständig. Räumlich bei weitem beherrscht aber wird unsere Schädelkapsel von dem mächtigen Großhirn. Es wölbt sich über die anderen Hirnteile hinweg wie eine schützende Kuppel, es kontrolliert Denken und Bewußtsein, es enthält Zonen für das Hörvermögen und den Gesichtssinn, für Sprache, ästhetisches und Tastempfinden, für Musik, für die Erinnerung und alle höheren geistigen Funktionen, darunter Abstraktionsvermögen und analytisches Denken. Das Großhirn wird das »Meistergewebe« des menschlichen Körpers genannt. Seine Oberfläche erscheint gefurcht wie der Kern einer Walnuß. Ein tiefer, von vorn nach hinten ziehender Einschnitt teilt es in zwei Hälften: Die linke Hälfte ist für die rechte, die rechte Hälfte für die linke Körperseite zuständig, ein Kunstgriff, den zwei gekreuzte, zu- und ableitende Nervenbahnen fertigbringen. Obgleich anatomisch voneinander getrennt, können die beiden Hirnhemisphären über ein Bündel von Nervenfasern, das »corpus callosum«, Informationen austauschen und sich gewissermaßen gegenseitig über alle Probleme auf dem Laufenden halten.

Noch immer ist die Wissenschaft weit davon entfernt, alle Geheimnisse des Gehirns zu kennen – jenes merkwürdigen Gebildes in unserem Kopf, auf dessen Wirken alles zurückgeht, was der Mensch jemals war und was er jemals sein wird. Aristoteles sah im Gehirn noch eine Art Kühlsystem für das Blut. Das Denken schrieb er dem pochenden Herzen in der Brust zu. Erst in den letzten Jahrhunderten lichtete sich das teilweise von Tabus noch verdüsterte Bild jenes Organs, mit dem uns die Natur gleichermaßen über die Tiere erhoben, aber auch belastet hat.

Eine der erstaunlichsten Leistungen des Gehirns besteht darin, daß es eine äußerst detailreiche Wiedergabe der Außenwelt in unserem Bewußtsein ermöglicht. Das Bewußtwerden optischer, akustischer, geruchlicher, geschmacklicher und Tastempfindungen löst zahlreiche Gefühle und Wertungen aus, die wir verarbeiten, die wir erneut mit den Sinnesempfindungen vergleichen und an ihnen messen können. Dies wiederum führt zu Denkergebnissen, zu Urteilen. Die Vorgänge im Großhirn des Menschen repräsentieren damit die höchsten Bewußtseinsstufen in der belebten Natur überhaupt. Nach allen Erfahrungen erreicht kein anderes Lebewesen auf der Erde einen derartigen Grad psychischer Kompliziertheit wie der Mensch. Allerdings ist das Großhirn außerstande, unser Verhalten in jeder Situation zu kontrollieren. Die im Limbischem System entstehenden Urgefühle, das Urbewußtsein und die Triebregungen können zwar mehr oder weniger gesteuert werden – beherrscht werden können sie vom Großhirn jedoch nicht. Besonders drastisch beweist dies der Geschlechtstrieb.

Natürlich verdankt der Mensch dem Großhirn noch einiges mehr, darunter das Besondere seiner stammesgeschichtlichen Entwicklung, seit seine Wege sich von denen der höheren Affen trennten. Während es bei Tieren und Pflanzen allein biologische Triebkräfte waren, die immer speziellere Anpassungsleistungen an die Umwelt möglich machten und die Artenvielfalt erzeugten, wirkte beim Menschen sowohl die biologische wie auch die kulturelle Evolution.

Das heißt: Im Gegensatz zu den Tieren blieb die menschliche Entwicklung nicht auf die klassischen Entwicklungsfaktoren der Stammesgeschichte – auf zufällige Erbänderungen und nachträgliche Auslese – beschränkt, sondern erhielt starke neue Impulse durch die Sprache, das geschriebene und gedruckte Wort und zahlreiche andere Kommunikationsmittel. Der Homo sapiens hat damit als einziges Wesen sowohl einen natürlich-biologischen als auch einen kulturellen Werdegang durchgemacht. Beide Vorgänge entsprechen sich. Sie setzten allerdings voraus, daß Mittel verfügbar waren und sind, die es erlauben, einmal bewährte Eigenschaften oder Erfahrungen auch beizubehalten und diese den nachfolgenden Generationen weiterzugeben.

In der biologischen Evolution spielen die Rolle der Informationsüberträger die Nucleinsäuren in den Zellkernen. Diese Substanzen, voran die DNS, stellen gewissermaßen chemische Speicher für die Bau- und Funktionspläne der Lebewesen dar. Sie sind zur Selbstverdoppelung fähig, sie können ihren Informationsgehalt beliebig oft kopieren. Bei der Fortpflanzung wird die chemisch verschlüsselte »Nachricht« auf das neue Lebewesen übertragen, bei der Zellteilung von einer Zelle auf die andere.

In der kulturellen Evolution übernehmen Sprache, Schrift und andere Medien die Aufgabe der Informationsträger. Indem sie einmal gewonnene Erfahrungen, Ideen und Erkenntnisse festhalten, überdauern diese den Tod des einzelnen Menschen. So sind frühere Erkenntnisse auf Abruf immer wieder parat und bedarfsweise auch revidierbar, vor allem die Aufzeichnungen der Wissenschaft und die Wissenschaft selbst. Nach einem Satz Julian Huxleys ist die Wissenschaft ein System, das sich selbst korrigiert und ständig erweitert. Es zielt darauf ab, Erfahrungen zu einer Einheit zusammenzufassen. In dem ungeheuer weiten Raum der menschlichen Ignoranz schaffe die Wissenschaft kleine Bezirke geordneten Wissens. Das Flickwerk an Kenntnissen wachse, es könne miteinander verschmelzen, könne ein umfassenderes, aufschlußreicheres Bild ergeben.

Ähnlich geht es mit anderen kulturellen Tätigkeiten des Menschen. Kunst und Gesellschaftstheorien unterliegen ständiger Veränderung, ohne daß damit schon etwas über Gut oder Böse solcher Veränderungen gesagt wäre. Aber jede dieser Veränderungen kann auf frühere Erfahrungen und Erkenntnisse zurückgreifen. Man muß hier freilich das Wort »kann« betonen, denn oft genug in der Geschichte der Menschheit ist es geschehen, daß aus eben dieser Geschichte nichts gelernt worden ist.

Um zu dem zu werden, was das Menschenhirn heute ist, brauchte es mehrere Millionen Jahre. In dieser Zeit vollzog sich das, was die Lehrbücher die »Menschwerdung« oder den »Übergang vom Menschenaffen zum Menschen« nennen. Die entscheidenden Stationen dieses Weges haben zugleich der Gehirnentwicklung starke Impulse gegeben. Zu ihnen zählt besonders der Umstand, daß die äffischen Ahnen des Menschen lernten, aufrecht zu gehen. Möglicherweise veranlaßte der zurückweichende Wald in bestimmten Gebieten Afrikas die Vorgänger des Menschen immer öfter, von den Bäumen herabzusteigen und allmählich die Steppe als neuen Lebensraum zu besiedeln. Der aufrechte Gang erwies sich als Auslesevorteil, weil er einen besseren Überblick über das Gelände ermöglichte und damit die Vorwarnzeit bei der Annäherung von Feinden verlängerte; außerdem verbesserte er die Jagdchancen. Dies wiederum forderte geistige Leistungen heraus, denn die gewonnenen Vorteile wollten jetzt möglichst geschickt genutzt und sinnvoll ausgeschöpft werden.

Zweitens befreite der aufrechte Gang die Arme von ihrer bisherigen Aufgabe, bei der Fortbewegung zu helfen. Die Hände konnten nun auf ganz neue Weise gebraucht werden. Der aufrecht gehende Affe, Vorvater des Homo sapiens, begann Äste und Steine als Waffen und Werkzeuge zu benutzen. Er konnte Nahrungsmittel und allerlei Gegenstände hin- und hertragen. Es ist klar, daß dabei diejenigen »Urmenschen« im Vorteil waren, die ihre Daumen möglichst weit abspreizen konnten. Sie bekamen die Dinge besser »in den Griff«, aber nicht nur das. Die schon bei den Affen gut ausgebildete Greifhand wurde noch vielseitiger. Im Gegensatz zu seinen äffischen Vorfahren mit ihren mehr anliegenden Daumen konnte der Urmensch Geräte und Werkzeuge auf unterschiedlichste Weise festhalten, sie bearbeiten und für verschiedene Zwecke benutzen. Unter der Regie des denkenden Hirns entstanden damals die ersten behauenen Steinwerkzeuge, die ersten zweckmäßig gestalteten Schlag- und Wurfwaffen.

In jener Zeit war das Gehirn des Menschen noch klein. Nach Messungen von Schädelfunden betrug sein Volumen nur etwa 500 Kubikzentimeter. Vor wie vielen Jahren aber mag das gewesen sein? Nach neueren Indizien, die auf Ausgrabungsergebnisse des Paläontologen Richard E. F. Leakey vom National-Museum Kenia beruhen, könnte ein aufrecht gehender, zur Gattung Homo gehörender Urmensch schon vor zwei bis drei Millionen Jahren gemeinsam mit Menschenaffen auf der Erde gelebt haben. Bisherige Schätzungen gingen immer nur von 500 000 Jahren – dem mittleren Pleistozän – aus; sie müßten also revidiert werden. Dieser Aufrechtgeher besaß schon nicht mehr das große wehrhafte Kampfgebiß seiner Vorgänger, sondern kleinere Kiefer mit entsprechend schwächeren Eckzähnen. Den Beweis für ein derart frühes Auftreten des Menschen glaubt Leakey in 150 Knochenstückchen gefunden zu haben. Die Bruchstücke, die er im Jahre 1972 in der Nähe des ostafrikanischen Rudolf-Sees entdeckte, gehören zu einem einzigen Schädel und lagen in einer Sandschicht 35 Meter unterhalb von vulkanischem Gestein. Ihr Alter konnte mit Hilfe der Kohlenstoff-14-Methode auf 2,6 Millionen Jahre datiert werden. Leakey nimmt an, daß die Sandschicht, in der er die Knochen fand, 2,9 Millionen Jahre alt ist. Als er die Stücke zusammensetzte, ergab sich eine Hirnkapazität von 800 Kubikzentimetern.

Das war einigermaßen überraschend. Denn obgleich der Fund mindestens eine Million Jahre älter ist als alle anderen der Gattung Homo, zeigt er, daß die Hirnentwicklung zu dieser frühen Zeit im Pleistozän offenbar schon recht fortgeschritten gewesen sein muß.

Wie immer sich nun das Dunkel um die Vorfahren des Menschen lichten wird, fest steht, daß das Gehirn seit der Zeit, da der Urmensch aufrecht gehen und seinen Daumen abspreizen lernte, eine bemerkenswert rasche Entwicklung durchgemacht hat. Die Nervenzellen vergrößerten und vermehrten sich. Die funktionelle Gliederung des Gehirns prägte sich deutlicher aus. Während in der Stammesgeschichte bis dahin neue Sinnesorgane und differenzierteres Verhalten erst möglich wurden, wenn ein höherer Komplikationsgrad oder eine ganz neue Konzeption des Nervensystems erreicht war, so genügte jetzt die bloße Zellvermehrung im Verein mit fortschreitender funktioneller Gliederung, um die sogenannten höheren geistigen Funktionen zu erlauben: Zunehmende Verschaltungsmöglichkeiten wurden zur Grundlage des Lernvermögens, der Fähigkeit zur Abstraktion und des planvollen Handelns.

Diese neuen Eigenschaften kamen also nicht zustande, weil mehr Sinnesreize empfangen wurden, sondern weil deren Verarbeitung nun intensiver verlief. Wir stehen damit an dem historischen Punkt, an dem die kulturelle Evolution des Menschen einsetzte. Denn mit der Größenzunahme vor allem des Stirnhirns erwarb der Frühmensch auch die Sprache als mächtigen stammesgeschichtlichen Katalysator, der die ganze folgende Entwicklung bestimmte und beschleunigte. Schon von den Vorgängern des Menschen auf der Erde, den höheren Menschenaffen, ist bekannt, daß sie eine ausgeprägte Gebärdensprache besaßen. Mimik und Gestik ergaben zusammen mit charakteristischen Lauten eine primitive Verständigungsform, die ausreichte, um ein wenn auch bescheidenes Repertoire von Wünschen, Gefühlen, Absichten und Stimmungen auszudrücken. Mit der »Menschwerdung« erhielt dann vor allem der akustische Bereich neue Impulse. Urlaute entstanden, die zunächst kaum mehr als ein unartikuliertes Lallen waren, wie wir es von Kleinkindern heute noch hören. Zum Unterschied von denen der Menschenaffen müssen diese Laute beim Urmenschen jedoch schon mehr »Bedeutung«, mehr konkreten Inhalt gehabt haben. Und weil alle Wesen, die sich akustisch verständigen können, die Auseinandersetzung mit ihrer Umwelt besser bestehen, erhielten sie auch größere Überlebens- und damit Fortpflanzungschancen.

Sprachfähigkeit wurde also bevorzugt vererbt. Sie blieb erhalten und entwickelte sich. Sogar der aufrechte Gang trug dazu bei, weil der Kopf rein mechanisch jetzt besser abgestützt, das heißt statisch vorteilhafter gehalten wurde, was wiederum der Entwicklung des Hirnschädels entgegenkam. Immer stärker bildete sich dabei der untere Stirnlappen als Sitz des motorischen

Sprachzentrums heraus. Schließlich betraf der Entwicklungsschub auch die Organe der Sprachbildung in Rachen und Mund, die sich zur Formung artikulierter Laute zunehmend spezialisierten.

Der Vorzug, den schon die Ursprache besaß, bestand darin, daß Erfahrungen von nun an nicht mehr nur durch Nachahmung des elterlichen Verhaltens durch die Kinder übertragen zu werden brauchten, sondern dafür jetzt ein zusätzliches, rasch verbessertes akustisches Mittel zur Verfügung stand. Mit seiner Hilfe konnten Erkenntnisse in der Werkzeugherstellung, im Waffengebrauch, bei der Jagd und im Verhalten »von Mensch zu Mensch« viel ausführlicher und nachhaltiger an die Nachkommen weitergegeben werden. Wie stark der entwicklungsgeschichtliche Impuls, wie groß der Selektionsdruck dieser Errungenschaft gewesen sein muß, das erweist die schnelle Zunahme der Hirnkapazität im Lauf des Pleistozäns. Man kann diese Vergrößerung kaum anders deuten als eine Folge immer neu geforderter Hirnleistungen im Zusammenhang mit der Sprachentwicklung.

Wenn die Kinder sich im täglichen Leben jetzt so und nicht anders verhielten, so wußten sie, warum. Die Alten hatten es ihnen »erklärt«. So blieben sie eher davor bewahrt, etwas falsch zu machen. Sie lebten auch im Durchschnitt länger, weil sie den tödlichen Gefahren des Lebens besser entgehen konnten. Und je länger sie lebten, um so mehr Gelegenheit hatten sie, ihre eigenen Erfahrungen denen ihrer Eltern hinzuzufügen und alles wiederum ihren eigenen Kindern mitzuteilen. Zweckmäßiges Verhalten mehrte sich. Und immer war das Gehirn beteiligt, das wuchs und wuchs, und mit dessen Wachsen auch der Informationsspeicher für Erfahrungen aller Art an Umfang zunahm. So hatte der Heidelberger Mensch (Unterkiefer von Mauer) vor schätzungsweise 500 000 Jahren schon ein Hirnvolumen von 1000 Kubikzentimetern – zwei Drittel der Hirnkapazität des heutigen Menschen. Damit hat er zweifellos weit bessere, kompliziertere und vielseitiger funktionierende Verschaltungsmöglichkeiten seiner Nervenzellen gehabt als seine Vorgänger im Pliozän und Miozän, die Australopithecinen und Ramapithecinen. Vor allem das Vorausdenken, der Entschluß zu einer Tat nach vorherigem Abwägen der Folgen – diese Leistung des Gehirns muß die Frühmenschen gegenüber den Urmenschen ausgezeichnet und ihnen weitere Überlebensvorteile verschafft haben.

Auch die Steinwerkzeug-Funde des »Heidelbergers« bestätigen das. Es sind Schaber, Kratzer und Stichel, auch Faustkeile verschiedener Form, die durch teilweise mehr als dreißig Zuschläge mit Schlagsteinen geschärft, gespitzt, hand- und griffgerecht geformt worden sind und sogar verstumpfte Griffpartien zur Schonung der Finger und der Handinnenflächen aufweisen. Wer solche Werkzeuge jemals gesehen hat, bekommt eine Vorstellung von dem handwerklich-technischen Stand der Frühmenschen jener Zeit. Es scheint undenkbar, daß der »Heidelberger« mit ihnen nur Äste abgeschlagen und entrindet, Knochen zertrümmert oder Baumlanzen zugespitzt hat. Alles deutet vielmehr auf die Fähigkeit zu wesentlich feineren Arbeiten, für die schon so etwas wie »Fingerspitzengefühl« notwendig war.

Stellt man gegenüber, was das menschliche Gehirn dem der höheren Affen voraus hat, so imponiert vor allem die Zahl der Nervenzellen. Während ihre Gesamtzahl beim Schimpansen nicht über sieben Milliarden hinausgeht, wuchs sie beim Frühmenschen rasch bis zum Stadium des Neandertalers an, der etwa 14 Milliarden gehabt haben dürfte. Seither hat sich ihre Zahl nicht mehr wesentlich vermehrt. Ebensowenig dürfte sich die funktionelle Gliederung des Gehirns und seine potentielle Leistungsfähigkeit seit den Tagen des Neandertalers noch grundlegend verändert haben.

Auch seinen Größenzuwachs hat das Gehirn seit der Zeit des Neandertalers eingestellt. Warum der Mensch auf dem Wege zu mehr »Menschlichkeit« und Verhaltensklugheit hier stehenblieb, ist ungeklärt, wenn es auch erstaunlich bleibt, daß wir Heutigen unser kompliziert gewordenes Leben zwischen Computern und Automation, Streß, Freizeitproblemen und Weltraumfahrt mit dem gleichen Schädelinhalt führen wie der Mann mit dem Knüppel und dem Faustkeil vor 100 000 Jahren.

Ein Neandertaler könnte heute in einem modernen Betrieb arbeiten, er könnte Vorarbeiter, gegebenenfalls Abteilungsleiter werden. Seine Hirnkapazität würde ihn sogar für Aufgaben in der Forschung qualifizieren. Wenn er die modernen Lernmethoden anwendete und fleißig und begabt wäre, könnte er unter Umständen den Nobelpreis erringen. Umgekehrt könnte der heutige Mensch schwerlich mit den rauhen Lebensbedingungen jener Zeit vor 100 000 Jahren fertig werden, in der die Neandertaler lebten – dazu wären wir viel zu verwöhnt und verweichlicht.

Vielleicht ist das »Stehenbleiben« der Gehirnentwicklung mitverursacht worden von der allmählichen Vergrößerung der jeweils zusammenlebenden Gruppen und Gemeinschaften. Die Vermutung ginge dahin: Je größer solch ein Clan wurde, um so weniger hatten die Anführer mit ihren hervorragenden Erbanlagen Gelegenheit, sich erbbiologisch zu »verewigen«, indem sie die meisten Nachkommen zeugten. Das schwächte den Selektionsdruck ab. Und dieser Trend verstärkte sich möglicherweise bis in unsere Zeit hinein. »Die soziale Struktur unserer zeitgenössischen Gesellschaft«, betont der amerikanische Zoologe Ernst Mayr, »belohnt Überlegenheit nicht länger mit Fortpflanzungserfolg«.

Was für die Zahl der Nervenzellen gilt, trifft auch für die Oberflächen der Gehirne zu. Dank dem Windungsreichtum der beiden Großhirnhemisphären kommt der Mensch auf 840 Quadratzentimeter, der Schimpanse bei gleicher Stärke der Hirnrindenschicht als Trägerin der Nervenzellen nur auf 280. Der Mensch verfügt über das dreifache Volumen an Großhirnrinde gegenüber dem höchstentwickelten Menschenaffen, trotzdem ist die Zahl der menschlichen Nervenzellen mit rund 14 Milliarden nur etwa doppelt so groß. Wie kommt das? Es erklärt sich daraus, daß die einzelne Nervenzelle des Menschen wesentlich größer ist als die des Schimpansen. Das hat den Vorteil, daß sehr viel mehr Verschaltungsmöglichkeiten bestehen, also mehr Querverbindungen im menschlichen Hirn herzustellen sind als beim Schimpansen. Denn je größer der Zellkörper, um so mehr Kontaktpunkte (Synapsen) zwischen den Nervenfortsätzen können auf der Zelloberfläche installiert werden, um so dichter kann dementsprechend das Nervennetz als Ganzes werden.

Geht man von nur 10 Milliarden Nervenzellen beim Menschen aus, so beträgt die Zahl der Verschaltungsmöglichkeiten rund zehn hoch dreißig, was einer Quinquillion entspricht. Eine Quinquillion sind eine Million Quadrillionen, eine Quadrillion schreibt sich als eins mit vierundzwanzig Nullen. Wenn man annimmt, daß der Schimpanse rund sieben Milliarden Nervenzellen besitzt, so verringern sich die Schaltmöglichkeiten degressiv auf 1000 Billionen (eins mit 15 Nullen).

Mit den viel zahlreicheren Verschaltungsmöglichkeiten beim Menschen sind die Unterschiede zwischen seinem und dem Schimpansengehirn freilich noch nicht erschöpft. So hat sich beim Menschen das Stirnhirn besonders stark entwickelt, ohne daß dies einen direkten Bezug auf bestimmte Sinnesorgane gehabt oder eine bessere Koordination der Körperbewegungen ermöglicht hätte. Im Stirnhirn des Menschen sind Denken und Charaktereigenschaften »untergebracht«. Es ist der »Sitz der Persönlichkeit«. Wird das Stirnhirn verletzt oder durch eine Krankheit auch nur teilweise betroffen, so macht sich der Schaden in zuweilen schweren Charakterveränderungen bemerkbar. Wie zahlreiche Krankengeschichten bezeugen, verändert sich das sittliche Verhalten des Betroffenen, wenn die unteren, zum Schädelgrund hin gelegenen Teile dieser Region gestört sind. In unmittelbarer Nachbarschaft liegt das Sprachfeld, und so verwundert es nicht, wenn Patienten mit Hirnschäden an diesen Partien gelegentlich zu anstößigen Reden neigen.

Im hinteren Teil der Zentralregion des Stirnhirns – dem sogenannten Scheitelhirn – werden Nervenimpulse bewußt, die sowohl aus der Außenwelt als auch aus dem Körper kommen können. Es wird vermutet – Genaues weiß man allerdings noch nicht –, daß hier auch seelische Erlebnisse verarbeitet und ausgewertet werden. Auch dies ist eine »neue Errungenschaft«. Im Stirnhirn haben wir denjenigen Teil des menschlichen Großhirns vor uns, dem unsere kritische Aufmerksamkeit weiter gelten muß. Denn in ihm sind jene Entscheidungen gefällt worden und werden weiter gefällt, die das Überleben des Menschen auf der Erde zunehmend problematischer machen.

Warum sich der Mensch letzten Endes über seine stammesgeschichtlichen Vorfahren »erhoben« hat, wie er selbstbewußt erklärt, darüber läßt sich nur etwas aussagen, wenn man die Umweltbedingungen zur Zeit der entscheidenden Entwicklungsschritte vor drei oder vier Millionen Jahren einigermaßen verläßlich rekonstruieren kann. Auf den Waldschwund und seine Folgen haben wir schon hingewiesen. Er könnte im zentralen Afrika die baumlebenden Menschenaffen immer öfter gezwungen haben, den Boden aufzusuchen. Das war durchaus nicht ungefährlich. Wohl hatten die in der Steppe noch unerfahrenen »Urmenschen« durch ihren aufrechten Gang und den allmählich besser abspreizbaren Daumen manchen Vorteil, aber sie mußten auch Nachteile in Kauf nehmen. Der neu besetzte Lebensraum hatte seine Tücken. Vorbei war es hier mit der Sicherheit und Geborgenheit der schutzbietenden Bäume. Vor allem waren die Neuland-Eroberer keineswegs so schnell und so wehrhaft wie die schon lange ans Steppenleben angepaßten Raubtiere. Zum Ausgleich besaßen sie nur ihr Gehirn und damit eine wenn auch bescheidene geistige Überlegenheit. Diese Überlegenheit mußte alle anderen Nachteile wettmachen, und der noch dicht behaarte Urmensch war gezwungen, seinen Vorteil nach Kräften zu nutzen. Das äußerte sich in der Errichtung wetterfester Unterschlupfe, die auch gegen Raubzeug Schutz boten, im Werkzeug-

und Waffenherstellen, wofür primitive Steinwerkzeuge, die sogenannten »pebble-tools«, Hinweise liefern, und natürlich in ersten Sprechversuchen. Trotzdem muß die Sterblichkeit unter den ersten Vertretern unserer Gattung noch groß und ihre zahlenmäßige Zunahme entsprechend gering gewesen sein.

Tiefgreifend muß zu dieser Zeit der Menschengeschichte auch der klimatische Unterschied zwischen dem feuchtwarmen, schattigen Wald und der trockenen, heißen Steppe auf die Entwicklung eingewirkt haben. Als die Vorfahren des Menschen den Wald verließen, dürfte ihnen ihr dichtes Haarkleid in der heißen Steppe außerordentlich lästig gewesen sein. Diejenigen, deren Behaarung als Folge einer Erbanlage unterentwickelt war, werden sich daher wohler gefühlt haben. Sie werden beweglicher, aktiver gewesen und überhaupt besser zurechtgekommen sein als die in ihren dichten Fellen schwitzenden Stammesgenossen. So werden sie auch größere Fortpflanzungschancen gehabt haben als jene und konnten dazu beitragen, das Merkmal »dichtes Haarkleid« allmählich verschwinden zu lassen.

Es gibt aber noch zwei andere Gründe, aus denen die Körperbehaarung zurückgegangen sein könnte. Der eine ist die Transpiration als Mittel, den Körper zu kühlen. Überall dort, wo Wasser verdunstet, entsteht Kälte – Verdunstungskälte. Wer eine Flasche Bier am heißen Badestrand kühlen will, wickelt sie am besten in ein feuchtes Tuch ein und hängt sie in die Sonne; der Erfolg ist verblüffend. Auch der Körper macht sich die Transpirationsfähigkeit seiner Haut zunutze, wenn es heiß ist und er Kühlung braucht: die Haut dient ihm als Klimaanlage. Und natürlich ist der kühlende Effekt der Transpiration auf einer haarlosen Haut viel größer als auf einer, die von einem dichten Fell überzogen ist. Das spüren auch unsere Hunde. Wenn sie stark erhitzt sind, hecheln sie mit offener Schnauze: Zunge und Mundschleimhaut müssen den Kühlungseffekt erzeugen, den die Haut wegen des dichten Felles allein nicht schafft.

Beim Menschen jener frühen Zeiten hatten es also die weniger

Behaarten leichter, der Hitze in ihrer neu gewonnenen ökologischen Nische zu widerstehen. So erhielt die allmählich sich durchsetzende Haarlosigkeit auch von dieser Seite her positiven Auslesewert.

Die zweite Überlegung, die wir anstellen müssen, liegt im sexuellen Bereich. Wie jeder weiß, ist die Haut ein außerordentlich sensibles Sinnesorgan. Sie signalisiert dem Gehirn nicht nur Tastempfindungen und feine Temperaturveränderungen als Orientierungshilfen, sondern vermittelt auch starke erotische Reize beim Liebesspiel. Und je weniger Haare den hautnahen Kontakt der Liebespartner stören, um so intensiver ist der Berührungsreiz, um so sicherer wird das biologische Ziel des Liebesspiels – der Geschlechtsakt – erreicht.

Bereits in dieser frühen Phase der Menschheitsentwicklung – vielleicht als ungewolltes Nebenprodukt der Kühlungsfunktion – wurde also ein entscheidender Anstoß zur wachsenden Sexualisierung des Menschen gegeben. Mit dem schwindenden Haarkleid steigerte sich die Sinneslust, wuchs die Begehrlichkeit der Geschlechter untereinander. Der »nackte Affe« erwarb seine Nacktheit zwar als Folge seiner Emanzipation vom Urwaldleben, aber er erwarb mit ihr auch eine risikoreiche Zeitbombe: Seine wachsende und, wie wir noch sehen werden, permanente Geschlechtslust, die ihm ein paar Millionen Jahre später so verhängnisvoll zu schaffen machen sollte.

Im Zusammenhang mit der Beziehung der Geschlechter, aber auch der Stammesmitglieder untereinander stellt sich weiterhin die Frage, wie eigentlich der Altruismus, das uneigennützige Verhalten zustandegekommen ist.

Wir sehen im Altruismus gern einen ausgesprochen menschlichen, einen »humanen« Zug, eine besonders qualifizierte Leistung des Gehirns. Wie aber konnten »edle, hilfreiche und gute« Menschen entstehen, wenn nach dem Naturgesetz derjenige höhere Überlebenschancen hatte, der dem anderen den Schädel einschlug?

Schon Darwin hatte dieses Problem erkannt, aber noch keine rechte Antwort darauf gewußt. Heute meinen wir, die Lösung des Rätsels gefunden zu haben: Man muß wohl davon ausgehen, daß die Ur- und später die Frühmenschen in kleinen Gemeinschaften lebten, daß sie in kleinen Trupps, in Familienverbänden, in Horden jagten und wohnten. Wenn nun zwei solcher Verbände gegeneinander konkurrierten und die Mitglieder in dem einen mehr als in dem anderen Verband bereit waren, einem in Not geratenen Gefährten beizustehen, ihn bei Gefahr zu warnen oder ihm zu helfen, wenn er verletzt war, so hatte dieser Verband insgesamt einen Nutzen davon, weil es weniger Ausfälle gab. Das schlug sich in größerer Kampfkraft und größeren Überlebenschancen – sprich Auslesevorteilen – gegenüber Verbänden mit weniger erblich hilfsbereiten Mitgliedern nieder. Diese Gruppen fielen leichter auseinander, die Versprengten kamen eher ums Leben und schieden damit vorzeitig von der Weitergabe ihrer Erbanlagen aus. Man kann folgern: Die Erbeigenschaft »Altruismus« – wie kompliziert sie genetisch auch verankert sein mag – bedeutete einen Vorzug, solange es Gemeinschaften gab, die möglichst zahlreich sein mußten und deren Mitglieder auf gegenseitige Hilfe angewiesen waren. Heute bedeuten zu viele Menschen eher eine Belastung der Umwelt, in der und von der sie leben.

Gefördert hat die Entwicklung zum Menschen auch eine schon vom Menschenaffen her bekannte Eigenschaft, die der Frühmensch zügig fortentwickelte: die Sorge um die Kinder, der Brutpflege-Instinkt. Überall dort in der Natur, wo die Brutpflege fehlt oder nur schwach ausgeprägt ist, müssen die Tiere mit hohen Ausfällen durch »Feindeinwirkung« oder Krankheiten rechnen, und sie müssen dieser Gefahr begegnen. Ein probates Mittel dafür sind hohe Nachkommenzahlen: Wo viele Kinder sind, ist in gefahrenreicher Umwelt die Chance größer, daß wenigstens einige durchkommen. Beim »Nesthocker« Mensch, wo die Zunahme der Hirngröße mit der Verlängerung der Kindheitsphase einherging, stellte sich ein Rückkoppelungseffekt ein: Je intensiver die Eigenschaft zur Behütung der Nachkommenschaft ausgeprägt war, um so länger wurden die Kinder gepflegt und beschützt, um so größer wurden ihre Chancen, zu überleben. Auch der menschliche Brutpflege-Instinkt wirkte sich damit als Selektionsdruck zur Weiterentwicklung des Gehirns aus.

Noch heute, wenn auch in anderer Weise als einst, unterliegt der Mensch und mit ihm das Großhirn der natürlichen Selektion. Das läßt sich leicht belegen. Überall dort in der Welt, wo Hungersnöte oder Epidemien auftreten, sterben zuerst die körperlich Schwachen und die geistig Zurückgebliebenen, soweit sie nicht in der Obhut hilfreicher Menschen leben. Im allgemeinen macht es die wachsende Kompliziertheit unseres Lebens denjenigen leichter zu überleben, deren Verstand vielseitig trainiert ist und deren Intelligenz, deren Fähigkeit, sich in ungewohnten Situationen rasch zurechtzufinden, hochentwickelt ist. Hinzu kommen die Vielfalt unserer Informationsmöglichkeiten und die wachsende Zahl unserer Kommunikationsmittel – lauter Einflüsse und Chancen, die den geistig regen, den logisch denkenden, den agilen Typ begünstigen und ihm Vorteile verschaffen. Ob sich diese Vorteile jedoch auch heute noch immer in größeren Nachkommenzahlen auswirken, ist freilich eine andere Frage. Was dem individuellen Leben zugute kommt, muß nicht in jedem Falle gleichbedeutend sein mit einem Vorteil für die Spezies Mensch.

Insofern ist das Problem heute komplizierter geworden. Auch gibt es einen Sachverhalt, der die natürliche Auslese gerade in diesem Punkt ins Gegenteil verkehrt. Er liegt darin, daß in der zivilisierten Welt weithin auch derjenige vor Risiken bewahrt und vor Krankheit und Unfall geschützt bleibt, dessen körperliche und geistige Gaben zur Selbstbehauptung nicht ausreichen. Seine Artgenossen, die zahlreichen Vorsorge- und Fürsorge-Einrichtungen behüten ihn davor; ja, sie ermuntern ihn sogar noch, möglichst viele Kinder zu zeugen. Manche Staaten bieten durch steuerliche Erleichterungen und Kindergelder einen Anreiz gerade für die sozial Schwachen, durch möglichst viele Kinder ihr Einkommen aufzubessern. In Berlin spricht man vom »Abkindern« jener Unterstützungsgelder, die junge Ehepaare dort zum Existenzaufbau erhalten und auf deren Rückzahlung um so weitgehender verzichtet wird, je mehr Kinder die Betreffenden in die Welt setzen.

Was hier schon deutlich wird, muß uns später noch beschäftigen. Es ist der Tatbestand, daß der Mensch die natürliche Auslese entschärft, ja sie in mancher Hinsicht abgeschafft und sogar ins Gegenteil verkehrt hat. Und das zu einer Zeit, da unser Gehirn nicht mehr wächst, da seine anatomisch-physiologischen Möglichkeiten offenbar erschöpft sind, da es keine neuen Rindengebiete mehr bilden und die vorhandenen nicht mehr für die Lösung unserer Probleme aktivieren kann.

Solange das Großhirn des Menschen noch wuchs, fand indessen eine bemerkenswerte andere Entwicklung statt. Versetzen wir uns einmal in die Lage der frühmenschlichen, Waffen und Geräte bastelnden Steppenbewohner. Da es weder Waffenscheine noch Polizei gab, konnte jeder auf eigenes Risiko um sich schlagen. Das wird nun zweifellos nicht übermäßig geschehen sein, denn schon damals werden die Mitglieder einer Horde erfahren haben, daß Gewaltakte Vergeltungsgelüste wecken und mit dem gegenseitigen Umbringen am Ende niemandem gedient war.

Statt dessen erlebten sie, profan gesagt, »ein ganz neues Mordgefühl«. Die Besonderheit dieses Gefühls lag im Töten mit der Waffe. Der Knüppel in der Hand – vielleicht ein Stock mit einem Stein an der Spitze – verstärkte die Armkraft. Mit seiner Hilfe ließ sich mehr Wucht beim Zuschlagen entfalten als mit der bloßen Faust. Das bedeutete unter Umständen den blitzschnellen Tod des Opfers. Und hier stehen wir vor einem bedeutenden moralischen Aspekt.

Von den Scheinkämpfen unter Artgenossen im Tierreich ist bekannt, daß sie im allgemeinen ein unblutiges Kräftemessen darstellen. Diese Kämpfe zielen nicht auf den Tod des Nebenbuhlers ab, sondern sollen den anderen nur einschüchtern, sollen ihn in seine Schranken verweisen. Der Scheinkampf ist vorüber, wenn der Rivale das Feld räumt oder eine Unterwerfungsgeste macht. Beim Sieger, das wissen wir von den Verhaltensforschern, setzt dann die Tötungshemmung ein. Die »heilige Scheu« davor, den anderen umzubringen, hat es gewiß auch unter den höchsten Menschenaffen in der Zeit der »Menschwerdung« gegeben, und der Urmensch in der Steppe wird keine Ausnahme gewesen sein.

Mit dem Waffengebrauch entstand jedoch für den Kämpfer eine veränderte Situation. Die Waffe bot ihm die Flucht in die Anonymität einer psychischen Verfassung, in der das Töten zu einem fast beiläufigen, wegen der Augenblicklichkeit des Geschehens kaum noch belastenden Akt wurde. Die Möglichkeit, blitzschnell zu töten, schwächte die Tötungshemmung ab, sie drängte die Scheu vor der Vernichtung artgleichen oder fremden Lebens zurück. So wurde vielleicht schon hier der Keim zu jener Unbekümmertheit des Umbringens von Artgenossen gelegt, dessen vorläufigen Höhepunkt die Welt am 6. August 1945 erlebte. An jenem Tage löste der Major Thomas W. Ferebee als Bombenschütze einer amerikanischen Superfestung um 8.15 Uhr Ortszeit die erste Atombombe über Hiroshima durch einen Knopfdruck aus und beförderte mit dieser unverbindlichen Handbewegung mehr als 78 000 Menschen augenblicklich in den Tod.

Nicht weit entfernt von dem Phänomen der Leichtigkeit, mit der massenhaftes, blitzschnelles Töten von der Hand gehen kann, ist der eigenartige Umstand, daß wir menschliche Tragödien um so weniger tragisch nehmen, je mehr Opfer von ihnen betroffen sind. Etwas in unserem Gehirn muß da ein paradoxes Spiel treiben: Wenn eine Gangesfähre mit 150 Menschen kentert und 80 Passagiere dabei ertrinken, so bedauern wir dies zwar für einige Augenblicke, doch erregt es uns nicht länger. Aber es erweckt unser Mitleid, wenn ein kleines Mädchen zur Herzoperation in die USA geflogen wird und dort unter dem Messer eines berühmten Chirurgen stirbt. Seelenschmerzen über ein tragisches Geschehnis summieren sich nicht mit der Zahl der auslösenden Ursachen, sie verringern sich eher. Das vielfache Leid ungezählter KZ-Häftlinge kann unser Gehirn nicht mehr nachvollziehen, weil es von der großen Zahl überfordert wird. Das Einzelschicksal des jüdischen Mädchens Anne Frank, das jahrelang vor seinen Nazi-Häschern verborgen lebte, um schließlich doch noch entdeckt zu werden, rührt uns dagegen.

Man hat unser Gehirn den größten noch unerforschten Kontinent der Erde genannt. Daran ist sicher viel Wahres. Wie das Gehirn arbeitet, wie bewußtes und unbewußtes Erleben zustande kommen, weiß noch niemand genau. Nur ganz allmählich dringen wir in das unbekannte Land vor, ohne zu wissen, welche Abenteuer wir noch erleben werden. Das Problem ist: Wir bemühen uns hier um etwas ganz anderes als der Uhrmacher, der das Räderwerk eines Weckers untersucht. Denn wir wollen die Geheimnisse eines Geschehens mit einem Instrument enträtseln, das selbst das Objekt, das Ziel dieses Suchens ist. Mit dem Gehirn wollen wir das Gehirn erforschen – kann das gelingen? Müssen wir nicht fürchten, an absolute Grenzen zu stoßen und immer dann zu scheitern, wenn das geistige Instrumentarium der großen grauen Schaltzentrale in unserem Kopf in die Intimsphäre seiner selbst eindringt? Wenn das Beobachtete zugleich das Beobachtende ist: Verändern sich dann nicht die Bedingungen, unter denen noch verläßliche Schlüsse zu ziehen und brauchbare Erkenntnisse zu gewinnen sind? Es gibt einen Grundsatz der Informationstheorie, wonach zur Analyse eines Systems immer ein System von wesentlich höherem Komplikationsgrad notwendig ist. Wann werden wir die Wahrheit dieses Satzes spüren?

Freilich: Für unser Problem mag es auf einen allzu intimen Einblick in die Prozesse im Gehirn gar nicht ankommen. Wir können uns mit der Feststellung begnügen, daß alles Geistige, alles, was uns bewußt ist, auch eine materielle und eine elektrochemische Entsprechung im Gehirn hat und daß es qualitativ verschiedene elektrochemische Vorgänge sein müssen, je nachdem, ob wir Lust empfinden oder Schmerz, ob wir eine Zahlenkolonne addieren oder der Musik Duke Ellingtons lauschen.

Immerhin ist die Hirnforschung bis zu solchen Grenzfragen erstaunlich erfolgreich gewesen. Was wir über das Gehirn wissen, füllt lange Regale wissenschaftlicher Bibliotheken. Es ist ein Wissen, das rasch wächst, weil immer neue Erkenntnisse hinzugewonnen werden. Zu ihnen gehört, daß Gefühle und Stimmungen, Angriffslust und Sanftmut eines Menschen auch durch elektrische Reizung bestimmter Hirnzonen ausgelöst werden, daß wir im Schlaf lernen können und bestimmte Formen des Wissens sich durch Injektion übertragen lassen.

Was das bewußte Erleben so schwer verstehbar macht, ist seine Unanschaulichkeit. Man kann unser Denken und Fühlen nicht herauspräparieren wie einen Blinddarm, nicht greifen wie einen Körper. Und doch kann es uns in Räume entführen, die weit entfernt sind von dem Ort, an dem wir uns gerade befinden. Es verhilft uns zur Erinnerung an Zeiten und Vorgänge, die längst vergessen schienen. Es läßt uns mit Hilfe der Phantasie Zukünftiges ausmalen. Aber was ist das Bewußtsein? Es ist das Phänomen, sagen die Psychologen, daß wir wissen, was in uns und um uns herum vorgeht, daß wir nicht nur das Dasein einer komplizierten Maschine führen. Man kann diesen Sachverhalt schwer näher beschreiben, man muß einfach voraussetzen, daß jeder versteht, was gemeint ist. Eine neue Dimension der Lebensvorgänge offenbart sich da im Unterschied zur toten Existenz eines Steins oder auch – wie wir annehmen – zum Innenleben einer Gartenschnecke.

Das Bewußtsein ist es, mit dessen Hilfe wir geistige Leistungen vollbringen und Gefühle erleben, die Liebe und den Haß, die Enttäuschung, die Aggression und das Leid. All das gibt es in der Welt der Atome und Moleküle nicht – wenngleich hier vor raschen Schlüssen gewarnt sei. Vielleicht dürfen wir nicht ausschließen, daß die Moleküle oder ihre sich wandelnden elektrischen Zustände doch ein wenig teilhaben am Zustandekommen des Bewußtseins. Soviel jedenfalls ist gewiß: Gefühle und bewußtes Erleben sind weder wägbar noch meßbar. Man kann sie nicht quantifizieren oder in Formeln ausdrücken. Wir stehen vor einer neuen Kategorie, einer einzigartigen Naturerscheinung.

Erstaunlich auch, daß wir »richtig« denken können. »Richtig«: das heißt so, wie die Gesetze der Logik es verlangen. Diese Gesetze sind so beschaffen, daß ihnen Naturzusammenhänge entsprechen und dank ihrer verständlich werden, Zusammenhänge, deren Leugnung schlechterdings nicht möglich ist, es sei denn wir weigerten uns anzuerkennen, daß zwei mal zwei vier sei. Welche Vorgänge im Gehirn für das richtige Denken verantwortlich sind, ist vorerst noch rätselhaft. Naheliegend scheint, daß sich die Fähigkeit zum logischen Denken im Lauf der Stammesgeschichte als Auslesevorteil erwiesen hat: Individuen mit der Erbeigenschaft zu folgerichtigem Handeln hatten höhere Überlebenschancen und damit auch bessere Fortpflanzungsmöglichkeiten, weil sie erfolgreicher waren. Richtiges, durch Erfolge belohntes Denken war ein Vorteil beim Zurechtfinden, beim Bewältigen schwieriger Situationen in einer nicht unbedingt lebensfreundlichen Umwelt, deren Probleme erkannt und gelöst werden mußten.

Richtiges Denken aber leidet, wenn das Gehirn beschädigt wird. In solchen Fällen ist der Bewußtseinszustand gestört. Es macht sich – manchmal allerdings nur für den gesunden Beobachter, nicht für den Betroffenen selbst – in verworrenen Reden bemerkbar, in Bewußtseinstrübungen oder in unseren Gefühlen, die dann ein Fall für den Psychiater werden. Gedächtnisausfälle, Ohnmachten, bestimmte psychische Veränderungen bei anatomischen Veränderungen im Gehirn – all das sind Indizien dafür, wie unser geistig-seelisches Erleben abhängt von der Beschaffenheit jenes vielbewunderten, geheimnisvollen und auch unberechenbaren »Meistergewebes«.

Wenn man davon ausgeht, daß das Gehirn durch die Aufnahme und die Beantwortung von Sinnesreizen seinen Trägern ursprünglich größere Überlebenschancen verschaffen sollte und auch verschafft hat, so bleibt rätselhaft, warum wir mit ihm auch Leistungen vollbringen können, die gar nicht im Dienst dieses Überlebens stehen: daß wir beispielsweise abstrakt zu denken vermögen und Probleme angehen können, deren Lösung Überlebensvorteile zumindest nicht ohne weiteres erkennen lassen. Die Notwendigkeit für abstrakte Denktätigkeit bestand in der Vergangenheit des Menschengeschlechts offenbar nicht. Daß in einem Planquadrat des Sternhimmels ein sogenanntes Schwarzes Loch auftritt, daß es eine vierte Dimension gibt und der Mond sein Licht von der Sonne empfängt – derlei Wissen bedeutete wenig Hilfe, wenn es darum ging, den auf den Kopf gezielten Keulenschlag eines Angreifers abzuwehren.

Erst mit der Sprachentwicklung und der beginnenden kulturellen Evolution fiel die Fähigkeit zu abstrakten Denkspielen gewissermaßen als Nebenprodukt an. Inzwischen hat dieser Luxus der Natur vielleicht sogar positiven Auslesewert erhalten, weil einer, der viel weiß, der über Psychologie, Sterne und Atome diskutieren kann, nicht nur als kluger Kopf oder unterhaltsamer Mensch geschätzt wird, sondern einem Teil des anderen Geschlechts auch besonders imponiert und auf diese Weise größere Heiratschancen bekommt. Womit dann freilich noch nicht gesagt ist, daß er dem Partner, den sein Wissen beeindruckt hat, auch viele Kinder beschert.

Was bleibt, sind die Fragen: Ist unser Gehirn überdimensioniert? Stecken Möglichkeiten in ihm, die wir nur nutzen, weil sie nun einmal vorhanden sind, nicht aber, weil wir sie zum Überleben brauchen? Und entsteht aus der Nutzung dieser überschüssigen Möglichkeiten des Gehirns am Ende auch jenes weltweite existentielle Problem, das wir Menschen heute vergeblich zu lösen versuchen? Wenn diese Vermutung zutrifft, dann ließe sich das menschliche Gehirn aufgrund vorhandener Möglichkeiten, die im Laufe der Stammesgeschichte entstanden sind, zu Aktionen verleiten, deren Folgen es nicht mehr bewältigen kann. Denn unbegrenzt ist die »überschüssige Kapazität« des Gehirns nun auch nicht. Seine Geistesakrobatik, die Denk- und Kombinationsmöglichkeiten sind beschränkt, daran ändern auch die Rechengenies und die Schachmeister nichts, die schon als Kinder zahlreiche Simultanpartien gewannen. So scheint es dem Gehirn offenbar nicht möglich zu sein, noch einen Ausweg aus den Verwicklungen zu finden, in die sich die menschliche Gesellschaft mit ihrem Bevölkerungsproblem, der Umweltverschmutzung und all den damit zusammenhängenden Schwierigkeiten hineinverstrickt hat.

Ebensowenig scheint es ihm möglich zu sein, gewisse letzte Fragen zu beantworten. Eine davon ist die nach der Herkunft der Materie, eine andere die nach den Kräften, die der Materie innewohnen. So intensiv wir uns auch darum bemühen – hier müssen wir Fragezeichen setzen. Wir müssen uns mit der Einsicht begnügen, daß wir es nicht wissen oder zumindest noch nicht wissen, oder wir müssen eine letzte Ursache – Gott – dafür verantwortlich machen. In diesem Fall würden wir allerdings schon nicht mehr logisch denken. Denn wenn alles, was ist, eine Ursache hat, so müßte auch Gott eine Ursache haben und das Problem wäre nur verlagert. Die These von der ewigen Existenz des Seienden hat gleichen oder sogar höheren Wahrscheinlichkeitswert wie die Glaubensthese von Gott.

Als das Menschenhirn noch jung war, also zu einer Zeit vor einer oder zwei Millionen Jahren, muß mit dem zunehmenden Gebrauch der Hand und von Werkzeugen auch die Phantasie seiner Träger mächtig angeregt worden sein. Wo der Urmensch, vielleicht in der Nähe von aktiven Vulkanen, Feuer sah, wird er nur anfänglich davor zurückgeschreckt sein. Irgendwann wird ihn seine Neugier und seine Phantasie dazu bewogen haben, auszuprobieren, was sich alles mit dem Feuer anfangen ließ. Über den Flammen konnte er Fleisch braten und Fische rösten – neue Zubereitungsformen der Nahrung entstanden und bereicherten seinen Speisezettel. Und irgendwann später entdeckten findige Köpfe, daß sich Metalle schmelzen und zu allerlei Gegenständen verarbeiten ließen. Rad und Hebel kamen auf, Wind- und Wasserkraft erwiesen sich als Kraftspender. Die ersten großen technischen Erfindungen wurden zu Vorläufern unserer heutigen Maschinen- und Computerwelt. Einst nur sozusagen zusätzliche Organe der frühen Menschen, mit denen sie ihre naturgegebenen Muskeln verstärken konnten, stellen unsere heutigen Maschinen und Geräte einen gigantisch vergrößerten Apparatepark dar, der in kaum noch überschaubarem Ausmaß unsere Sinnesorgane empfindlich macht, unsere Muskeln symbolisch anschwellen läßt und unser Leben beherrscht. Ersonnen hat dieses Instrumentarium das Menschenhirn, und erst allmählich beginnt es zu ahnen, wie gefährlich die Geister sind, die es rief. Denn es will uns immer weniger gelingen, jene Welt weiterhin zu beherrschen, die vor allem ein Produkt unserer technischen Intelligenz ist. Während unser Maschinen- und Gerätepark wächst, während wir uns mit unseren Leibern, mit Industrieanlagen, Städten und Straßen wie eine Krankheit über die Erdoberfläche ausbreiten, zerstören wir zugleich die Natur, die uns hervorgebracht hat.

Wir stehen hilflos vor dieser Entwicklung. Wir warten auf ein Wunder, aber das Wunder wird nicht kommen. Unser Gehirn ist für Wunder nicht geschaffen. Es kann nur so weitermachen wie bisher.

3. Kapitel
Das zweckentfremdete Gehirn

Wenn wir davon ausgehen, daß wir als Menschen Lebensbedingungen geschaffen haben, an die wir uns selbst immer weniger anpassen können; wenn es zutrifft, daß wir unsere natürliche Umwelt so verändert haben, daß es uns immer schwerer fällt, glücklich und zufrieden darin zu leben, ja daß unser Verhalten auf der Erde zu einer tödlichen Gefahr für das Überleben unserer Art auf eben diesem Planeten geworden ist – dann stellt sich die Frage, wie es dazu kommen konnte angesichts eines Organs, dem man Einsicht, Planungsvermögen und die Fähigkeit zu vernünftigen Entschlüssen nachsagt.

Zwei Umstände vor allem sind hier bedeutsam. Sie gehen auf eine Zeit zurück, da die Vorfahren des heutigen Menschen aufrecht gehen lernten, da sich die Sprache zu entwickeln begann und das Stirnhirn zu wachsen anfing. Der eine Umstand betrifft die Verkoppelung von Verhaltensweisen mit Gefühlen, der andere ist das Nichtangepaßtsein des Menschen an eine spezielle Umwelt, an eine quasi für ihn bestimmte ökologische Nische.

Wir sprachen schon davon, wie sich aus dem Verkoppelungs-Kunstgriff Vorteile ergaben, weil jedes dem Überleben dienende Verhalten unter dem Ansporn von Gefühlen viel wirksamer ablief: Ein fliehendes Tier läuft schneller, wenn ihm die Angst im Nacken sitzt, ein Kämpfer hat größere Chancen, den Gegner zu besiegen, wenn er wütend auf ihn ist. Auch heute noch finden wir diesen Zusammenhang bestätigt, so etwa, wenn sich Boxer vor ihren Kämpfen beschimpfen und damit durchaus nicht nur eine publikumswirksame Gaudi veranstalten, oder wenn Soldaten vor der Schlacht von ihren Anführern ein übertriebenes »Feindbild« vermittelt bekommen. Nicht ohne Grund wird die Truppe psychisch »scharfgemacht«.

Beim Menschen treten nun zwei besonders merkwürdige Paarungen eines Verhaltens mit einem Gefühl auf. Wir wissen zwar nicht, wann das im Lauf der Stammesgeschichte erstmals geschehen ist, aber daß die Verkoppelung einmal entstand, daß sie beibehalten wurde und sich folgenreich auswirkte, steht außer Zweifel. Um was es geht, ist einerseits die Verbindung des Lustgefühls mit dem, was man den Basteltrieb nennen könnte, mit der Neigung des Menschen, immer neue technische Möglichkeiten auszuprobieren. Es macht uns Spaß, etwas Neues zu entdekken, etwas, das unsere naturgegebenen Fähigkeiten erweitert oder uns neue Wege zur besseren Bewältigung des Lebens erschließt. Man kann noch weiter gehen: Da die Lustempfindungen im Limbischen System entstehen, die höheren geistigen Funktionen als Voraussetzung erfolgreichen Bastelns und Erfindens ihren Sitz jedoch im Stirnhirn haben, werden zwischen beiden Zentren Schaltwege existieren, auf denen anregende Impulse hin und her laufen. Das mag bei dem einen stärker, bei anderen weniger stark ausgeprägt sein; sicher aber liegt hier sowohl eine der Ursachen für den Spiel- und Basteltrieb vieler Menschen, als auch für den besessenen Eifer, mit dem Erfindernaturen manchmal ihre Ideen zu verwirklichen suchen.

Die andere folgenreiche Verpaarung von Gefühl und Verhalten liegt auf einem ganz anderen Gebiet. Es ist jene Form menschlicher Aggressivität, die mit Lustbefriedigung verbunden ist und die der Psychoanalytiker Ernst Fromm die »Destruktivität des Menschen« genannt hat. Wir wollen hier nicht erörtern, wie weit es berechtigt sein mag, den Aggressionstrieb gewissermaßen aufzuteilen und eine »bösartige«, dem Menschen vorbehaltene Variante jenem stammesgeschichtlich vorprogrammierten, angeborenen Instinkt, dem sie entspringt, gegenüberzustellen, wie es zum Beispiel Konrad Lorenz tut. Wir wollen hier nur von der ausgesprochen menschlichen Form aggressiven Verhaltens ausgehen, über das Fromm urteilt: »Der Mensch unterscheidet sich ... vom Tier dadurch, daß er ein Mörder ist. Er ist der einzige Primat, der seine Artgenossen ohne biologischen oder ökonomischen Grund tötet und quält und der dabei Befriedigung empfindet. Es ist diese biologisch nicht angepaßte und nicht phylogenetisch programmierte ›bösartige‹ Aggression, die das wirkliche Problem und die Gefahr für das Fortleben der Spezies Mensch ist ... Um ein Beispiel zu geben: Der Mensch kann von der Liebe oder von der Leidenschaft getrieben werden, zu zerstören; in beiden Fällen befriedigt er eines seiner existentiellen Bedürfnisse: das Bedürfnis, etwas zu ›bewirken‹, ›zu bewegen‹, ›einen Eindruck zu hinterlassen‹.«

Fromm sieht hier gefährliche Konsequenzen, wenn er auch versucht, die Gefahr zu relativieren: »Destruktivität und Grausamkeit ... wirken sich in der Tat zerstörerisch auf das Leben, auf Körper und Geist aus, und dies nicht nur für das Opfer, sondern auch für den destruktiv Handelnden selbst. Sie stellen ein Paradoxon dar: In ihnen kommt zum Ausdruck, daß das Leben im Bestreben, sich einen Sinn zu geben, sich gegen sich selbst kehrt. Sie sind die einzige echte Perversion. Sie zu verstehen, heißt nicht, sie zu verzeihen. Doch solange wir sie nicht verstehen, haben wir nicht die Möglichkeit zu beurteilen, wie sie einzudämmen sind und welche Faktoren die Tendenz haben, sie zu verstärken.

Ein solches Verständnis ist in unserer heutigen Zeit besonders wichtig, in der das Gefühl für Destruktivität und Grausamkeit zusehends schwindet und die Nekrophilie, die Anziehung zu allem, was tot, verfault, leblos und rein mechanisch ist, in immer stärkerem Maß allenthalben zunimmt. Literarischen Niederschlag fand der Geist der Nekrophilie zum erstenmal in F.T. Marinettis Futuristischem Manifest von 1909. Die gleiche Tendenz kann man in weiten Bereichen der Kunst und Literatur der letzten Jahrzehnte feststellen, in denen eine besondere Faszination durch alles, was verrottet, unlebendig, destruktiv und mechanistisch ist, zum Ausdruck kommt. Der Wahlspruch der Falangisten »Lang lebe der Tod« droht zum geheimen Prinzip einer Gesellschaft zu werden, in der der Sieg der Maschine über die Natur den Inbegriff des Fortschritts auszumachen scheint und in der der lebendige Mensch zum Anhängsel der Maschine wird.«

Soweit Ernst Fromm. Kehren wir jetzt zu den Überlebensgefahren zurück. Auch die zweite, die uns heute bedroht, betrifft eine Eigenart des Menschen. Es ist das Handicap, oder – wenn man so will – der Vorzug, daß wir eigentlich für keine der zahlreichen Umwelten auf der Erde besonders geschaffen oder geeignet sind. Anders gesagt: Wir haben von der Natur keine Spezialanpassungen in Gestalt besonderer Organe oder Verhaltensweisen mitbekommen, die unsere Lebensmöglichkeit von vornherein für ein begrenztes Biotop, eine spezielle Umwelt auf der Erde vorbestimmt hätten, wie etwa die Tiefsee, die Berggipfel oder die Klimazone der Tundra.

Das klingt kompliziert, wird aber verständlich, wenn man Tiere und Pflanzen einmal auf ihre Anpassungsleistungen hin klassifiziert. Die Biologen wissen, daß es unter den Organismen solche gibt, die gegenüber Umwelteinflüssen sehr robust und andere, die sehr empfindlich sind. Das kann sowohl einzelne als auch mehrere bis viele Faktoren betreffen: den Salzgehalt des Wassers, in dem ein Fisch lebt, die Temperatur, die Feuchtigkeit, den Säuregrad des Bodens und dergleichen. Von der Temperatur wie von allen anderen Lebensbedingungen wissen wir, daß sie aktives organisches Leben nur zwischen zwei Extremwerten zulassen. Das eine Extrem ist der Punkt, an dem das Eiweiß in den Zellen gefriert, das andere ist der Wert, bei dem es gerinnt. Irgendwo zwischen diesen beiden Grenzwerten liegt das Optimum für jede einzelne Tier- und Pflanzenart. Wichtig ist nun, daß dieses Optimum auf wenige Grad Celsius begrenzt sein oder einen relativ großen Spielraum umfassen kann. Enge oder weite Grenzen ertragen zu können – darin unterscheiden sich die einzelnen Tiere und Pflanzen ganz erheblich voneinander.

Entsprechendes gilt für andere Umweltfaktoren. Es gibt auch Bezeichnungen für die jeweilige Anpassungsfähigkeit. Lebewesen mit engem Spielraum im Aushalten von Kälte oder Hitze nennt man »stenotherm«, solche mit weitem Spielraum »eurytherm«. Tiere mit der Fähigkeit, große Schwankungen des Salzgehaltes zu ertragen, werden »euryhalin« genannt. Zu ihnen gehören der Lachs und der Stichling. Andere, die schon bei geringer Erhöhung oder Abschwächung des Salzgehaltes eingehen wie die Riffkorallen, nennt man »stenohaline« Organismen.

Alle diejenigen Tierarten, die große Spielräume im Ertragen nicht nur einzelner, sondern vieler Einzelfaktoren haben, nennt man »euryöke« Arten. Sie sind die vergleichsweise erfolgreichsten Organismen auf unserem Planeten, weil sie unter den verschiedensten Umweltbedingungen gedeihen können. Zu ihnen gehören manche Bakterien und Insekten wie die Dungfliege Scatophaga stercoraria, die Ameise Lasius niger, aber auch die Ratte. Umgekehrt nennt man Tiere »stenök«, die aufgrund spezieller anatomischer oder funktioneller Anpassungen nur in eng umgrenzten Biotopen gedeihen. Beispiele dafür sind zahlreiche Parasiten: Wenn der Wirtsorganismus, auf den sie angewiesen sind, nicht zur Verfügung steht, können sie nicht existieren. Auch die flügellosen Fliegen, Anpassungsformen auf einsamen, sturmumbrausten Ozeaninseln und Tiere, die in Korallenriffen allein in enger Nachbarschaft zu bestimmten Korallenarten leben können, rechnen zu den stenöken Arten.

Was hat das mit unserem Problem zu tun?

Nun, wenn man den Menschen hier einzuordnen versucht, so findet man, daß ihm nicht nur spezielle Anpassungseigenschaften fehlen, sondern daß er auch keinen großen Spielraum im Ertragen verschiedener Umweltbedingungen hat. »Nackt und bloß«, wie er auf die Welt kommt, erträgt er weder übermäßige Hitze noch Kälte. Im Wasser kann er von seinen natürlichen Voraussetzungen her ebensowenig leben wie in der Wüste oder im ewigen Eis und Schnee der Gebirge. Dieses Manko mußte sein Gehirn zur Aktion förmlich herausfordern. Da der Mensch keine Anpassungsfähigkeit an spezielle Umwelten besaß, war er gezwungen, die Lebensräume, für die er nicht geschaffen war, nach seinen Bedürfnissen so zu verändern oder sich selbst für sie so auszurüsten, daß sie ihm zu Heimstätten werden konnten. Gegen die Kälte der nördlichen und südlichen Breiten hüllte er sich in Felle und zähmte er das Feuer, im ewigen Eis baute er Iglus, gegen Raubzeug und Wetterunbill errichtete er schützende Zelte, Hütten und Häuser. Er konstruierte Schiffe, um die Wasserwüsten der Ozeane zu befahren, er baute Staudämme, um Trockengebiete zu bewässern, er schwang sich mit Flugzeugen in die Luft. Schließlich gelang ihm der Sprung in den Weltraum. Die schöpferische Vielseitigkeit des Menschen, gepaart mit dem Mangel an Spezialanpassungen ermöglichte, ja erzwang jene beispiellose menschliche Aktivität auf der Erdoberfläche, deren Endphase wir heute in einer explosiven Industrialisierung, einem exzessiven Run auf die Rohstoffreserven und einem kaum noch zu bremsenden Bevölkerungswachstum erleben.

Um das Besondere dieses Vorgangs zu begreifen, brauchen wir uns nur in der Tierwelt umzusehen. Auch zahlreiche Tiere verändern zwar ihre Umwelt: die Termiten, wenn sie Hügel, die Biber, wenn sie ihre kleinen Staudämme errichten, die Vögel, wenn sie Nester bauen oder zahlreiche Nagetiere, wenn sie Gänge in die Erde graben. Der Unterschied zur menschlichen Umweltveränderung ist jedoch offenkundig: Es ist vor allem einer des Ausmaßes. Tierische Umweltveränderung bleibt bescheiden und reversibel, menschliche Umweltveränderung – man denke nur an die Folgen der Waldzerstörungen – überschreitet das Maß dessen, was die Natur noch ohne Not hinnehmen kann. Tierische Umweltveränderung bleibt »verkraftbar«, menschliches Umweltverändern wucherte – von zweckentfremdeten Gehirnen betrieben – über das bloße Überlebensverhalten hinaus zur maßlosen Beschädigung des eigenen Lebensraumes.

Bei alledem aber empfand der Mensch Lust, gefährliche Lust. Dafür lassen sich auch heute noch optisch wahrnehmbare, wenngleich manchmal eher belustigende Indizien entdecken. Man beobachte einmal die faszinierten Mienen der Zuschauer an einer Baustelle im Stadtbereich, wenn dort ein simpler Bagger arbeitet (meist sind es Männer). Während uns jeder Regenwurm, jeder Mistkäfer weit mehr Hochachtung vor der Natur abnötigen müßte, gaffen wir offenen Mundes einer Technik zu, die sich in der Anwendung der Hebelgesetze und im Einsatz einiger elektrischer Aggregate erschöpft. Wir starren staunend auf die Rollbahnen, wenn dort Düsenklipper starten und landen. Es treibt uns den Puls hoch, wenn wir eine Verfolgungsjagd von »Formel-V-Rennwagen« auf der Piste erleben, aber die meisten unter uns haben nur ein mildes Lächeln für den Schmetterlingssammler übrig, der ihnen seine Schätze zeigen möchte. Wir beten unsere Technik an wie einen Götzen, und je begeisterter wir von ihr sind, um so größer wird unser Bedürfnis, alles Machbare auch zu machen, alles Konstruierbare auch zu verwirklichen. Die Verbindung von umweltverändernder Betätigung mit Lustgefühlen führte dazu, daß die Produkte unserer technischen Intelligenz heute die Erde überziehen wie ein bösartiger Ausschlag die Haut. Unsere Straßen tasten sich in die entlegensten Urwälder vor, unsere Schiffe begegnen sich auf den Ozeanen. Zugleich wächst unaufhörlich unser Hunger nach Energie. Auf der Suche nach Kohle und Erdöl durchwühlen wir die Erde. Bohrtürme, Raffinerien und Kraftwerke sind zu landschaftsfressenden Bauwerken geworden, und in der Luft gibt es täglich »Fast-Zusammenstöße« von Flugzeugen. Unsere Technik, einst ein kleiner Fisch, ist zu einem Wal herangewachsen, der in seinem zu klein gewordenen Wasserbecken um sich schlägt und das lebenswichtige Wasser herausspritzt, von dem er lebt.

Auf der Suche nach den Wurzeln dieser Entwicklung geraten wir immer wieder in jene Zeit, in der der Mensch zum Steppenleben fand, als er aufrecht gehen und sprechen lernte, und zugleich mit diesen Errungenschaften das exzessive Wachstum des Stirnhirns einsetzte. Damals bildete sich jenes Organ, das uns genauso für den eigenen Untergang präpariert, wie es noch jede exzessive Wucherung eines Organs in der Stammesgeschichte des Lebens getan hat.

Wir können daher die These aufstellen, daß mit der Entstehung des basalen Stirnhirns als dem Ort für die höheren geistigen und seelischen Funktionen ein »Point of no return« in der Stammesgeschichte des Menschen erreicht worden ist, nach dessen Überschreiten kein Zurück mehr möglich war.

Das Unheimliche daran ist, daß alles so harmlos begann und ständig von Erfolgserlebnissen begleitet war. Mit seinem Gehirn machte der Aufrechtgänger in der Steppe all die Gaben wett, die ihm die Natur vorenthalten hatte: die Kraft des Elefanten, den feinen Geruch der Kojoten, die Schnellkraft der Antilope und die Geschmeidigkeit der Raubkatzen. Er entdeckte, daß er nur einen Stein aufzuheben brauchte, um mit geschicktem Wurf selbst flüchtende Beutetiere tödlich zu treffen. Noch heute werden von den Jägern primitiver Stämme Steinschleudern benutzt, die aus einer Schnur mit zwei Steinen an den Enden bestehen – furchtbare Waffen, die sich um die Hälse der getroffenen Tiere winden und ihnen die Wirbelsäulen oder Köpfe zertrümmern.

Der Frühmensch mit dem wachsenden Hirn lernte, handgroße Steine zuzuschlagen und die Kraft seiner Faust mit ihrer Hilfe zu vervielfachen. Sein Großhirn brachte ihn auf den Trick, wie sich mit ein paar Mann Felsbrocken bewegen lassen, für deren Transport eigentlich die Anstrengungen einer ganzen Menschenhorde notwendig gewesen wären. Er brauchte dazu nur starke Äste und Steine als Widerlager. Lange bevor die Hebelgesetze erkannt und in Zahlen ausgedrückt waren, machte sich der Mensch diese Gesetze zunutze, indem er Steinwälle zum Schutz vor Feinden auftürmte oder Behausungen aus Felsquadern errichtete. Die Pyramiden und die aztekischen Tempelbauten, Riesenprojekte aus einer Zeit vor ein paar tausend Jahren, werden nur verständlich, wenn man davon ausgeht, daß hier die Hebelgesetze benutzt und die vereinte Kraft vorausdenkender Menschen eingesetzt worden ist.

Schwere Lasten ließen sich aber nicht allein durch die Benutzung von Hebeln bewältigen. Auch Baumstämme, die der Frühmensch mit seinen Steinwerkzeugen gefällt und von ihren Ästen befreit hatte, konnten dabei helfen. Legte man eine Reihe gleichstarker, ebenmäßiger Stämme wie zu einem Floß nebeneinander und wuchtete die Last darauf, so ließ sich das Ganze in Bewegung setzen. Die rollenden Stämme beförderten die Last, und es war jetzt nur noch nötig, am hinteren Ende aufzupassen, um die frei werdenden Stämme nach vorn zu tragen und dort von neuem unter die Last zu schieben. So gelang es, selbst schwerste Gegenstände – wenn auch langsam – von einem Ort zum anderen zu befördern.

Es ist nicht geklärt, ob das Rad aus dieser Baumrollen-Technik hervorgegangen ist oder ob es zuerst ein kultisches Symbol war, aus dem allmählich – vom Flaschenzug über das Uhrenrad bis hin zum Autoreifen – der für so viele Zwecke dienende Rollkörper entstand. Sicher ist nur, daß jeder dieser Erfindungsschritte auch zusätzliche Möglichkeiten der Naturbeherrschung als Ergebnis einer Hirntätigkeit eröffnete, die mit den ursprünglichen Aufgaben dieses Organs, der Reizaufnahme und -beantwortung, immer weniger zu tun hatten.

Während der Hebel in der Bewegung des menschlichen Arms immerhin »vorzuempfinden« war, gab es für das Rad weder beim Menschen noch bei den Tieren ein vergleichbares Organ, das als Modell hätte dienen können. Das ist leicht einzusehen, denn Räder oder Rollen als Körperteile hätten genauso wie andere durchblutet werden müssen. Dabei hätten die versorgenden Blutgefäße sich verdrillt und wären abgerissen. Die Erfindung des Rades als Hilfe für ungezählte mechanische Verrichtungen und als Kraftübertrager bedeutete einen enormen Fortschritt. Hier war etwas in der Natur nicht Vorkommendes erfunden und zur Erweiterung der naturgegebenen Möglichkeiten des Menschen nutzbar gemacht worden.

Wir können jetzt einen Sprung in die Gegenwart tun und zeigen, wie menschlicher Erfindungsgeist nicht ruhte, um neuen Verfahren auf die Spur zu kommen und sie für seine Zwecke zu nutzen. Das ging, wie beim Maßschneidern neuer Moleküle in der Kunststoff-Chemie, so weit, daß für neue »plastics« zunächst gar kein Verwendungszweck erkennbar war, sondern sich erst hinterher ergab, wofür sie benutzt werden konnten. Daraus entstand sogar ein Verkaufsproblem. Die auf die Wirtschaftlichkeit und Profit bedachte Industrie mußte Werbekampagnen führen, um beim Verbraucher das Bedürfnis für eben jene Materialien und Waren erst einmal zu wecken. Nicht genug also damit, daß der Konsum an Waren und Leistungen mehr und mehr um sich griff – jetzt ging der Homo sapiens auch noch dazu über, auf Kosten der begrenzten Rohstoff-Vorräte seiner Erde bisher gänzlich unbekannte Stoffe zu erzeugen und mit ihnen ebenso gänzlich unbekannte Bedürfnisse unter seinesgleichen zu wecken und zu befriedigen. Statt sich angesichts der begrenzten Rohstoffquellen und der stürmisch wachsenden Menschenzahlen zu bescheiden, rechtfertigte er sein Treiben mit eingängigen Slogans wie dem vom »Wohlstand für alle«, der offenbar fortwährend zu steigern sei.

Natürlich waren die »plastics« den Naturstoffen in manchem überlegen. Doch nicht immer und unbedingt waren sie es in allen Eigenschaften. So wirft das Müllproblem heute auch die Frage auf, ob zahlreiche nicht oder nur schwer verrottbare Kunststoffe dem Menschen nicht eher zum Nachteil als zu seinem Vorteil gereichen.

Sieht man diese Zusammenhänge, so zieht sich ein roter Faden vom ersten Steinwurf des Urmenschen nach einer Gazelle bis hin zur Kerntechnik unserer Zeit. Auch die Kerntechnik verdankt ihre Erfolge dem Bemühen, aus Natürlichem Künstliches zu schaffen. Die Bausteine der Natur sind die Atome. Alles, was wir um uns sehen, ist aus Atomen aufgebaut. Winzigen Kügelchen vergleichbar, schließen sie sich zusammen und bilden die chemischen Elemente. Zweiundneunzig solcher Elemente waren auf der Erde bis zum Ende des Zweiten Weltkrieges bekannt, vom kleinsten, dem Wasserstoff, bis zum größten, dem Uran. Die schwersten Elemente sind zum Teil nicht mehr beständig, weil Abstoßungskräfte in ihrem Inneren das Kerngefüge auflokkern. Diesen Umstand kann man sich zunutze machen, indem man schwere Atomkerne wie die des Urans 235 mit Elementarteilchen »beschießt«, etwa mit Neutronen, die ihrerseits Bestandteile des Atomkerns sind. Der Urankern wird dann gesprengt oder gespalten – beispielsweise in einen Barium- und einen Kryptonkern. Die Spaltprodukte fliegen auseinander, treffen im Atomreaktor auf andere Materie und geben ihre Energie als Wärme ab. So läßt sich aus der Kernenergie unter geeigneten Bedingungen eine technisch verwertbare neue Energieform gewinnen.

Manche der schweren Atomkerne zerfallen auch langsam und »von selbst«, indem sie energiereiche Strahlen aussenden. Sie sind »radioaktiv« und verwandeln sich dabei in andere Elemente. Zuerst wurde diese allmähliche Umwandlung beim Radium festgestellt, das im Lauf der Zeit zu Blei wird. Wenn nun, fragten findige Köpfe, große Atome in kleinere zerfallen können, warum sollte es dann nicht möglich sein, noch größere Atome als die größten natürlich vorkommenden zu konstruieren, indem man kleinere aufeinanderprallen läßt, so daß sie aneinander haften bleiben? Die Idee erwies sich als durchführbar, wenngleich gewaltige Maschinen und ungeheure Energien dazu eingesetzt werden mußten. So sind seit 1945 mehr als ein Dutzend neuer Atomarten – Transurane – hergestellt worden, allerdings nur in geringen Mengen und mit der Einschränkung, daß die meisten von ihnen schon Sekunden oder Sekundenbruchteile nach ihrer »Geburt« wieder zerfallen. Immerhin konnte der Mensch auf dem Feld der Atomphysik einen besonderen Triumph feiern. Es gelang ihm nicht nur, dem Geheimnis dessen näher zu kommen, »was die Welt im Innersten zusammenhält« (ohne freilich das Geheimnis zu lösen), sondern darüber hinaus Produkte zu schaffen und Kräfte freizusetzen, die auf der Erde – vielleicht aus gutem Grunde – bisher nicht existierten.

Man mag darüber streiten, ob es Zufall oder ein zwangsläufiges Ergebnis gerade dieser Erfolge des Großhirns gewesen ist, daß ausgerechnet die kernphysikalischen Forschungen zum Bau der Atombombe geführt haben. Man wird aber bezweifeln müssen, ob es »gut« gewesen ist, daß ausgerechnet in dem Augenblick, da die klassischen Energielieferanten Wasser und Wind den Energiebedarf nicht mehr decken können und die natürlichen Rohstoffquellen der Erde, wie Kohle und Erdöl, zur Neige gehen – daß gerade in diesem Augenblick die Kernkraft als mächtige neue Energiequelle der Zukunft erschlossen wird. Denn in ihrer gegenwärtigen Lage würde der Menschheit Energienot – so paradox es klingt – zweifellos besser bekommen. Energienot würde zur Bescheidung, zur Konsumeinschränkung, kurz, zu einem einfacheren Leben in den Industriestaaten zwingen und damit auf lange Sicht die Überlebenschancen des Menschen erhöhen. Wachsende Verfügbarkeit von Kernkraft aber wird die weltweite Industrialisierung nur weiter vorantreiben. Wo Energie zur Verfügung steht, da wird sie auch genutzt, ja da wird in liberalen Wirtschaftssystemen für ihren unbekümmerten Verbrauch fleißig geworben. Das aber bedeutet noch mehr Technik, weiter wachsenden Druck auf die Rohstoffreserven, fortschreitende Umweltverschmutzung und progressive Vernichtung von Naturlandschaft – also zunehmende Beschneidung der menschlichen Lebensgrundlagen. In dieser Sicht ist die gefährlichste Anwendungsform der Kernkraft nicht die Atombombe, sondern es sind die Kernkraftwerke als Lieferanten jener Energien, die diesen Prozeß beschleunigen helfen und die selbstgeschaffene Umwelt des Menschen weiter entmenschlichen.

Man denke in diesem Zusammenhang auch einmal darüber nach, daß die Bewohner der Entwicklungsländer, und damit ein beträchtlicher Teil der Erdbevölkerung, auf die Segnungen der industriellen Zivilisation noch warten, daß also vordergründig ein Nachholbedarf besteht und befriedigt werden muß, um den Lebensstandard der Menschen dort zu heben. Was steht uns da ins Haus? Ein weltweiter, steiler Anstieg des Verbrauchs jener Rohstoffe wird die Folge sein, die schon heute teuer werden und deren Vorkommen sichtbar schrumpfen. Darum ist nicht auszuschließen, daß schon in wenigen Jahrzehnten katastrophale Hungersnöte die Erdbevölkerung dezimieren werden, weil es an Rohstoffen fehlen wird, um – beispielsweise – die Landwirtschaft mit den erforderlichen Geräten und Düngemitteln für einen intensiven Ackerbau zu versorgen.

Kommen wir vom Thema ab? Es scheint nur so. Die Wahrheit ist: Alle diese Entwicklungen und Aktivitäten sind deshalb so gefährlich, weil sie auf das Verhalten eines Organs zurückgehen, das gar nicht anders kann, als seine Träger zu immer neuen Anstrengungen in der bisherigen Weise anzuspornen, eines Organs, das zwar Sinnesempfindungen zu analysieren und logische Schlüsse zu ziehen vermag, das aber den Widersinn verdrängt, eine ständig wachsende Erdbevölkerung könne mit ständig wachsendem Wohlstand beglückt werden. Nicht die Tatsache, daß Eva den Apfel vom Baum der Erkenntnis aß, war der eigentlich verhängnisvolle Augenblick in der Menschheitsgeschichte, sondern ihr Entschluß, gemeinsam mit Adam von diesem Baum herab auf die Erde zu steigen. Damit erst erhielt das Großhirn den entscheidenden Anstoß für seine künftige, stürmische Entwicklung. Jetzt erst wurde die Weiche gestellt für einen Weg, an dessen Ende ein den Menschen überforderndes, überdimensionales Wissen und ein technisches »Know-How« stehen, deren Anwendung die menschliche Existenz selber zu bedrohen beginnt. Dem Zwang, sich seine Umwelt selbst zu gestalten, folgte das Gehirn gewissermaßen allzu eilfertig. Der Rausch des Erkennens von Naturzusammenhängen und ihrer technischen Meisterung, der das Großhirn ergriff, kannte keine Grenzen, und er wird dieses Organ weiter stimulieren.

Angefangen hat es natürlich nicht nur damit, daß Adam und Eva von den Bäumen stiegen, Steine als Werkzeuge benutzten, Feuer entfachten und Knüppel zwischen die Beine flüchtender Zebras warfen; daß sie nach einem Plan Tierherden an den Steilabfall von Hochebenen hetzten, so daß die Tiere hinabstürzten, sich Beine und Genick brachen und zur leichten Beute der unten lauernden Stammesgenossen wurden. Angefangen hat es auch damit, daß man über Stürme, Donner und Blitz, über Regen und sengende Sonne nachzudenken begann. Wie kamen die Wettererscheinungen zustande? Da man sich ihnen ausgeliefert sah und das Wetter fühlbare Vor- und Nachteile für jeden einzelnen mit sich brachte, lag der Gedanke an geheimnisvolle Kräfte nahe, die ähnliche Eigenschaften besitzen mochten wie man selbst: Götter oder Dämonen, die den Menschen je nach Laune bestraften oder beglückten, die ihm Wärme und fruchtbaren Regen bescherten, ihn aber auch mit wütenden Stürmen, Kälte, Blitz und Hagelschlag, Steppenbrand, Dürrezeiten und Überschwemmungen heimsuchten.

Damals mag der Aberglaube entstanden sein, daß es möglich sein müsse, Einfluß auf diese offenbar menschenähnlichen Wesen zu nehmen. Und so tat man etwas Naheliegendes, etwas, das sich auch zur Besänftigung zorniger Mitmenschen gelegentlich eignete. Wenn die Wettergötter gar zu schlechter Laune schienen, brachte man ihnen Opfergaben dar in der Hoffnung, sie milde zu stimmen oder zu versöhnen. Durch die Hergabe kostbarer Waffen und Geräte, wertvoller Gegenstände, von Nahrungsmitteln und Tieren glaubte der frühe Adam, besseres Wetter zu bekommen, den ersehnten Regen zu empfangen oder Sonnenwärme vom Himmel. Die Vorstellung, daß hinter den Wettererscheinungen zornige, gütige, gelegentlich auch gleichgültige Wesen steckten, war so mächtig, daß er eher geneigt war, vergebliche Opfer auf die Geringfügigkeit des Geschenkes als auf natürliche Ursachen zurückzuführen. So opferte er lieber nochmals und mehr – bis hin zu lebenden Menschen, denen er die zuckenden Herzen aus der Brust riß.

Es mag hier unwichtig sein, daß bald ein bestimmter Personenkreis – die späteren Priester – sich auf die Durchführung solcher Opfer-Rituale spezialisierte; interessanter ist, daß der seither immer neu genährte Aberglaube den wissenschaftlichen Erkenntnisgewinn eher gehemmt hat. Dem religiösen Glauben wohnt ein retardierendes Moment inne, das den allzu stürmischen Weg der wissensdurstigen Menschheit in die vom Großhirn heraufbeschworene Krise verzögerte.

Die Kehrseite der Medaille ist freilich, daß die an ihren Traditionen festhaltenden Religionen auch solche Erkenntnisse bekämpfen, die zur Humanisierung des Lebens beitragen. Das skandalöseste Beispiel aus der Gegenwart ist die Einstellung der katholischen Kirche zur Geburtenkontrolle.

In diesem Zusammenhang stellt sich auch die Frage nach dem »Sinn des Daseins«. Das Privileg, sie zu stellen, hatte unter allen Lebewesen augenscheinlich nur der Mensch, denn bei den Tieren, selbst bei höheren Affen, fehlt die dafür notwendige anatomische Basis in Gestalt des Vorderhirns. Von diesem Hirnteil wissen wir, daß er einerseits (in der Schläfenregion) die Brocasche Sprachwindung in nächster Nähe der Zentren für die Motorik des Sprechapparates und des Gehörs enthält, vor allem aber (in seinen basalen Teilen) das Zentrum für die höchsten geistigseelischen Funktionen, für das abstrahierende Denken und die schöpferischen Leistungen. Seinem Vorderhirn dankt der Mensch – oder soll man sagen: diese Großhirnregion hat beklagenswerterweise dafür gesorgt? –, daß er zur Erkenntnis seiner selbst und der Natur, in der er lebt, fähig war, daß er fast alle Lebensräume bewohnbar gemacht und besiedelt hat, daß er die Naturkräfte beherrschen lernte und in rücksichtslosem Egoismus andere Lebewesen dezimierte oder ausrottete. Er tat dies in dem Bewußtsein, hoch über diesen »niederen« Kreaturen zu stehen. Es gelang ihm sogar und es machte ihn stolz, die eine oder andere Pflanzen- und Tierart durch Züchtung zu Kulturpflanzen und Haustieren umzukonstruieren.

Der wichtigste Gesichtspunkt für die Frage nach dem Sinn des Daseins ist wohl der, daß der Mensch als einziges Wesen auf der Erde sein Leben als eine zeitlich begrenzte Spanne begreifen, daß er über Geburt und Tod nachdenken und sich Ziele setzen kann. Wo aber »Ziele« aufgrund planvollen Handelns gesetzt und auch erreicht werden, da kommt ganz von selbst auch die Sinnfrage auf. »Was hat es für einen Sinn«, fragen wir, »daß wir dies oder jenes tun?«

Vergleichbar den primitiven Vorstellungen über das, was sich hinter den Wettererscheinungen verbarg, könnte der Gedanke entstanden sein, daß ein höheres, irgendwo im Weltall vermutetes Wesen das Leben des Menschen mit einem »Sinn« ausgestattet habe. Und obwohl nichts dafür spricht, daß unser Leben einen Sinn haben müsse, ja, das einzig erkennbare Merkmal des Seienden seine Veränderlichkeit ist, meinen viele Menschen, daß es einen Sinn des Daseins denknotwendig schon deshalb geben müsse, weil es ihnen unvorstellbar erscheint, daß mit dem Tode »alles vorbei« sein soll. Ein so hochentwickeltes, denkendes und abstraktionsfähiges Wesen wie der Mensch müsse unausweichlich und im Gegensatz zu den Fliegen und Ameisen und selbst den Menschenaffen zu einer höheren Bestimmung geschaffen sein. Nach der christlichen Glaubenslehre ist der Mensch sogar dazu ausersehen, ein körperliches Leben im »Jenseits« weiterzuführen, und zwar – je nach seinem Lebenswandel auf der Erde und dem Grad seiner »Gottgefälligkeit« – in paradiesischer Harmonie oder im Fegefeuer.

Lassen wir den Glauben beiseite, so ist die Frage nach dem »Sinn des Lebens« irrelevant, ja sinnlos. Jedenfalls läßt sie sich nicht rhetorisch unter der stillschweigenden Voraussetzung stellen, das Dasein und speziell das menschliche Dasein müsse a priori und in jedem Fall einen Sinn haben und es käme nur noch darauf an, herauszufinden, welchen. Tatsächlich braucht unser Leben durchaus keinen Sinn, kein Ziel zu haben außer dem selbstgesetzten, so wenig wie ein Ziel der Stammesgeschichte erkennbar gewesen ist, als diese mit der Entstehung des Lebens begann. Wer immer die Frage nach dem Sinn des Daseins stellt, muß sie, will er intellektuell redlich bleiben, zumindest offen lassen, so wie die »Letzten Fragen« offen bleiben müssen, darunter die von Martin Heidegger gestellte, warum überhaupt Seiendes ist und nicht vielmehr Nichts.

4. Kapitel
Das Auslesegesetz, und was der Mensch aus ihm machte

Es ist, als habe der Homo sapiens den ihm auferlegten Zwang zur Selbstgestaltung seiner Umwelt allzu wörtlich genommen. Nicht nur, daß er seine Lebensräume auf der Erde über seine Bedürfnisse hinaus verändert, Tiere und Pflanzen sich nutzbar gemacht oder sie bekämpft hat, wo sie ihm lästig wurden; nicht nur, daß er seiner rasenden Vermehrung zuliebe unnatürliche Reinkulturen von Nahrungspflanzen anlegen mußte und durch ein Übermaß an künstlichem Dünger die Gewässer eutrophierte. Er ging noch ein gutes Stück weiter.

Es ist ihm offenbar unbehaglich bei dem Gedanken geworden, trotz all seiner »Siege über die Natur« noch immer jenen Grundgesetzen der Stammesentwicklung unterworfen zu sein, die das Leben auf der Erde einst haben entstehen lassen und es seitdem erhalten. Deshalb hat er begonnen, an den Grundlagen der Evolution zu rütteln.

Wir wollen in diesem Kapitel zeigen, wie diese Gesetze beschaffen sind und wie zuverlässig sie in der Vergangenheit den Fortbestand des Lebens garantiert haben. Wir werden dann darauf eingehen, was der Mensch – dem Zwang seines Großhirns folgend – gegen die Wirksamkeit dieser Kräfte unternommen hat; wie er die Jahrmilliarden hindurch bewährten Verfahren der Natur gestört, ja teilweise völlig außer Kraft gesetzt hat und sich damit als das erwies, was er von Anfang an war: als gefährliches Naturprodukt, als ein Drahtseilkünstler, der bei seinem halsbrecherischen Akt ohne Fangnetz arbeitet und der nun auch die Balancierstange noch abgeworfen hat, während ein böiger Wind über der makabren Szene aufkommt.

Um die Bedeutung dessen zu begreifen, was hier auf dem Spiele steht, muß man wissen: So einfallsreich die Natur seit Beginn des Lebens auf der Erde auch gewesen ist, so viele Tiere und Pflanzen sie hervorgebracht, Körperformen, Beine, Arme, Flügel, Augen, Ohren und Eigenschaften sie erfunden, abgewandelt und wieder verworfen hat –, an einem hat sie unbeirrt festgehalten, ohne ersatzweise Verfahren auch nur auszuprobieren: an der Methode von Erbwandel und Auslese. Geradezu monoman, als eine conditio sine qua non, durchzieht dieses Prinzip die Geschichte des Lebendigen, seit der irdische Feuerball sich vor vier Milliarden Jahren abzukühlen begann und das Leben entstand.

Das Prinzip von Erbwandel und Auslese ist das Überlebensrezept, dem alle Organismen ihr Dasein und ihr »Sosein« verdanken. Es wird der Notwendigkeit gerecht, daß es für ein Lebewesen darauf ankommt, sich seiner Umwelt anzupassen, oder aber diese Umwelt harmonisch so zu beeinflussen, daß ihm das Überleben in ihr als Art möglich wird.

Dieses Prinzip war und ist für die Stammesentwicklung der Lebewesen verantwortlich, für die »Evolution«. Deren Triebkräfte haben die Artenvielfalt im Tier- und Pflanzenreich hervorgebracht. Ja, man kann behaupten: Auch wenn es irgendwo außerhalb der Erde im Weltall Leben geben sollte, so hätte auch dies sich nach den gleichen Prinzipien entwickeln müssen – auch wenn es dabei zu anderen Ergebnissen gekommen sein sollte.

Bleiben wir auf der Erde. Genauso wie Tiere und Pflanzen war auch das Gehirnwesen Mensch den Evolutionskräften unterworfen. Das heißt, um schon vorzugreifen: Diejenigen Vertreter seiner Art waren die erfolgreichsten, die es verstanden, ihre Überlebenschancen im Einklang mit ihrer Umwelt zu erhöhen und die meisten fortpflanzungsfähigen Nachkommen zu haben. So sorgten sie dafür, ihre Erbeigenschaften nach dem Schneeballsystem einer wachsenden Zahl von Kindern und Kindeskindern weiterzugeben.

Den Höhepunkt dieser Entwicklung haben wir heute erreicht. Nahezu vier Milliarden weiterhin fortpflanzungsfreudige Menschen bevölkern den Erdball. Der Entwicklungsstand unserer technischen Zivilisation ist erstaunlich. Schon bauen wir Computer, von denen nicht ganz sicher ist, ob sie nicht bereits ein bißchen menschliche Intelligenz besitzen. Schon fliegen bemannte Raumstationen zum Mond – technische Wunderwerke, in denen viele tausend teils hochkomplizierte Einzelteile planmäßig zusammenwirken. Und schon haben die Wissenschaftler biochemische Verfahren parat, mit deren Hilfe es gelingt, Erbanlagen in Gestalt verwickelt gebauter Riesenmoleküle im Reagenzglas herzustellen.

Alle diese Erfolge sind in Wahrheit Pyrrhus-Siege. Der Glanz unserer Technik, die Zahl unserer Leiber auf der Erde täuschen, denn sie stehen nicht mehr in einem ausgewogenen Verhältnis zu den Lebensgrundlagen, die unsere Umwelt, unsere leider endliche Erde zu bieten hat.

Bei einem ungestörten Wirken der Evolutionsgesetze wäre es nicht so weit gekommen. Warum gelten diese Gesetze nicht mehr für den Menschen? Was sagen sie überhaupt aus? Um diese Fragen zu beantworten, müssen wir nach der Herkunft des Lebens ebenso fragen wie nach den Grundregeln, nach denen es sich entfaltet hat.

Wenn wir Lebendiges als eine Form organisierter Materie verstehen wollen, die Nahrung aufnehmen, verarbeiten und Stoffwechsel-Endprodukte ausscheiden kann; wenn wir weiter davon ausgehen, daß Leben seinesgleichen hervorbringt und Erbanlagen besitzt, die sich ändern können – so wird klar, daß lebende Organismen ziemlich komplizierte Systeme sein müssen. Wie können solche Gebilde entstanden sein auf einem Planeten, der vor viereinhalb Milliarden Jahren noch so heiß war, daß ihn ein imaginärer Weltraumriese nur mit einer überdimensionalen Feuerzange hätte anfassen können?

Die Biologen meinen zu wissen: Es muß vor dem ersten Auftreten von Lebewesen eine »präbiotische Evolution« stattgefunden haben. In ihrem Verlauf sind – vielleicht in der feuchtigkeitsschwangeren Luft, vielleicht im Wasser – aus unbelebten anorganischen Stoffen zuerst einfache, dann immer größere Moleküle entstanden. Diese Moleküle, bestehend aus Kohlenstoff, Wasserstoff, Sauerstoff, Phosphor und einigen Elementen mehr, werden chemischen und physikalischen Gesetzen gehorcht haben, die sie zwangen, zu komplizierteren Verbindungen zusammenzutreten. So könnten sich allmählich jene Substanzen gebildet haben, die wir heute als Bestandteile der lebenden Zellen kennen, und schließlich lebende Zellen selbst.

Unter welchen Bedingungen das erste Lebewesen auf der Erde auftrat, das wissen wir freilich ebensowenig genau wie die Antwort auf die Frage, wie überhaupt Materie im Weltall entstehen konnte. Welche Rolle spielte der Zufall? Spielte er überhaupt eine? Soviel steht fest: Wir können bei diesen Fragen nur aus Indizien schließen. Es geht uns wie dem zu spät gekommenen Kinobesucher oder dem Leser eines spannenden Romans, dessen erstes Kapitel verlorenging. Er muß versuchen zu rekonstruieren, wie die Geschichte anfing. Nehmen wir als gegeben hin, daß der Mensch, daß alle heute lebenden Tier- und Pflanzenarten die vorläufigen Endstadien langer Entwicklungsprozesse sind, in deren Verlauf nach dem Prinzip von Versuch und Irrtum immer wieder neue Formen und Organe entworfen, verworfen oder erhalten wurden, und setzen wir weiter voraus, daß höher entwickelte Lebewesen aus einfacheren hervorgegangen sind, so muß das Leben einmal ganz primitiv angefangen haben.

Sieht man vom religiösen Schöpfungsglauben ab, so sind für den Ursprung des Lebens zwei Annahmen möglich. Die eine besagt, daß das Leben auf anderen Himmelskörpern entstanden und anschließend auf die Erde gelangt sei. Es könnte in Gestalt von Bakteriensporen mit dem kosmischen Staub oder durch »Strahlungsdruck« zu uns gekommen sein. Tatsächlich stellt die Strahlung so etwas dar wie einen sanften kosmischen Wind, der nahezu gewichtslose Lebenskeime transportieren kann. Mit seiner Hilfe hätten Lebensspuren vom Mars in 20, von Jupiter in 80 Tagen und vom benachbarten Sonnensystem Alpha Centauri in 9000 Jahren die Erde erreichen können.

Zwei Einwände lassen sich dagegen vorbringen: Einerseits dürfte die starke ultraviolette Strahlung im Weltraum selbst widerstandsfähige Keime auf einer solchen Reise wahrscheinlich abgetötet haben. Zum zweiten hätte ihnen auch die extreme Trockenheit im All zweifellos arg zugesetzt. Schließlich aber würden wir, was das Problem der Lebensentstehung anbelangt, mit dieser These nicht viel weiter kommen als mit der Frage nach dem lieben Gott. Denn wir stünden vor der Aufgabe, herauszufinden, wie die Bakteriensporen auf ihrem Heimatplaneten entstanden sind. Die Frage nach dem Woher wäre nicht gelöst, sie wäre nur an einen anderen Ort verlagert. Das aber bedeutet, daß wir die Untersuchung ebensogut für die Erde anstellen können.

Damit sind wir bei der zweiten Annahme. Sie lautet: Das Leben ist auf natürliche Weise aus unbelebten Stoffen zu einer Zeit entstanden, als die Bedingungen dafür nicht nur günstig waren, sondern Leben mit statistischer Wahrscheinlichkeit geradezu entstehen mußte. Wie ist das zu denken?

Sagen wir noch einmal, was wir »Leben« nennen: Es ist eine besonders verwickelt organisierte Form organischer Materie, die sich selbst nachbilden, Stoffe aus ihrer Umgebung aufnehmen und verarbeiten, und deren Erbsubstanz sich verändern kann. Das ist eine zwar bescheidene und unvollständige Beschreibung, doch mag sie hier genügen.

Um die Frage nach der Lebensentstehung zu beantworten, muß man zweierlei berücksichtigen. Das erste: Unerläßliche Voraussetzung für die Entstehung von Lebendigem war es, daß bestimmte chemische Elemente existierten und sich zu Verbindungen vereinten, die wir als typische Bestandteile der Lebewesen kennen. Das sind einerseits Aminosäuren, die zu dreidimensionalen Verbindungen höherer Ordnung zusammentreten, den Proteinen oder Eiweißen. Das sind andererseits Nucleotide: Verbindungen aus einer organischen Base (Lauge, Gegenteil von Säure), einem Zucker und Phosphorsäure. Die Nucleotide treten ihrerseits zu faden- oder kettenartigen Strukturen zusammen und werden dann Nucleinsäuren genannt, weil sie hauptsächlich in den Zellkernen vorkommen (nucleus = der Kern).

Das zweite: Zu jener Zeit vor dreieinhalb bis vier Milliarden Jahren, als die ersten Vorstufen des Lebens aufgetaucht sein mögen, herrschten andere Umweltbedingungen auf der Erde als heute. Der wichtigste Unterschied war der, daß die Erdatmosphäre damals noch keinen freien Sauerstoff enthielt, daß sie sich – chemisch gesehen – »reduzierend« verhielt im Gegensatz zur sauerstoffhaltigen, »oxidierenden« Atmosphäre von heute. Organische Moleküle, die zu jener Zeit entstanden, wurden nicht gleich wieder zersetzt, wie dies gegenwärtig geschehen würde. Sie blieben dem großen irdischen Chemielabor erhalten und standen für allerlei Reaktionen mit- und gegeneinander zur Verfügung.

Die häufigsten Elemente im Kosmos sind Wasserstoff, Helium, Sauerstoff, Stickstoff und Kohlenstoff. Wie jeder Chemiker weiß, entstehen aus ihnen einfache Wasserstoff-Verbindungen, darunter Wasserdampf, Ammoniak und Methan, sobald sich Materie verdichtet. Dies war der Fall, als die Sonne mit ihren Planeten entstand. Man kann also davon ausgehen, daß es auf und über der noch heißen Erde schon gewisse »Rohmaterialien« für die spätere Entwicklung gab: gasförmige Stoffe, die die »Uratmosphäre« der Erde bildeten.

Den Nachweis dafür, daß aus diesen Stoffen auch ohne »göttlichen Akt« die Urbausteine des Eiweißes entstehen konnten, hat im Jahre 1953 der amerikanische Chemiker Stanley Miller geliefert. In einer Glasapparatur mischte er die Gase der irdischen Urluft. Anschließend führte er ihnen jene Energie zu, die auch damals schon – neben dem ultravioletten Licht und der kosmischen Höhenstrahlung – gewirkt hat, nämlich Blitzentladungen. Indem er elektrische Funken in seine Retorten hineinzucken ließ, ahmte er die Blitze urzeitlicher Gewitter nach. Als er das stickige, blitzdurchzuckte Gasgemisch einige Tage später untersuchte, waren einfache Aminosäuren entstanden, darunter Alanin und Glycin, außerdem Harnstoff.

Später sind ähnliche Experimente auch von anderen Forschern durchgeführt worden. Dabei stellte sich überraschenderweise heraus, daß die Aminosäuren sozusagen in einem zweiten Anlauf auch zu höheren Verbindungen wie Peptiden und Polypeptiden zusammentreten können. Zum allgemeinen Erstaunen entstanden sogar Nucleinsäuren, von denen einige bereits Ansätze zur Selbstverdoppelung und damit eine typische Eigenschaft des Lebens zeigten.

Wenn man jetzt noch weiß, daß Nucleinsäuren bestimmte Eiweißmoleküle nicht nur an sich binden, sondern auch deren Entstehung »überwachen« können wie der Lochstreifen das Computerprogramm; wenn man weiß, daß die Nucleinsäuren mit dieser Fähigkeit sozusagen zu Informationsspeichern für den atomaren Aufbau von Eiweiß-Molekülen werden, und wenn man schließlich erfährt, daß aus solchen Prozessen hervorgegangene Eiweiße ihrerseits als Enzyme den Ablauf neuer chemischer Umsetzungen anregen, dann ergibt sich eine wichtige Erkenntnis. Sie besagt, daß die chemische Evolution sehr wahrscheinlich die Voraussetzungen für eine Fülle von Reaktionen geschaffen hat, in deren Verlauf in den warmen Meeren der Urzeit während einer Jahrmilliarde durchaus primitive, sich immer wieder ergänzende und neu organisierende Moleküle zustande gekommen sein können. In der »Ursuppe« der damaligen Ozeane war ja der Tisch mit einfachen organischen Verbindungen reich gedeckt. So konnten – während Blitze und energiereiche Strahlen, später auch der chemische Energielieferant ATP, das Adenosintriphosphat, für die nötige Energiezufuhr sorgten – zahlreiche chemische Verbindungen zustande kommen.

In der nächsten Phase könnte die organische Materie dann Formen angenommen haben, die schon fast einer Zelle ähnelten. Der Amerikaner Fox ist es gewesen, dem es nachzuweisen gelang, daß eiweißähnliche Stoffe – Proteinoide genannt – zu kugelförmigen Gebilden verklumpen können, und der Russe Oparin hatte beim Ausfällen von Proteinen und Nucleinsäuren Gebilde gefunden, die ebenfalls schon entfernt an Zellen erinnerten – sogenannte »Koazervattröpfchen«. Der entscheidende Schritt auf dem Wege zur Entstehung vermehrungsfähiger, »belebter« Gebilde aber scheint der Zusammenschluß von Nucleinsäuren mit Eiweißen zu funktionellen Einheiten, zu Arbeitsgemeinschaften, gewesen zu sein. Das hatte der deutsche Biologe Ernst Haeckel im vorigen Jahrhundert noch nicht wissen können, als er spaßeshalber zu einem Forscherkollegen sagte: »Wenn ihr Chemiker erst einmal Eiweiß hergestellt habt, dann krabbelt's auch!« – Eiweiß allein, das wissen wir heute, krabbelt nicht. Es müssen Nucleinsäuren hinzukommen, dann könnte es sich unter Umständen nicht nur bewegen, sondern sogar vermehren.

Um den nächsten Schritt zu tun, müssen wir uns vorstellen, daß dort, wo Systeme aus Nucleinsäuren und Proteinen auftauchten, sie auch wachsen konnten, das heißt, daß sie andere Moleküle anlagerten, aber auch wieder zerfielen. Später mag sich dann jene Arbeitsteilung zwischen den Nucleinsäuren und den Proteinen ergeben haben, die in den heutigen Zellkernen zur Perfektion entwickelt ist: die Nucleinsäuren als steuernde Elemente der Lebensvorgänge, die Proteine als Aufbausubstanzen. Die chemischen Bausteine für all das bot die »Ursuppe« an, außerdem standen eine Reihe chemisch-physikalischer Kräfte zur Verfügung wie Osmose, Diffusion, Kohäsion und Adhäsion.

Wenn unter den neu entstandenen Verbindungen nun solche waren, die rascher zerfielen und wieder wuchsen oder gar solche, die sich unter der Regie der Nucleinsäuren verdoppeln und damit vermehren konnten, so war erstmals eine Konkurrenz-Situation gegeben: Die schneller reagierenden versorgten sich intensiver mit Aufbaustoffen aus ihrer Umgebung und schmälerten damit das Angebot für die weniger »begabten«. So mag schon auf dieser Stufe der Lebensentstehung die Selektion eingesetzt haben: die »Belohnung« der besser Geeigneten durch Fortpflanzungserfolg, jenes Prinzip, das die gesamte Stammesgeschichte später beherrscht hat.

Das alles spielte sich zu einer Zeit vor schätzungsweise drei bis dreieinhalb Milliarden Jahren ab. Aus dieser Epoche jedenfalls stammen schon Reste primitiver Mikroben, die man in geologischen Schichten entsprechenden Alters fand. Man glaubt auch zu wissen, wie die ersten selbständigen Lebewesen ausgesehen haben könnten: Es dürften Einzeller ähnlich unseren heutigen Blaualgen gewesen sein.

So interessant nun der Vorgang der Lebensentstehung als solcher auch gewesen sein mag – bemerkenswerter für unser Thema ist etwas anderes. Es ist der Umstand, daß die Natur damals schon jene »flankierenden Maßnahmen« ergriffen hatte, die das Selektionsprinzip möglich machten: den Erbwandel und die Überproduktion von Nachkommen. Beide liefern der Auslese immer wieder neues Spielmaterial für die Suche nach dem jeweils Bestangepaßten.

Welche Pflanze, welches Tier auf der Erde es auch gewesen sein mag, sie alle unterlagen seither diesen Spielregeln. Und nur weil sie sich – freilich unbewußt – an sie hielten, konnten sie so erstaunliche Erfolge haben. Nur eine einzige Art, der Homo sapiens, hat, wie wir sehen werden, das in Jahrmillionen bewährte Prinzip durchbrochen.

Die ganze Tragweite des menschlichen Eingriffs in die Naturordnung wird offenbar, wenn man die »Genialität« jenes fein abgestimmten Kräftespiels durchschaut hat, dem alle vergangenen und gegenwärtigen Lebewesen ihr Dasein verdanken. Grundsätzlich gilt: Wenn im Lauf der Entwicklungsgeschichte aus einfachen Lebensformen kompliziertere hervorgegangen sind und wenn dafür die größeren Fortpflanzungschancen der besser Angepaßten verantwortlich waren, so setzt dies etwas Unabdingbares voraus. Es muß in der Natur Unterschiedliches zur Verfügung stehen, und dieses Unterschiedliche muß Gelegenheit zur Konkurrenz haben. Die erste Frage, die wir beantworten müssen, lautet daher: Wie konnten solche Unterschiede zustande kommen? Gilt denn nicht der Satz, daß Leben auf der identischen Selbstverdoppelung von Nucleinsäuren und Proteinen beruht, also immer nur Gleiches aus Gleichem entstehen kann? Und: Hätten sich die Nachkommen einer Art nicht als lebensunfähig erweisen müssen, wenn sie immer wieder stark von den Eltern abweichende Merkmale hatten? Sie lebten ja mit ihren Eltern unter gleichen Umweltbedingungen, so daß ihnen größere Erdabweichungen schwerlich gut bekommen wären.

Dazu ist zunächst zu sagen, daß die Lebewesen tatsächlich nur ihresgleichen hervorbringen können. Dank der Vererbung also, der Weitergabe arteigener Merkmale an die Nachkommen, bleibt die »Konstanz der Arten« gewahrt. Wir haben jedoch eine kleine Einschränkung zu machen. Die »Vererbung« funktioniert nicht störungsfrei. Manchmal kommt es in ihrem Verlauf zu kleinen »Betriebsunfällen«, zu meist unauffälligen erblichen Merkmalsänderungen. Sie sind es, die schließlich der Auslese das »Unterschiedliche« zur Verfügung stellen. Um das zu verstehen, wollen wir einen Ausflug in die Mikrowelt der Gene machen, der Erbanlagen. Sie nämlich bestimmen, wie ein Nachkomme ausfällt: Ob er seinen Eltern mehr oder weniger gleicht oder nicht.

Mit dem Ausdruck »Gen« bezeichnet man einen kleinen Abschnitt auf jenem Informationsträger im Zellkern, den die Biologen als Desoxyribonucleinsäure oder DNS (englisch DNA) erkannt haben. Diese Substanzen müssen wir uns als langgestreckte Moleküle vorstellen, die ungefähr so aussehen wie in der Längsrichtung verdrillte Strickleitern.

Aufgebaut sind die beiden Stränge der DNS aus ungezählten einzelnen Bauelementen, die wie Perlen auf einer Schnur sitzen. Man hat herausgefunden, daß es vier verschiedene Typen solcher Bauelemente – sogenannte Nucleotide – gibt. Sie unterscheiden sich an ihren basischen Bestandteilen: Gewissermaßen handelt es sich um eine chemisch verschlüsselte Vier-Buchstaben-Schrift aus den Buchstaben A (für die Base Adenin), T (für Thymin), G (für Guanin) und C (für Cytosin). Die Reihenfolge, in der die vier Nucleotid-Typen entlang dem »Strickleiter-Molekül« auftreten, ist der Schlüssel für den genetischen Code, ist das Geheimnis der Erbinformation. Hier liegt das Rezept verborgen, das die Zelle braucht, um ihre Aufgaben zu erfüllen. Jeweils drei aufeinanderfolgende Nucleotide auf einem der beiden Stränge bilden das Codewort für eine von zwanzig Aminosäuren, die frei im Innern der Zelle schwimmen und die als Baumaterial für jene Eiweißstoffe dienen, die das Lebewesen für seine Auf- und Abbauprozesse im Stoffwechselgeschehen produzieren muß. Je nachdem, wie die verschiedenen Aminosäuren unter der Regie des genetischen Codes aneinandergehängt werden, entstehen bestimmte Eiweiße mit bestimmten Eigenschaften.

Die Zelle steht also vor der Aufgabe, die »Codewörter« auf der DNS als Produktionsanweisungen für ihre Eiweiß-Fabrikation auszuwerten. Wie macht sie das? Sie benutzt dazu eine zweite Stoffgruppe, die »Boten-Ribonucleinsäure« oder mRNS (m von messenger). Die mRNS-Moleküle entstehen als lange Ketten im engen Kontakt mit der DNS, deren Informationsgehalt sie abtasten, ein Vorgang, den man »Transcription« nennt. Ist das geschehen, so wandern sie an die Eiweiß-Produktionsstätten der Zelle im Zellplasma, die »Ribosomen«. Dort kommt den mRNS-Molekülen eine dritte Gruppe von Nucleinsäuren zu Hilfe, die »Transfer-Ribonucleinsäuren« oder tRNS. Ihr obliegt es, die Aminosäuren für den Zusammenbau der Eiweißmoleküle herbeizuschaffen wie die Maurerlehrlinge die Ziegelsteine für den Hausbau. Unter der Aufsicht der mRNS werden die Aminosäuren dann zu den vom Körper gebrauchten Eiweißen zusammengesetzt (Translation).

Hat man diesen zugegebenermaßen nicht gerade einfachen Sachverhalt erst einmal verstanden, so fällt es nicht schwer, auch hinter das Geheimnis zu kommen, wie die Natur immer wieder kleine Erbabweichungen fabriziert, mit anderen Worten: wie die erblich abgewandelten Individuen zustandekommen, von denen wir sprachen, und deren Fortpflanzungschancen in einer gegebenen Umwelt größer oder kleiner sind.

Um was es geht, ist einfach die Tatsache, daß bei der gleichartigen Nachbildung der DNS während der Zellteilungen, der ›Reduplikation‹, immer wieder einmal kleine »Druckfehler« unterlaufen. Äußere Einflüsse wie energiereiche Strahlen, Chemikalien oder Hitze spielen hier Schicksal. Sie sind es, die ab und zu an der chemischen Struktur der DNS etwas ändern. Da kann es geschehen, daß Nucleotidpaare – zwei sich gegenüberstehende Nucleotide auf der DNS-Strickleiter – herausfallen oder ein zusätzliches Paar eingeschoben wird, oder daß ganze Abschnitte der DNS, das heißt, Teile von Erbanlagen, verlorengehen oder an falschen Stellen wieder eingesetzt werden.

Wichtig sind vor allem die kleineren Zwischenfälle dieser Art. Man nennt sie »Punktmutationen«. Während schwerere »Druckfehler« meist mit dem Tode des Keimes enden und damit für die Evolution belanglos bleiben, haben besonders die Punktmutationen stammesgeschichtliche Auswirkungen. Wo und wann immer sie sich ergeben, da hat dies auch Folgen für die Eiweiß-Produktion in der Zelle. Die Geschichte ist einfach: Eine veränderte Stelle auf der DNS bedeutet eine veränderte Information. Der »Druckfehler« wird mit abgelesen und bis hin zu den Ribosomen weitergeschleppt – dorthin, wo die Eiweißstoffe entstehen. Irgendeine Aminosäure kann dann nicht mehr in ausreichender Menge beim Zusammenbau der vom Code geforderten Proteine von den tRNS-Molekülen »beschafft« werden, oder es werden falsche Aminosäuren eingebaut, oder es fehlen Aminosäuren überhaupt. Handelt es sich dabei um besonders wichtige, vielleicht um solche, die an »aktiven« Stellen der dreidimensionalen Proteinmoleküle sitzen müßten, so kann dies schwerwiegende Folgen haben. Die Zelle kann dann unter Umständen einen für den Organismus lebenswichtigen Stoff nicht mehr richtig produzieren.

Beispiele für solche biochemischen Betriebsstörungen sind beim Menschen bestimmte Erbkrankheiten des Stoffwechsels. Sie treten auf, wenn der Körper die für den Auf- oder Abbau lebensnotwendiger Stoffe benötigten Enzyme nicht oder nicht ausreichend herstellen kann, weil dafür die korrekte Produktionsanweisung in der DNS »unleserlich« geworden ist (auch Enzyme sind Eiweiße). So entstehen die gefürchteten Enzym-Mangelkrankheiten wie die Phenylketonurie, die Ahorn-Sirupkrankheit und viele andere.

Zum Glück sind so schwerwiegende Vorkommnisse aber verhältnismäßig selten. Im Regelfall bleiben die Träger der Erbinformation im Lauf der Vererbung stabil oder werden nur unwesentlich verändert, das heißt, normalerweise stellen die DNS-Doppelwendel ihre Ebenbilder vor jeder Zellteilung originalgetreu wieder her. Manchen Fehler in ihrem genetischen Apparat kann die Zelle auch mit »bordeigenen Mitteln« rasch reparieren. Sie besitzt dafür eine Art chemisches Werkzeug in Gestalt von Reparatur-Enzymen, mit denen sie die eine oder andere kleinere Panne behebt. Alles in allem hält sich die Anzahl der Druckfehler innerhalb einer bestimmten Zeitspanne, die »Mutationsrate«, in maßvollen Grenzen. Sie ist niedrig genug, um die Lebensfähigkeit einer Art nicht in Frage zu stellen, aber hoch genug, um genügend Träger neuer Erbeigenschaften hervorzubringen.

Solche »Abweichler« sind allerdings der eigentliche Motor der Stammesentwicklung. Sie kommen zum Zuge, wenn sich die Umweltverhältnisse einmal ändern, so daß die neue Eigenschaft einen Sinn erhält. Oder sie bewähren sich, wenn sie ihrem Träger bei gleichbleibender Umwelt eine größere Fortpflanzungschance verschaffen. So weit, so gut. Daß wir Menschen die Mutationsrate durch allzu sorglosen Gebrauch von Röntgenstrahlen und unseren Umgang mit gewissen Chemikalien künstlich erhöht haben, muß heute Sorge bereiten. Wir wollen an dieser Stelle nur andeuten, daß der Homo sapiens auf diese Weise in das Gefüge der Evolutionskräfte, in das bis dato sichere Funktionieren fundamentaler Lebensgesetzlichkeiten eingegriffen hat. Wir werden noch ausführlich darüber sprechen.

Halten wir fürs erste fest: Der naturgegebene Vorgang, durch den in der DNS erbändernde Ereignisse – Mutationen genannt – mit einer bestimmten Häufigkeit auftreten, spielt der Umwelt als prüfender Instanz immer wieder neue Eigenschaftskombinationen zu, so daß die Auslese langsam, aber sicher für immer besser angepaßte Lebewesen sorgen kann und die weniger Geeigneten gleichzeitig verdrängt. Das geschah nicht nur mit jenen ersten, vermehrungsfähigen Gebilden aus Nucleinsäuren und Eiweißen, damals, als das Leben seinen Uranfang nahm, sondern es geschieht überall, wo Leben ist – von der einzelligen Alge angefangen bis hin zu den Menschenaffen. Und es betraf ursprünglich auch uneingeschränkt den Menschen.

Verallgemeinernd läßt sich sagen, daß die heutige Artenfülle auf der Erde im Grunde nichts anderes ist als das Ergebnis des Zusammenwirkens zweier voneinander getrennter Vorgänge: dem der richtungslosen und zufälligen Erbänderungen im Bereich der DNS-Moleküle, und dem der anschließenden Auslese unter den entstandenen, erblich unterschiedlichen Lebewesen je nach deren Eignungsgrad in ihrer Umwelt.

So einleuchtend dies ist, so schwer akzeptabel scheint es für viele zu sein. Manche im religiösen Glauben festgelegte Menschen empfinden es als Zumutung, daß Tiere und Pflanzen, ja sie selbst und ihre Mitbürger nichts anderes sein sollten, als »Produkte blinden Zufalls«.

Sie bringen es offenbar nicht fertig sich vorzustellen, daß es

»nur« physikalische und chemische Kräfte gewesen sind, die sowohl das Leben einst hervorbrachten, als auch für dessen stete Höherentwicklung zu immer zweckvolleren und besser angepaßten Formen, zu immer differenzierteren Verhaltensweisen gesorgt haben. Sie verweisen bei Streitgesprächen gern auf Beispiele für besonders unwahrscheinliche Ergebnisse solchen »Zufalls«, wie etwa die Vielgestaltigkeit des Vogelgefieders, auf die Zweckmäßigkeit der Sinnesorgane, auf die Blütengestalten der Orchideen oder – natürlich – auf das menschliche Gehirn, dem wir abstraktes Denken, Liebesglück und das Wissen vom Zeitablauf verdanken. In seiner Einmaligkeit, so meinen sie, spreche das Menschenhirn allen materialistischen Zufallsthesen von seiner Entstehung Hohn.

In der Tat haben wir hier ein nicht gerade einfach durchschaubares Problem vor uns. Die Frage stellt sich, wie etwa das menschliche Auge mit seinen verschiedenen, für sein richtiges Funktionieren unerläßlichen Bestandteilen allein dank der natürlichen Auslese entstanden sein kann. Die Kritiker argumentieren ungefähr so: Wie sollte es möglich sein, daß zufällig und zeitlich nacheinander ausgerechnet jene Erbeigenschaften in der richtigen Reihenfolge aufgetreten sind, die das »sonnenhafte« Organ letzten Endes ausmachen? Normalerweise ist ja jede Mutation ein »Fehler« im Erbgefüge. Wie also sollte aus lauter Fehlern etwas entstehen, dessen erstaunliches Funktionieren wir jeden Tag aufs neue bewundern?

Ein weiterer Gesichtspunkt ist, daß jede Erbabweichung für das betreffende Lebewesen vorteilhaft sein muß, wenn sie erhalten bleiben soll. Wo aber hätte der Vorteil eines Linsenkörpers oder einer Iris gelegen, wenn nicht alle anderen, zum Auge gehörenden Bestandteile schon vorhanden gewesen oder gleichzeitig entstanden wären? Muß man also nicht folgern, daß ein so kompliziertes Gebilde wie das Auge oder das Ohr entweder auf einen Schlag dagewesen ist – was der Evolutionslehre widerspräche – oder überhaupt nicht zustandegekommen sein kann? »Wir könnten«, so formulierte es einmal ein Kritiker Darwins, »geradesogut annehmen, daß wir die Räder, Schrauben und andere Bestandteile eines Uhrwerks, die wir in einen Kasten getan haben, durch einfaches Schütteln dazu bringen, sich so zu ordnen, daß sie eine funktionsfähige Uhr werden.«

Die Biologie hat diesen Einwand durchaus ernst genommen, aber sie hat ihn auch widerlegen können. Sieht man nämlich genauer hin, so setzt die These der Kritiker stillschweigend voraus, daß stammesgeschichtliche Vorstufen komplizierter Organe noch nicht funktionsfähig waren, unter ihnen auch das Auge. Das ist aber nicht der Fall. Auch die Vorfahren des Menschen bis hinab zu den Amphibien und Fischen haben Augen. Selbst das »Urwirbeltier«, das Lanzettfischchen, besitzt lichtempfindliche Pigmentzellen. Alle diese Augen-Vorläufer waren und sind ihren Trägern nützlich, obwohl sie einfacher gebaut erscheinen. Man kann also den Einwand, komplexe Anpassungen seien mit der Mutations-Auslese-Theorie nicht zu erklären, mit dem Hinweis auf den langen Prozeß der Vervollkommnung eines Organs entkräften, dessen Vorstufen durchaus ihren – wenn auch abgestuften – Nützlichkeitswert hatten. Der Mutations-Ausleseprozeß, der zu komplizierten Organen führte, vollzog sich in kleinen Schritten, unter denen auch nutzlose und schädliche waren – die von der Auslese verworfen wurden –, deren vorteilhafte aber jeweils kleine Verbesserungen des bestehenden Zustandes bedeutet haben.

Nicht wenigen Kritikern der Evolutionslehre fällt es aber ganz allgemein schwer, den Ablauf jenes Geschehens nachzuvollziehen, das für die Entwicklung neuer und erfolgreicher Eigenschaften bei den Lebewesen ebenso wie für die Artenentstehung verantwortlich ist. Sie übersehen allzu leicht, daß der Zufall bei all den Anpassungen und Zweckmäßigkeiten, also auch bei der Entstehung des menschlichen Gehirns, nur im jeweils ersten Akt eines zweiteiligen Vorganges wirksam ist. Tatsächlich wäre es unvorstellbar, ja völlig ausgeschlossen, daß allein durch Zufall selbst im Zeitraum von Jahrmillionen ein Gebilde wie das einer Algenzelle in noch so kleinen Entwicklungsschritten hätte entstehen können, denn wie sollte der Zufall allein zu immer besseren Anpassungen an die Umwelt führen?

Der Zufall als einziger Regisseur auf der Bühne des Lebens hätte bei der Entstehung von derzeit mehr als 1,5 Millionen meist hervorragend angepaßter Tier- und nahezu 400000 Pflanzenarten tatsächlich auf hoffnungslos verlorenem Posten gestanden. Nur weil nachträglich die Auslese in Gestalt der Umwelt-Gegebenheiten eingreift, nur weil die Umweltfaktoren wie Kälte, Hitze, Feinde, Nahrungsangebot und viele andere das vorgegebene »Spielmaterial« der erblich unterschiedlichen Individuen auf seine Eignung hin prüfen und den Bestangepaßten schließlich bessere Vermehrungschancen verschaffen – nur deshalb konnten die zahlreichen Arten entstehen und immer höhere Komplikationsgrade erreichen. Nur deshalb haben wir eine so bunte belebte Welt. Und nur deshalb gibt es auch uns, die Menschen, mit unseren Gehirnen.

Mit diesen Fragen hatte sich auch der große englische Biologe Charles Darwin schon beschäftigt. Die Ergebnisse seines Nachdenkens und Beobachtens veröffentlichte er 1859 in seinem berühmten Werk über die »Entstehung der Arten«. Darwins Theorie von der natürlichen Auslese, inzwischen längst gesichertes Wissensgut unserer Zeit, war damals auf die erbitterte Kritik der Kirche gestoßen. Wer Darwin folge, so erklärten die Gottesdiener, der leugne die Geschichte von Adam und Eva aus der Bibel und stelle sich auf den Standpunkt, daß zottige Affen mit schlechten Manieren die Urahnen des Menschengeschlechtes gewesen seien. Das war schlechterdings eine Todsünde. Aber es war nicht alles, was der alte Darwin zu hören bekam. Bis in unsere Zeit hinein verkannten und verkennen viele den Ausdruck »Kampf ums Dasein« (struggle for life). Sie verstanden Darwin so, als wollte er darauf hinaus, daß in der Natur die Stärksten sich durchsetzen, indem sie die Schwächeren töten.

Das Mord-und-Totschlag-Bild seiner Theorie hielt sich hartnäkkig als eines der großen historischen Mißverständnisse, es wurde sogar zum Anlaß verhängnisvoller Ideen vom »Recht des Stärkeren«, das Darwin angeblich nachgewiesen haben sollte.

Richtig ist, daß Darwin den Ausdruck »Kampf ums Dasein« im Sinne eines Konkurrenzkampfes verstanden hatte. Tatsächlich ist ja der »Wettbewerb der Erbmerkmale« um den jeweils größten Auslesevorteil ein vorwiegend friedliches Geschehen, dessen Ergebnis unterschiedliche Fortpflanzungschancen sind. Diese wieder wirken sich so aus, daß weniger geeignete Individuen einer Art von den besser Angepaßten zahlenmäßig allmählich verdrängt werden und unter Umständen auch aussterben.

Für all das gibt es in der Natur zahlreiche Beispiele. Die Rivalenkämpfe der Hirsche, die sich mit ihrem Geweih nicht töten, sondern in »Schiebekämpfen« nur ihre Kräfte um die Gunst der weiblichen Tiere messen, die Kommentkämpfe unter Schlangen ohne Einsatz der Giftzähne, die zähnefletschenden Wölfe, deren Aggression sofort erlischt, wenn der Artgenosse am Boden die Unterwerfungsgeste macht – man braucht die Aufzählung nicht fortzusetzen.

Natürlich läßt sich einwenden, das Getötetwerden spiele bei der Auslese der Tauglichsten doch noch eine gewisse Rolle. Beim Angriff eines Bussards auf zwei spielende Junghasen geht es ja durchaus um Leben oder Tod. Versetzen wir uns zu den umhertollenden Langohren aufs Feld: Der Greifvogel hat die beiden aus der Luft erspäht und setzt zum Angriff an. Einer der beiden Hasen mag den herabstürzenden Vogel um Sekundenbruchteile eher bemerken. Im letzten Augenblick gelingt es ihm, hakenschlagend in den Bau zu entwischen. Der andere dagegen fällt den Fängen des Vogels zum Opfer, weil er eine Spur unachtsamer war. Findet hier nicht doch ein brutaler Daseinskampf auf Gedeih und Verderb statt?

Es scheint nur so! Denn man muß unterscheiden zwischen dem auslesenden Vorgang in Gestalt des tötenden Bussards und dem Wettbewerb der Erbmerkmale, der sich allein zwischen den beiden Jungtieren abspielt. Der achtsamere Hase überlebt. Er hat damit die Chance, seine vorteilhaftere Anlage weiter zu vererben, während der unachtsame Artgenosse an der Weitergabe seiner Anlagen gehindert wird. Nicht die Hasen kämpfen, sondern die Umwelt – hier der Bussard – führt die Auslese durch.

Dieses Beispiel mag ein weiteres Mißverständnis ausräumen, dem die Entwicklungslehre in der Biologie häufig begegnet. Es zeigt nämlich, daß die Auslese, die Selektion, im Grunde richtungslos oder, wenn man so will, »planlos« wirkt. Denn der einzige Ansatzpunkt, den sie hat, sind ja die ihrerseits richtungslos auftretenden Erbabweichungen (hier die unterschiedlich aufmerksamen Hasen), während der Maßstab, nach dem sie selektiert, wiederum nur die gerade herrschenden Umweltverhältnisse sind (hier der jagende Bussard). Ebensogut könnte das Klima oder das Nahrungsangebot der auslesende Umweltfaktor sein. So ist zu schließen: Die Lebewesen unseres Planeten sind zwar keine Zufallsprodukte, aber sie sind auch keine Ergebnisse eines erlauchten Planes, der von Anfang an mit dem Ziel bestanden haben könnte, den Menschen als Krone der Schöpfung hervorzubringen, so hilfreich für den Seelenfrieden mancher diese Vorstellung auch sein mag. Alles deutet vielmehr darauf hin: Wir Menschen und mit uns die Welt des Lebendigen sind das Resultat ungezählter Augenblicksentscheidungen, die ohne jede »Voraussicht« erfolgt sind; wir alle sind von Kräften geschaffen worden, die gar nicht anders konnten als für die jeweilige Gegenwart zu wirken. Daß es unter diesen Umständen zur Evolution und zur Höherentwicklung der Arten kam, mag zwar überraschen, ist aber zwangsläufig, wenn man das Prinzip von Mutation und Auslese konsequent berücksichtigt. Erstaunlicher mutet an, daß so viele unter uns sich die Zweckmäßigkeit von Verhaltensweisen oder Organleistungen nicht anders als von einem göttlichen, das heißt menschenähnlichen Geist erschaffen denken können, und daß sie dem Unbelebten so wenig zutrauen.

Um solche Denkschwierigkeiten zu überwinden, sollte man wissen, daß das Ergebnis »planlos« wirkender Kräfte durchaus den Eindruck eines Planes hervorrufen kann, solange nur ein Bezugssystem – die Umwelt – existiert, in das hinein entwicklungsfähige Größen – die Lebewesen – sich immer wieder integrieren müssen oder von der Auslese integriert werden, um nicht auszusterben. Genau dieses Prinzip aber sehen wir auf der Erde verwirklicht. Es kommt aus drei Gründen zum Zuge.

Erstens bringen alle Tiere und Pflanzen mehr Nachkommen hervor als nötig wären, um das früher oder später verendende Elternpaar zu ersetzen. Je nach dem Grad der Nachwuchsgefährdung durch Umweltfaktoren ist die Nachkommenzahl größer oder kleiner. Ein Seeadler, der nur von wenigen Feinden bedroht ist (die Bedrohung durch den Menschen datiert erst seit kurzer Zeit), bringt im Jahr nur ein, zwei Junge zur Welt. Ein Apfelwickler-Pärchen dagegen kann innerhalb eines Vierteljahres theoretisch mehr als 400 Milliarden Nachkommen hervorbringen. Wollte ein Menschenpaar auch nur auf ein Hundertstel der dreimonatigen Fruchtbarkeit dieses Obstschädlings kommen, so brauchte es dafür eine Million Jahre.

Da nun eine bestimmte Tier- oder Pflanzenart sich nie stärker vermehren kann, als die gegebene Umwelt es zuläßt, und da andererseits die Bestände der einzelnen Arten erfahrungsgemäß etwa gleichbleiben, wenn sie einen gewissen Umfang erreicht haben, müssen die weitaus meisten Nachkommen zugrunde gehen, bevor sie sich fortpflanzen können. Das ist der eine Grund.

Der zweite ist: die Nachkommen einer Tier- oder Pflanzenart sind untereinander nicht alle gleich. Sie unterscheiden sich voneinander in meist geringfügigen erblichen Abweichungen. Auch wir Menschen sind von Natur nicht gleich, denn wir kommen mit unterschiedlichen Erbanlagen zur Welt. Darum ist es unsinnig, die Gleichheit der Menschen zu behaupten. Selbst »Chancengleichheit« ist ohne nähere Erläuterung eine leicht irreführende Bezeichnung, denn wenn junge Menschen mit unterschiedlichen Erbanlagen gleiche Startbedingungen für ihre Lebenswege erhalten, dann haben sie mit ihrem unterschiedlichen Intelligenzgrad, ihrer größeren oder geringeren Lern- und Engagierfreude auch unterschiedliche Chancen, Ziele zu erreichen. Sie sind den Hundertmeter-Läufern am Start vergleichbar: Die Laufbahnen sind gleich lang und gleich gut, die Startlöcher liegen auf gleicher Höhe. Und doch erreicht der eine Läufer das Ziel früher als der andere. Wem daran gelegen ist, daß alle zugleich durchs Ziel gehen, der kann dies nur bewirken, indem er die Leistungschancen manipuliert. Er muß die Läufer unterwegs mehr oder weniger behindern, also ungleich behandeln, um dann freilich ein niedrigeres allgemeines Leistungsniveau zu erreichen. Er darf, mit anderen Worten, den Menschen den selbstverständlichen Anspruch auf gleiche Startbedingungen nicht erfüllen. Aber das gehört schon auf ein anderes Blatt.

Drittens stellt das Angebot unterschiedlicher Eigenschaftskombinationen innerhalb der Arten das Rohmaterial für die Auslese dar. Es kommt im wesentlichen zustande durch Punktmutationen und – im Fall der geschlechtlichen Fortpflanzung – auch durch die ständige Neukombination der individuellen Erbanlagen-Bestände.

Eines der augenfälligsten Ergebnisse dieser ineinandergreifenden Kräfte ist die Zweckmäßigkeit in der Natur, sind die »sinnvollen« funktionellen Anpassungen von Tieren und Pflanzen an ihre Umweltverhältnisse. Nahezu alle Formen und Funktionen, die uns im Tier- und Pflanzenreich begegnen, lassen sich auf irgendeine Weise als Produkte dieses Kräftespiels erkennen: die Stromlinienform bei gewandten Schwimmern wie Haien und Delphinen, die Flügel der Mauersegler, der Albatrosse und zahlreicher Insekten, das Echolot-Organ der Fledermäuse, mit dem sie ihre Beute im Flug orten, die weichen, zum lautlosen Schleichen gepolsterten Katzenpfoten, das Liebeswerben, das Aggressionsverhalten, die Ernährungsgewohnheiten – die Liste läßt sich beliebig erweitern. Bei den höheren Pflanzen sind es die ungezählten Anpassungen der Blütenform an die nektarsaugenden Mundwerkzeuge der Insekten, die wasserspeichernden Kakteenblätter, die Stacheln der Rosen ...

Selbst Organe, deren Zweck offenbar besser erfüllt würde, wenn sie anders geformt wären, werden verständlich, wenn sich erweist, daß sie mehrere Funktionen haben und ihre Gestalt einfach den bestmöglichen Kompromiß zwischen den verschiedenen Anforderungen bildet. Beispiele sind die Haut der Amphibien, die sowohl zur Atmung als auch zum Schutz dient, also nicht zu dick, aber auch nicht zu dünn sein darf. Der Spechtschnabel dient als Pinzette beim Aufpicken von Larven, als Schaufel beim Suchen im Laub, als Meißel beim Bau der Spechthöhle, als Resonanzboden bei der Lauterzeugung und als Instrument zur Gefiederpflege: Würde er nur jeweils einer dieser Aufgaben zu dienen haben, so hätte er sicher eine andere, dem betreffenden Zweck angemessene Form.

Wie rasch die Auslese das Erscheinungsbild einer Tierart unter Umständen ändern kann, dafür hat eine Gruppe von Nachtfaltern in England im letzten Jahrhundert ein schönes Beispiel gegeben. Als Folge der zunehmenden Luftverschmutzung hatten sich in der Gegend um Manchester die Sträucher und Baumrinden mit einer unansehnlichen Schmutz- und Rußschicht überzogen. Ihre zuvor helle Rinde war dunkel geworden, und mit dem Dunklerwerden hatte sich auch die Situation für die Falter verändert. Ihre erblich helleren Formen waren ursprünglich wegen der Tarnfärbung bisher von der Auslese bevorzugt worden. Zunehmend fielen nun jedoch die hell gefärbten Tiere auf der dunklen Rinde ihren Feinden auf und wurden deren leichte Beute, noch ehe sie sich fortpflanzen konnten. Andere, die dank einer Mutation zufällig dunkler waren, hatten dagegen einen Auslesevorteil. So dauerte es nicht lange, bis die dunklen die Szene beherrschten. In Zahlen ausgedrückt sah das so aus: Von rund 800 Nachtfalter-Arten hatten die meisten noch vor hundert Jahren eine helle Färbung, dank derer sie auf den hellen Stämmen für das Auge ihrer Verfolger fast verschwanden. In den fünfziger Jahren unseres Jahrhunderts lebten dagegen schon rund 70 dunkel gewordene Arten. Eine erste, dunkle Variante des Birkenspanners Biston betularia wurde schon im Jahre 1848 in der Umgebung von Manchester entdeckt. Sie machte damals weniger als ein Prozent des gesamten Birkenspanner-Bestandes aus. Gegen Ende des 19. Jahrhunderts, mit zunehmender Verschmutzung, waren schon mehr als 99 Prozent aller Birkenspanner in der Nähe von Manchester schwarz. Die Vögel hatten die Auslese besorgt.

Anpassung folgt also wechselnden Umweltbedingungen. Umgekehrt braucht sich nichts anzupassen, wo die Umwelt über lange Zeiträume gleich bleibt. Das trifft für manche Bewohner der lichtlosen Ozeantiefen zu. Zahlreiche Muscheln, Würmer und Einzeller, die dort leben, haben ihren Körperbau über Jahrmillionen nicht oder nur geringfügig zu verändern brauchen.

Mit welchen Tricks die Natur arbeitet, um die Anpassung an die Umwelt auch unter extremen Bedingungen zu erzwingen, damit die Art erhalten bleibt, zeigt das Beispiel des Resistentwerdens von Krankheitskeimen. Das Resistenzbeispiel läßt aber auch das Risiko des Nichtgelingens erkennen, und hier sollte der Mensch von den Bakterien lernen: Dort, wo die Anpassung an neue Umweltverhältnisse danebengerät, sind zumeist große Teile oder der gesamte Bestand einer Art von der Vernichtung bedroht.

Doch sehen wir uns einmal die erfolgreichen Arten an. Unter den Mikroben, das wissen wir alle, befinden sich gefährliche Krankheitserreger. Der Mensch aber, will er nicht krank werden oder vorzeitig sterben, muß sich gegen sie wehren. Viele Mikroben sind also die Feinde des Menschen. Andererseits sollten wir uns eingestehen, daß auch die Mikroben Lebewesen sind und nur ihr »Recht auf Leben« verteidigen. Wir dürfen uns auch nicht wundern, wenn dieser Kampf immer erfolgreicher wird, so daß wir es zunehmend schwerer haben, sie mit dem Penicillin oder anderen antibiotischen Arzneien zu besiegen.

In letzter Zeit erweisen sich zahlreiche Krankheitskeime immer öfter als widerstandsfähig gegen die stärksten gegen sie eingesetzten Chemikalien – sie werden »resistent«. Wie machen sie das?

Sie haben dazu verschiedene Möglichkeiten. In keinem Fall jedoch darf man sich die Resistenzentwicklung als aktiven Vorgang denken, als gezielte Reaktion des Erregers auf die gegen ihn verwendete antibiotische Arznei – etwa so wie die Taktik eines Boxkämpfers, der zunächst die Schwächen des Gegners zu erkennen sucht, der ihn erst einmal abtastet, um sich dann erfolgreich auf ihn einzustellen. Die Resistenz entwickelt sich vielmehr nach dem gleichen Prinzip von Mutation und Auslese, das auch der Evolution zugrunde liegt. Die Fähigkeit, einem Antibiotikum zu trotzen, ist also in vielen Fällen schon vor der Berührung mit ihm als zufällig entstandene Erbeigenschaft einzelner Krankheitskeime vorhanden. Diese Keime überleben die antibiotische Attacke und bilden später, nachdem sie sich selektiv vermehrt haben, den gefürchteten »resistenten Stamm«.

Daß dem wirklich so ist, daß also die Resistenz schon bestehen kann, noch bevor das Antibiotikum überhaupt auf den Plan tritt, läßt sich auf ebenso einfache wie elegante Weise mit der sogenannten Replika-Technik nachweisen. Man läßt dazu Bakterien zunächst auf einem künstlichen Nährboden wachsen und sich vermehren. Wenn der Mikrobenrasen dicht genug ist, drückt man einen Samtstempel leicht darauf, so daß die Stempelfläche die ganze Kolonie bedeckt. Überträgt man die am Stempel haftenden Keime anschließend auf einen zweiten, antibiotikahaltigen Nährboden, so werden die weitaus meisten Keime vom Antibiotikum vernichtet, bevor sie sich fortpflanzen können. Einige wenige Keime aber wachsen an und vermehren sich – es sind die resistenten. Da der Samtstempel auf dem Antibiotika-Nährboden ein topographisch getreues Abbild der ursprünglichen, antibiotikafreien Kultur geliefert hat, gelingt es leicht, diejenigen Stellen auf ihr wiederzufinden, von denen die resistenten Bakterien stammten. Impft man sie ab und läßt sie auf einem neutralen Nährboden sich vermehren, so erhält man resistente Stämme, die nicht durch das Antibiotikum erzeugt sein können, da sie ja nie mit ihm in Kontakt waren.

Komplizierter ist die Sache, wenn eine resistenzerzeugende Erbeigenschaft auf andere Weise entsteht als durch eine zufällig schon vorher eingetretene Mutation. Gehen wir einmal davon aus, einige bakterielle Erreger aus einer größeren Anzahl verfügten über die Eigenschaft »resistent gegen Antibiotikum X«. Dann kann diese Eigenschaft auch durch eine Art Ansteckung auf andere, bis dahin noch gegen das Antibiotikum empfindliche Keime übertragen werden. Diese »übertragbare« Resistenz wurde zum erstenmal im Jahre 1959 in Japan beobachtet. Sie beruht darauf, daß genetisches Material von einer Bakterienzelle auf eine andere übermittelt wird. Das kann entweder durch sogenannte »Transformation« geschehen oder durch »Transduktion« unter Mithilfe von bakterienbefallenden Viren (Phagen), schließlich auch durch eine Art sexuellen Vorgang, den man »Konjugation« nennt.

Bei der Transformation gehen Bruchstücke von genetischem Material, also DNS-Moleküle, von einer Zelle auf die andere über – man sagt: von einer »Donor«- auf eine »Akzeptorzelle«. Bei der Transduktion spielen Phagen die Rolle der »Briefträger« für das Resistenzgeheimnis. Sie beladen sich, nachdem sie eine Weile als harmlose Gäste in einem Bakterium zugebracht haben, mit Teilen seiner DNS und wandern dann zu einem zweiten Bakterium ab, an dessen Zellwand sie sich fest anschmiegen. Ein chemischer Prozeß sorgt anschließend dafür, daß an der Haftstelle ein winziges Loch wie von einem Drillbohrer entsteht. Durch die Öffnung in der Bakterienwand wird daraufhin der Phageninhalt mit seiner um die Resistenz »wissenden« DNS injiziert. Bei der Konjugation nähern sich zwei Bakterien einander, eine Plasmabrücke entsteht, und durch das Plasma hindurch wird nun die DNS als Informationsträger für das »Geheimrezept« der Resistenzbildung in das noch »unwissende« Bakterium eingeschleust.

Ihre Resistenz gegenüber einem gegen sie eingesetzten Antibiotikum zeigen die Keime auf recht verschiedene Weise. Zum Beispiel kann ein Krankheitserreger ein Enzym bilden, einen Stoff, der das Antibiotikum zersetzt, und sich damit erfolgreich gegen die auf ihn angesetzte Vernichtungswaffe verteidigen. So wird von manchen Bakterien das Enzym Penicillinase produziert, das das Penicillin wirkungslos macht. Eine andere Taktik besteht in einem biochemischen Trick, mit dem bestimmte Erreger ihre Zellwände zeitweise abwerfen wie Insekten ihre Haut. Ein solcher Keim macht damit seine Achillesferse immun, denn viele heute gebräuchliche Antibiotika setzen ihre Angriffe an der Zellwand des Erregers an. Wie eine nackte Amöbe verbringt der Keim daraufhin einige Zeit, bis die Gefahr vorüber ist. Vergleichsweise verhält er sich wie ein von einem Gasangriff bedrohter Mensch, der in der Lage wäre, seine Atemorgane vorübergehend schadlos in Sicherheit zu bringen. Oder es können in der Zellwand des Keims chemische Veränderungen stattfinden, die den Keim schützen. Schließlich ist es denkbar, daß die biochemische Empfindlichkeit der Enzyme, die der Erreger herstellt und die das Medikament zu zerstören suchen, herabgesetzt wird, so daß die Behandlung erfolglos bleibt.

»Das Großhirn unserer Chemiker«, hat Professor Gerhard Domagk einmal gesagt, »wird noch so manchen Pilzverstand überholen.« Der Nobelpreisträger von 1939 wollte damit ausdrücken, daß es uns Menschen immer wieder gelingen werde, die Abwehrmanöver jener Kleinstlebewesen zu durchkreuzen, die uns das Leben als Krankheitserreger so schwer machen. Inzwischen haben wir freilich allen Grund, den »Mikrobenverstand« nicht zu unterschätzen.

Die Resistenz so ausführlich zu besprechen hätte zu weit geführt, wenn sie nicht zum Thema des Buches einen wichtigen Gesichtspunkt beitragen würde. Man kann nämlich die Antibiotika-Behandlung einer von Mikroben verursachten Krankheit auch anders sehen als einen Gegenschlag des Arztes. Man kann die Therapie als massive, vom Menschen inszenierte Änderung der Umwelt-Verhältnisse für eben diese Krankheitskeime auffassen, mit dem Ziel, sie zu töten. Die Keime ihrerseits wehren sich dagegen, indem sie vor allem die Waffe ihrer raschen Generationsfolge, ihrer extrem schnellen Vermehrung benutzen. Schnelle Vermehrung bedeutet größere Wahrscheinlichkeit für das Auftreten von erblichen Schutzeigenschaften gegen die lebensbedrohende Umwelt-Änderung (hier das Antibiotikum). Wir Menschen mit unserer langsamen Generationenfolge hätten diese Waffe nicht, falls uns einmal eine durchgreifende Umweltveränderung ins Haus stehen sollte. Auch wir vermehren uns zwar rasch – gemessen an unserem Lebensraum viel zu rasch – aber doch kaum der Rede wert im Vergleich zu den Mikroben. Das ist auch der Grund, weshalb uns Menschen keine Zeit mehr zu einer wie auch immer gearteten Anpassung an unsere zusehends rascher denaturierte Umwelt bleiben wird. Wir werden ihre Opfer werden, vergleichbar Bakterien, denen die Fähigkeit zur Resistenzentwicklung abhanden gekommen ist.

Um zu überleben, haben sich Tiere und Pflanzen bis hinab zu den Mikroben noch mancherlei einfallen lassen. Der sogenannte Kampf ums Dasein schenkte ihnen nichts. Ihr Arsenal an nützlichen Eigenschaften reicht denn auch von der Tarnfarbe bis zum Parasitismus, von roher, physischer Kraft bis hin zur Brutpflege. Aus der Fülle erstaunlicher Leistungen im Tier- und Pflanzenreich zu berichten, hieße ganze Bücher füllen – die »Wunder des Lebens« sind Legion. Pars pro toto: Welcher Ingenieur sähe nicht immer wieder mit Neid, wie schlichte Grashalme oder 50, 60 Meter hohe Baumriesen selbst starken Stürmen trotzen, ohne zu brechen? Keine noch so geniale Stahlkonstruktion täte es ihnen an Elastizität gleich. Oder die extreme

Empfindlichkeit der Sehzellen in den Augen von Tieren und Menschen: Wahrscheinlich genügt schon ein einzelnes Lichtquant – das ist der geringstmögliche physikalische Impuls für die Entstehung von Licht –, um von diesen Zellen registriert zu werden. Ein anderes Beispiel: Die Riechzellen eines Seidenspinner-Männchens sind so sensibel, daß sie schon ein einzelnes Duftmolekül des weiblichen Sexual-Lockstoffes wahrnehmen. So kann der vom Geruch betörte Schmetterling – dem Wind entgegenfliegend – das Weibchen finden.

Auch die Zubereitung und der Einsatz tötender, lähmender oder abschreckender Gifte zählen zu den Methoden der Überlebensstrategie. Zahlreiche Tiere wehren sich mit gefährlichen Stoffen ihrer Haut, machen damit Beute oder entgehen Biß und Verfolgung ihrer Widersacher. Wir alle kennen das Ameisen- und das Bienengift, haben vom Gift der Kröten gehört, dem Bufotoxin, wir wissen vom Cantharidin der Spanischen Fliegen, vom Fugogift der japanischen Igelfische, vom Muschelgift Mytilotoxin, und wir fürchten die Schlangengifte. Alle diese Stoffe synthetisieren die Tiere in ihren Körpern, und sinnreiche Einrichtungen sorgen dafür, daß sie sich nicht selbst schaden.

Eines der imponierendsten Beispiele dafür liefert der Bombardierkäfer. Er stellt ein Sekret her, das ihn gewissermaßen zum Chefchemiker unter den Insekten stempelt. Er speichert Wasserstoffperoxid als Perhydrol und kann dies, wenn Gefahr im Anzug ist, mit einem besonders geeigneten Enzym – einer temperaturstabilisierten Katalase – zur Explosion bringen. Er schießt seinen Feinden dann buchstäblich bei 100 Grad Celsius eine Ladung Chinon ins Gesicht. Manche Schwimmkäfer besitzen an Kopf- und Hinterteil »Wehrdrüsen« mit hochkonzentrierten Abwehrstoffen, die einerseits Fischen und Mäusen gefährlich werden können, aber auch die Winterruhe der Tiere überwachen, indem sie sie ähnlich wie die Antibiotika gegen den Angriff schädlicher Mikroben schützen.

Wasser, das ist uns allen geläufig, kann jedem zum Verhängnis werden, der nicht schwimmen kann. Das gilt auch für einen kleinen, nur einen halben Zentimeter großen Käfer, dem das nasse Element zum Verhängnis würde, wenn er nicht eine Art Raketenantrieb entwickelt hätte, der ihn aufs Trockene zurückbefördert, falls er mal in einen der Tümpel fällt, an deren Ufer er lebt. Der »Spreitungsschwimmer«, um den es hier geht, taucht im Fall einer solchen Not einfach seine Hinterleibsspitze ins Wasser. Aus einer kleinen Drüse tritt dann eine Substanz aus, die sich sehr schnell über das Wasser ausbreitet. Der Ausbreitungseffekt ist so stark, daß die Flüssigkeit das kleine leichte Insekt mit einer Geschwindigkeit von 20 Kilometern in der Stunde förmlich vor sich herschiebt und rasch ans rettende Ufer bringt.

Ganz vertraut mit dem Wasser ist dagegen der Taumelkäfer. Seine Künste zeigt er jedem, der ihn im Sommer in Tümpeln und Teichen beim Tauchen beobachtet. Der Taumelkäfer kann – anscheinend mit Hilfe eines Radarprinzips – unter Wasser Hindernisse wahrnehmen, die noch drei Körperlängen von ihm entfernt sind. Außerdem produziert er einen wirksamen Abwehrstoff gegen seine Feinde, die Fische. Es handelt sich um ein Drüsensekret, das für Fischnasen furchtbar stinkt und an dem Fische sogar zugrunde gehen können, wenn sie zu viele Taumelkäfer fressen sollten. Außerdem schützt das Sekret vor Krankheitskeimen – der Taumelkäfer verteilt es deshalb über seinen ganzen Körper, wenn er sich »putzt«.

Welche Mannigfaltigkeit an Erfindungen das Mutations-Auslese-Prinzip möglich gemacht hat, das dokumentieren auch bestimmte sozial lebende Insekten. Ist schon die Tatsache der Arbeitsteilung bei ihnen erstaunlich genug, so verblüffen bestimmte »Sitten und Gebräuche« bei ihnen noch weit mehr. Ein geradezu höhere Intelligenz zur Schau stellendes Verfahren haben die Blattschneiderameisen entwickelt, indem sie auf Abfällen, zerkauten Blättern und Blüten einen Speisepilz züchten, der ihrer Ernährung dient. Dafür erzeugen sie sowohl eine Art Dünger, der die Pilze wachsen läßt, als auch ein Sekret, das sie vor unliebsamen anderen Pilzsporen bewahrt, so daß ihre eigenen Pilze nicht ungenießbar werden. Wie wirksam dieser Schutzstoff ist, zeigt die Tatsache, daß man ein Glas Pflaumenmus mit Spuren der chemischen Verbindung wochenlang gegen Schimmelpilzbefall schützen kann.

Alle diese Anpassungsleistungen wirken auf den ersten Blick wie von einem höheren Wesen arrangiert. Und doch erweist sich auch in den erstaunlichsten »Erfindungen« nur die Wirksamkeit von Erbwandel und Auslese. Das gilt auch für ein trickreiches Repertoire von Einrichtungen unter Pflanzen und Tieren, die in extrem trockener Umwelt leben. Zahlreiche Beispiele dafür finden wir in der Wüste. Da gibt es Pflanzen, deren Wurzeln je nach dem vorgefundenen Wassergehalt im Boden schneller oder langsamer wachsen. Andere besitzen »versenkte« Spaltöffnungen an den Blattunterseiten, dem Gasaustausch dienende Vorrichtungen, die auf diese Weise der Verdunstung entgegenwirken.

Reptilien und Amphibien, die in der Wüste leben, können Wasserverlust bis zur Hälfte ihres Körpergewichts ertragen. Eine geradezu spektakuläre Leistung vollbringt das einhöckerige Kamel, das Dromedar. Ihm hat der Schweizer Publizist Georg Gerster in seinem Buch »Sahara« ein Denkmal gesetzt. »Das einhöckerige Kamel«, schreibt er, »war das erste wüstentaugliche Fahrzeug der Sahara. Seine Kennzeichen: Vierradantrieb, drei Gänge, großer Kraftstoffbehälter mit Zusatztank, Spezialbereifung, Kraftstoffmesser, besonders kräftiges Vordergestell.«

Der »Kraftstoffmesser« des Dromedars ist sein Höcker. Erfahrene Kamellenker erkennen an seinem Ausmaß sofort, wieviel Kraftreserven noch in ihrem »Wüstenschiff« stecken. Der Höcker ist kein Wasserspeicher, sondern ein Fettreservoir. Wasser speichert das Kamel in der Außenwand seines dreiteiligen Magens. Es kann etwa ein Drittel seines Eigengewichts durch Wasserverlust verlieren, das ist mindestens das Doppelte dessen, was bei den meisten anderen Lebewesen einschließlich des Menschen schon schwere Störungen, auch Hitzschlag, auslöst. Bemerkenswert ist, daß das Blut des Kamels trotz starken Wasserverlustes nicht dickflüssig wird. Der Kunstgriff besteht darin, daß die dem Wassertransport dienenden roten Blutkörperchen sich bis zum 240fachen ihrer ursprünglichen Größe aufblähen können »wie Luftballons«. Dies geschieht jedoch nicht als Vorsorgemaßnahme für Notzeiten, sondern es ist die Normalsituation, die nach entbehrungsreicher Trockenzeit wiederhergestellt wird. Dazu trinkt das Kamel gelegentlich innerhalb von zehn Minuten bis zu 125 Liter Wasser. »Das Leben ist eine Wüste«, sagt ein arabisches Sprichwort, »und die Frau ist das Kamel, das uns hilft, sie zu durchqueren.«

Die Sicherung gegen den Tod in der Natur geht außerordentlich weit, wie man sieht. Sie geht so weit, daß es – überspitzt gesagt – eigentlich erstaunlich ist, wenn überhaupt noch gestorben wird. Welche nahezu unfaßlichen Praktiken für diesen Zweck verwirklicht worden sind, erfuhren unlängst vier Wissenschaftler der Cornell-Universität in Ithaca. Auf die Spur der Geschichte waren sie bei der Untersuchung einer großen, flugunfähigen Heuschreckenart (Romalea microptera) in Florida gekommen. Dieses Insekt hält sich seine Feinde durch einen besonderen Stoff vom Leibe, den es als stark riechenden, bräunlichen Schaum aus einem Paar Atemöffnungen auf beiden Seiten der Brust entläßt. Produziert wird die abschreckende Flüssigkeit in einem dafür spezialisierten Drüsengewebe. Damit sich die Riechstoffe leichter verbreiten, verwandelt die Heuschrecke das Sekret mit Luft zu Schaum. Das Unglaubliche aber ist: In dem Abschreckstoff fand sich das 2,5 Dichlorphenol, und alles deutet darauf hin, daß das erfinderische Tier das berüchtigte Entlaubungsmittel 2,4 Dichlorphenoxyessigsäure als Ausgangsmaterial für die körpereigene Synthese seiner chemischen Waffe benutzt. Eine vom Menschen zur Unkrautbekämpfung hergestellte Chemikalie als Rohstoff für eine Waffe im Daseinskampf eines Insekts! Einen Beweis für ihre Vermutung sehen die Cornell-Forscher unter anderem darin, daß der Stoff sofort aus dem Schaum verschwindet, wenn die Tiere in ein 2,4-D-freies Gebiet verbracht werden.

Wir müssen jetzt auf unseren ursprünglichen Gedankengang zurückkommen, nach dem alles Lebendige, wenn es überleben will, im Einklang mit seiner Umwelt stehen muß und daß erfolgreiche Lebewesen diesen Einklang durch Anpassung herbeiführen.

Das erscheint so lange problemlos, wie die Umwelt sich nicht ändert. Aber nicht immer ist dies der Fall – im Gegenteil, in der Regel wandeln sich die Umweltverhältnisse: Klima, Nahrungsangebot, natürliche Feinde und andere Faktoren ändern sich im Lauf der Zeit. Außerdem wandern viele Tiere aus einem Gebiet aus und geraten in andere Gegenden; Pflanzensamen werden verweht oder von Wasserströmungen transportiert. So gelangen die verschiedensten Organismen über die Grenzen abgeschlossener Biotope hinaus – dorthin, wo andere Lebensbedingungen herrschen. Ein typisches Beispiel für ein Gebiet, in dem zwei Biotope aneinandergrenzen, sind die Brandungszonen der Meere. Hier finden sich sowohl solche Pflanzen und Tiere, die dem Meer noch ganz verhaftet sind, als auch solche, die schon mit dem Landleben liebäugeln – oder umgekehrt. Beispiele dafür sind Wassertiere mit Lungen, Schnecken oder Würmer mit Saugnäpfen als Haftorganen, die ihnen Halt an den Steinen der Uferzonen geben und andere.

Grenzbereiche wie die Brandungszonen sind Gebiete, in denen die Evolution besonders schnell verläuft, weil hier die Lebewesen aktiv oder passiv mit neuen Umwelten konfrontiert werden. Der Selektionsdruck in diesen Gebieten ist groß. Auch die Ränder der Urwälder, die Schnee- und Treibeisgrenzen und die Flußmündungen sind solche Zonen. Die warmen, seichten Küstengewässer sind es gewesen, in denen die Quastenflosserfische Lungen bildeten, um schließlich ans Land zu steigen.

Bleiben wir einen Augenblick bei diesem Beispiel. Der neue, vom Quastenflosser vor 350 Millionen Jahren eroberte Lebensraum war jungfräuliches Land. Aber wie ging die Besiedlung vor sich, wie wurde sie möglich? Die urweltlichen Fische lebten in küstennahen, flachen, stark erwärmbaren Gewässern mit nur geringem Sauerstoffgehalt. Unter diesen Bedingungen hatten Tiere mit zusätzlichen Organen zur Sauerstoff-Versorgung des Körpers einen Auslesevorteil. Beim Quastenflosser entstanden neben den Kiemen die Lungen. So war es ihm möglich, kurze Zeit außerhalb des Wassers zuzubringen. Er benutzte seine muskulösen Flossen als Füße und kroch, halb robbend, halb unbeholfen stelzend, in die Lagunen der Uferzone. Wie aus anatomischen Befunden hervorgeht, sind die Quastenflosserfische auf diese Weise zu den Urvätern der Amphibien und damit der landbewohnenden Wirbeltiere geworden. Auch ihr Beispiel bereichert damit das Tatsachenmaterial, das seit Darwin in so erdrückender Fülle zur Stammesentwicklung des Lebendigen zusammengetragen worden ist. Nicht blinder Zufall ist es gewesen, der die heute lebenden Tier- und Pflanzenarten hervorgebracht hat, sondern ein kausalgesetzlich verstehbares Spiel von Faktoren, unter denen die Auslese der Bestangepaßten den wesentlichsten Anteil gehabt hat.

Als Ergebnis des Kräftespiels von Erbwandel und auslesenden Umwelteinflüssen sind auch die Arten der Lebewesen entstanden. Es ist gar nicht so erstaunlich, daß uns Tiere und Pflanzen auf der Erde nicht in einem wilden Durcheinander von Phantasiegestalten begegnen, sondern in meist gut unterscheidbaren Typen. Auch hier ist eine Gesetzlichkeit am Werk, die seit Anbeginn des Lebens gewirkt und das Gefüge dieses Lebens zusammengehalten hat: der Zwang zur Anpassung an eine der ungezählten Umwelten, der »Biotope«, die auf der Erde zur Verfügung stehen.

Unter einer Art versteht man die Gesamtheit aller Individuen und deren Nachkommen, die in ihren wesentlichsten Merkmalen übereinstimmen. Dafür, daß die Arten sich allmählich herausgebildet und gegen andere abgegrenzt haben, gibt es zahlreiche Gründe. Wenn sich das Klima ändert, wenn irgendwo Wüsten entstehen, wenn Eiszeiten Gletscher-Barrieren errichten, so kann es geschehen, daß bisher zusammenhängende Fortpflanzungsgemeinschaften – Populationen genannt – ihren Zusammenhalt verlieren und auseinanderfallen. Dabei wird auch der Erbanlagenbestand der ursprünglichen Gemeinschaft aufgeteilt. Die Individuen kreuzen sich nicht mehr, nach und nach werden Unterschiede deutlich, die sich mit der Zeit verstärken. Später kommt es zur Rassen-, schließlich zur Artbildung.

Gefördert wird dieses »Auseinanderleben« durch die Unterschiede der Umwelten, in denen die getrennten Populationsteile heimisch werden. Denn die Auslese bevorzugt natürlich solche Merkmale, die unter den neuen Umweltverhältnissen die größten Fortpflanzungschancen haben. Sie vernachlässigt andere, deren Vorteile sich in der alten Umgebung entfaltet hatten.

Von Zweiflern an der Darwinschen Theorie wird gelegentlich vorgebracht, es habe im Lauf der Erdgeschichte viel zuwenig Zeit zur Verfügung gestanden, um all die Millionen Tier- und Pflanzenarten entstehen zu lassen, die die Erde seit den Anfängen des Lebens besiedelt haben und noch heute besiedeln. Der amerikanische Zoologe Ernst Mayr hat jedoch eine Rechnung aufgemacht, die das widerlegt. »Brächte eine Art«, gibt er zu bedenken, »alle drei Millionen Jahre nur vier neue hervor, von denen die Hälfte ... ausstirbt, dann wären nach 50 Millionen Jahren schon 65 000 Arten da, und diese Zahl würde sich alle drei Millionen Jahre verdoppeln ...« Legt man Mayrs Zahlenansatz zugrunde, so stellt sich heraus, daß in der verfügbaren Zeit von rund dreieinhalb Milliarden Jahren noch bei weitem mehr Arten hätten entstehen können, als tatsächlich entstanden sind. Offenbar hat es die Natur nicht sehr eilig gehabt.

Erbwandel durch Mutation und Auslese, Trennung und Isolation von Fortpflanzungsgemeinschaften – das Repertoire der

Evolutionskräfte ist im Lauf der Erdgeschichte immer umfangreicher, immer subtiler geworden. Diese Kräfte haben es letztlich auch möglich gemacht, daß Pflanzen und Tiere bisher ungenutzte Nahrungsquellen erschließen konnten und Klimabedingungen ertragen lernten, die bisher nicht genutzt oder noch nicht gemeistert worden sind. Man spricht dann von neuen ökologischen Nischen, die solche »Pioniere« unter den Erdbewohnern besetzten. Diesen Ausdruck darf man nicht als Ortsbezeichnung mißverstehen, sondern muß ihn im übertragenen Sinne gebrauchen. Wir sprechen ja auch vom »politischen Raum« oder vom »kirchlichen Raum«, ohne dabei an Parteizentralen oder Kirchen zu denken. So auch die ökologischen Nischen, in denen sich Tier- und Pflanzenarten bewähren oder versagen. Der Wohnbereich gehört ebenso dazu wie das Nahrungsangebot und die Feinde, die Temperatur, der Salzgehalt, das Strahlungsklima und manches mehr.

Sehen wir uns auf unserem Planeten um, so finden wir, daß mittlerweile nahezu alle ökologischen Nischen auf, unter und über ihm besetzt worden sind. Dabei ist es erstaunlich zu sehen, welchen barbarischen Bedingungen das Leben auf der Erde noch trotzen kann. Den glühenden Wüstensand hat es sich ebenso erobert wie den Faulschlamm der Tiefsee und die Hochatmosphäre. Kaum ein Platz blieb ausgespart. Als der kanadische Zoologe M. Tynen von der Alberta-Universität das Eis des Cliffe-Gletschers auf der Vancouver-Insel aufpickte, fand er zu seinem Erstaunen Würmer. Die Tiere waren ungefähr zwei Zentimeter lang und gehörten zur Art Mesenchytraeus solifugus. Ihr Blut war farblos, ihre Haut zur besseren Wärmespeicherung schwarz pigmentiert. Tagsüber hielten sie sich 15 bis 30 Zentimeter tief im Eis unter den Abflußgräben des Firnschnees auf, wo sie anscheinend entlang den Grenzen zwischen Eis und Wasser umherkriechen. Nachts kommen sie an die Oberfläche.

Der Umstand, daß es kaum einen Ort auf der Erde mehr gibt, an dem wir nicht auf Lebewesen stoßen würden, deutet darauf hin, daß die Artbildung einen gewissen Sättigungsgrad erreicht hat, zumindest stark verlangsamt ist. Den heutigen Lungenfischen beispielsweise wäre es kaum noch möglich, ähnlich wie die einstigen Quastenflosser im Devon ans Festland zu steigen, denn die ökologischen Nischen der Übergangszone vom Wasser zum Land werden inzwischen von Amphibien besetzt gehalten und verteidigt, während es damals noch gar keine Landwirbeltiere gab.

Nichtsdestoweniger wirkt die Auslese noch immer, und sie setzt nicht nur am Erbgut an, indem sie über Vorteil oder Nachteil von richtungslosen Mutationen entscheidet. Daß ihrem »Urteil« immer wieder neue, erblich verschiedene Individuen zugeführt werden, um neue Anpassungsformen, um Rassen und Arten hervorzubringen, ist nur eine der Möglichkeiten. Es könnten, so jedenfalls meint der englische Zoologe Alister Hardy, auch gewisse Verhaltensweisen die Rolle der Mutationen übernehmen. Ein Beispiel: Wenn durch eine Änderung des Nahrungsangebots unter Vögeln bei den Betroffenen die Gewohnheit entsteht, statt bevorzugt *auf* der Baumrinde *unter* dieser nach Insekten zu suchen, so bekommen diejenigen Tiere einen Auslesevorteil, denen im nachhinein eine zufällige Mutation eine zum Aufpicken der Borke besser geeignete Schnabelform beschert. Der primäre Auslöser für den Evolutionsschritt zum spitzeren Schnabel wäre in diesem Fall nicht die zufällige Mutation, sondern eine Verhaltensweise gewesen; eine Gewohnheit hätte ihn eingeleitet.

Wendet man Hardys Hypothese auf den Menschen an, so ergibt sich ein interessanter Hinweis auf die rasche Entwicklung des Großhirns im Lauf der letzten zwei bis drei Millionen Jahre. Es läßt sich nämlich folgern, daß auch die Neugier ein starker stammesgeschichtlicher Impuls für die Großhirnentwicklung gewesen sein muß. Der auf seinen Denkapparat, ja vielleicht schon früh auf seine Phantasie angewiesene Urmensch wird zunehmend regen Gebrauch von diesen Gaben gemacht haben. Er wird – halb spielerisch noch, halb der Not gehorchend – allerlei Gewohnheiten, Sitten und Unsitten, kurz, die verschiedensten Verhaltensweisen in der Steppe durchprobiert haben, um sie zu verwerfen, wenn sie ihm Nachteile brachten, oder beizubehalten, wenn sie sich bewährten. Kam es später zu einer passenden Erbänderung, so brauchte die Umwelt nicht mehr als selektierende Kraft einzugreifen. Das neue Erbmerkmal fixierte nur noch das schon bestehende Verhalten und konnte sich entsprechend rasch unter den Nachkommen ausbreiten.

So kam es, daß im Lauf der Jahrtausende auch von dieser Seite her immer wieder diejenigen mit besseren Fortpflanzungschancen belohnt wurden, die besonders neugierig, umsichtig, wißbegierig, phantasievoll, aufgeschlossen und probierfreudig waren. Und da es sich bewährt hatte, die Natur durch List und Geschick zu beherrschen, gedieh unter den Menschen zunehmend jene Eigenschaft, die wir als »erfinderischen Genius« zu preisen uns angewöhnt haben. Und im selben Maße, wie der technisch-tüftlerische Geist Erfolg hatte, entfernte sich das Großhirn von seiner ursprünglichen Zweckbestimmung, über die Sinnesorgane Umweltreize aufzunehmen, zu verarbeiten und zu beantworten.

Tatsächlich haben wir uns seither zum pfiffigsten, zum erfinderischsten Lebewesen auf der Erde entwickelt. Immer besser haben wir es verstanden, unsere Überlebenschancen mit Hilfe unserer Wissenschaft und Technik zu erhöhen und unsere Umwelt umzugestalten, um uns dann eiligst mit den neugeschaffenen Verhältnissen zu arrangieren. Das ging lange Zeit gut. Bis in die Gegenwart hinein konnten wir auf unsere Werke stolz sein, die uns halfen, die Natur zu unterwerfen. Jetzt freilich hat unser Treiben ein Ausmaß erreicht, das erschrecken läßt. Wir sind in die Lage von Goethes Zauberlehrling geraten, der die Geister nicht mehr los wird, die er rief.

Viel eher hätten wir begreifen sollen, daß alles, was auf der Erde lebt, sich mit seiner Umwelt auseinandersetzen und mit ihr auskommen muß, wenn es überleben will. Daran mag sich auch der Mensch gehalten haben, solange er sich als ein in die Natur integriertes Wesen verstand, und solange sein Drang, die Umwelt zu beeinflussen, noch vergleichsweise gezügelt blieb. Als die stürmische Entwicklung seines Großhirns außer der biologischen auch die kulturelle und die intellektuelle Evolution möglich machte, begann etwas, das im gesamten Bereich des Lebendigen seinesgleichen sucht: Der Homo sapiens fing an, die Erde zu verändern. Er schuf sich eine Umwelt, wie er sie wollte, wie er sie zu benötigen meinte. Er lernte, seine Behausungen mit Holz, Kohle und Öl zu heizen und trotzte der Kälte, die seine Vorfahren dahingerafft hatte. Es gelang ihm, Naturkräfte zu mobilisieren, die seine körpereigenen weit übertrafen, und er tat mit ihnen derselben Natur bedenkenlos Gewalt an, die ihm diese Kräfte geschenkt hatte. Er staute und verlegte Flußläufe, entwässerte Moore, bewegte riesige Erdmassen, rodete Wälder, rottete Tiere und Pflanzen aus und ist heute dabei, das Wetter künstlich zu steuern. Er baute Wolkenkratzer, in denen sich kein Fenster mehr öffnen läßt und die so hoch sind, daß es beim Portier manchmal regnet, während in den obersten Stockwerken die Sonne scheint.

Immer massiver haben wir Menschen in das Lebensgefüge und die Anatomie unseres Heimatplaneten eingegriffen. Aber damit nicht genug. Seit ungefähr 120 Jahren – einer lächerlich kurzen Zeit angesichts der Äonen, die die Stammesgeschichte des Lebendigen brauchte – wissen wir auch zunehmend besser Bescheid über die Lebensgesetze. Wir kennen die Stoffe, die die materielle Basis des Lebens bilden, die es erhalten und zerstören können. Wir wissen um die Vorgänge im Innern der Zelle, um den Stoffwechsel, das Wachstum, die Vermehrung. Und doch benehmen wir uns auf eine Weise, die all diesem Wissen Hohn spricht. Die Umweltzerstörung ist nur ein Beispiel dafür, wenn auch das furchtbarste von allen. Anderes muß zumindest nachdenklich machen. So haben unsere Großhirne einen Moralkodex entwickelt, der zwar ein humanes Miteinander der Menschen möglich macht, dafür aber einen hohen Preis fordert. Dieser Preis sind die Auswirkungen unserer Entschärfungspraxis gegenüber den harten Naturgesetzen, die für Entstehung und Bestand des Lebens auf der Erde gesorgt und für die wir auch noch keinen humanen Ersatz gefunden haben. Je deutlicher uns bewußt wird, was wir mit einer dem Menschen gemäßen Moral auf der anderen Seite der Medaille anrichten, um so dringender wird sich die Frage nach einer Überprüfung der Moralprinzipien dort stellen, wo sie einem menschenwürdigen Leben und Überleben des Menschen auf die Dauer entgegenstehen.

Eines der dramatischsten Beispiele dafür ist der groteske Bevölkerungszuwachs, den wir uns leisten. Mit einer Vermehrungsrate von 200000 Menschen täglich erfüllen wir zwar die erste Voraussetzung der Evolution – nämlich die Überproduktion von Nachkommen, aber wir sorgen nicht mehr für das unerläßliche Gegengewicht. Der Todeskontrolle, die wir immer perfekter praktizieren, entspricht keine wirksame Form der Geburtenkontrolle mehr – von der natürlichen Auslese zu schweigen. Als der Homo sapiens vor annähernd sieben Jahrtausenden von der mehr aneignenden zur produzierenden Lebensweise überging, dürfte die Zahl der Menschen etwa 15 bis 20 Millionen betragen haben. Fünf Jahrtausende später, zur Zeit Christi, soll sie nach einer Schätzung auf rund 250 Millionen angestiegen gewesen sein. In den folgenden Jahrtausenden kletterte die Zahl nur langsam weiter, weil der Tod durch Seuchen, Kriege, Naturkatastrophen und Hungersnöte immer wieder reiche Ernte hielt. Mehr und mehr aber wendete sich das Blatt. Im selben Maße, wie es dem Großhirn gelang, die dezimierenden Einflüsse, den »Vernichtungsdruck«, der Umwelt zu erkennen und Wege zu finden, ihm zu entgehen, wuchs mit der Zahl der Überlebenden auch die Menschenzahl insgesamt.

Stellt man den Bevölkerungszuwachs graphisch als Funktion der Zeit dar, so steigt die Kurve über viele Jahrtausende nur ganz allmählich an. Erst seit etwa hundert Jahren schnellt sie auf gespenstische Weise steil in die Höhe. Um das Jahr 1850 dürfte die Milliardengrenze erreicht gewesen sein, siebzig Jahre später lebten schon zwei Milliarden Menschen auf der Erde. Dann verkürzten sich die Zeitspannen für die Verdoppelung immer mehr. Gegenwärtig leben etwa vier Milliarden Menschen auf der Erde, und alles spricht dafür, daß diese Zahl sich nach rund dreißig Jahren nochmals verdoppelt haben wird.

Das heißt: Wenn der jetzige Zuwachs von täglich 200000 Menschen (Geburten abzüglich Sterbefälle) weiter progressiv anhält (im Jahr 1963 rechnete man noch mit einem Tageszuwachs von 140000), dann haben wir um die Jahrtausendwende mindestens siebeneinhalb Milliarden Menschen um uns.

Gelegentlich wird behauptet, Kriege wären ein erbarmungsloses, aber fühlbares Regulativ für die Bevölkerungszahlen. Tatsächlich bewirken Kriege jedoch nicht nur eine negative Auslese, indem sie gerade die Besten dahinraffen, sondern sie sind auch bevölkerungsstatistisch nur ein Tropfen auf den heißen Stein. So starben während des Zweiten Weltkrieges rund 32 Millionen Soldaten und etwa 20 Millionen Zivilpersonen – insgesamt etwa 52 Millionen Menschen. Im selben Zeitraum nahm die Menschheit jedoch um 150 Millionen zu – das Dreifache der Kriegstotenzahl.

Das Brisante am Bevölkerungsproblem ist die Progression des Zuwachses. Denn je größer die Bevölkerungszahl ist, desto geringer werden die Aussichten, die Vermehrungsrate noch mit humanen, das heißt, der menschlichen Ethik und Moral entsprechenden Mitteln unter Kontrolle zu bringen oder gar rückläufig zu machen. Auch ein rollender Schneeball, der zur Lawine wird, ist um so weniger aufzuhalten, je größer sein Umfang schon ist. Es gibt das unheimliche Beispiel von der Wasserlilie, die sich auf dem Wasser eines Sees mit jedem Tag um den gleichen Umfang weiter ausbreitet, den sie gerade einnimmt, und die noch am Abend vor der letzten Verdoppelung, vor der völligen Bedeckung des Wassers, eine beruhigende Hälfte des Sees freiläßt. Das

Lilienbeispiel zeigt einen bedrückenden, aus der menschlichen Natur freilich verständlichen Sachverhalt. Es ist der Umstand, daß die Katastrophe sich lange Zeit unerkannt vorbereiten kann, um dann mit schrecklicher Plötzlichkeit über uns hereinzubrechen. Offenbar sind wir außerstande, uns langfristig klug zu verhalten.

Es ist auch ein trügerischer Schluß anzunehmen, man brauche etwa in den Entwicklungsländern nur so lange zu warten, bis der Lebensstandard durch geeignete Wirtschaftshilfe genügend angehoben worden sei, um alsbald die Senkung der Geburtenziffern wie eine reife Frucht zu ernten, ohne daß es erst zu Massensterben durch Hunger und Seuchen kommen müßte. Im Gegenteil. Der Fischer-Weltalmanach 1974 weist am Beispiel von zehn Entwicklungsländern nach, daß dort mit dem Bruttosozialprodukt auch der jährliche Geburtenüberschuß steigt. In Sierra Leone (BSP je Einwohner 157 Dollar) beträgt der Überschuß beispielsweise 1,6 Prozent, im Iran (BSP 392 Dollar) liegt er bei 3,0 Prozent und in Kuweit (BSP 4850 Dollar) erreicht er bereits 9,8 Prozent. So gilt leider noch immer, was der schottische Geistliche Thomas Malthus am Anfang des vorigen Jahrhunderts mit brutaler Deutlichkeit gesagt hat: »Ein Mensch, der in einem bereits übervölkerten Land geboren wird, ist überflüssig in der Gesellschaft. Es gibt für ihn kein Gedeck am großen Gastmahl der Natur.«

Mit der Einschränkung, ja teilweisen Aufhebung der natürlichen Auslese bei gleichzeitiger Überproduktion von Nachkommen greift der Mensch nach dem ersten Evolutionsfaktor, der das Leben auf der Erde im Gleichgewicht mit seiner Umwelt hält. Getreu seinen ethischen Grundsätzen und im einsamen Gegensatz zu allen Tier- und Pflanzenarten – von den Zucht- und Kulturformen in der Obhut des Menschen abgesehen – erreichen heute Millionen von Menschen das fortpflanzungsfähige Alter, die ihrer unterlegenen erblichen Ausstattung wegen unter Wildbahnbedingungen unweigerlich einem frühen Tode preis-

mehr möglich. Wir hätten uns als integrierte Bestandteile der Natur aufzuführen und vor allem mehr Selbstbeherrschung zu üben. Das schlösse Bescheidung im weitesten Sinn ein, vor allem Konsumbeschränkung. In öffentlichen Diskussionen fällt oft das Wort vom einfachen Leben, zu dem wir zurückkehren sollten, einerseits, um der »Seelenlosigkeit« unserer technisierten Welt zu begegnen, aber auch, um die schwindenden »Bordvorräte des Raumschiffs Erde« zu schonen. Solcher Rat entbehrt für viele seltsamerweise des Realismus, ebensowenig nützlich aber scheint eine Geisteshaltung, wie sie vor nicht langer Zeit ein angesehener Wissenschaftler in einem Vortrag geäußert hat. Er sagte, für die Rückkehr zum einfachen Leben gebe es drei Milliarden Menschen zuviel auf der Erde. Dann fuhr er fort, es sei unvorstellbar, an die Stelle einer biologischen Technologie wieder die Medizinmänner und die Regenmacher treten zu lassen und an die Stelle einer physikalischen Technologie Wieland den Schmied.

Das scheint mir eine Schwarz-Weiß-Methode des Argumentierens. Wenn heute vom einfachen oder besser: vom einfach*eren* Leben die Rede ist, dann wird nur gefragt, ob wir unsere Ansprüche an dieses Leben nicht ein bißchen zurückschrauben müßten. Man kann nicht das buchstäblich einzige Rezept für ein menschenwürdiges Überleben der nächsten Generationen – nämlich das der Bescheidung und Beschränkung – damit ad absurdum führen wollen, daß man das Gespenst des Höhlenzeitalters an die Wand malt. Zwischen unserer Ideologie der Chromleisten an den Autos und Wieland dem Schmied gibt es noch genügend Zwischenformen des Lebens, die vielen unter uns auch gesundheitlich gut bekämen. Auch dies freilich werden nur Worte bleiben, denen keine Nutzanwendung folgt. Zu tief verstrickt sind wir schon in unsere technische Welt, zu sehr sind wir von ihr abhängig wie der Süchtige von seinem »Stoff«. Wir haben den Instinkt dafür verloren, was unserem Überleben auf lange Sicht wirklich dient: die Einsicht, daß nicht der Manager recht hat, der die meisten Geschäftsabschlüsse in einer bestimmten Zeiteinheit zustande bringt, sondern der marokkanische Straßenhändler, der sich zum Schlaf in den Schatten legt, nachdem er verdient hat, was er für den Tag braucht.

Wäre unser Verhältnis zur Natur nur gestört, hätten wir es hier nur mit einem gewissermaßen passiven Zug unseres Wesens zu tun, dann wäre alles halb so schlimm. Tatsächlich verhalten wir uns aber nicht so harmlos. Ein Beispiel für viele sind die Maßnahmen, die wir gegen die sogenannten Schädlinge unserer Nutzpflanzen ergreifen. Tiere, die sich von den Nahrungspflanzen des Menschen ernähren, bekämpfen wir mit allen Mitteln, einschließlich tieffliegender Spezialflugzeuge, und wir tun dies nur teilweise der Not gehorchend; zum anderen Teil tun wir es aus Gewinnsucht ohne Rücksicht auf den Flurschaden, den wir dabei anrichten.

Werfen wir einen Blick zurück. Es fing damit an, daß die Menschen dazu übergingen, sich ihre Nahrung auf andere Weise zu beschaffen als durch Sammeln und Jagen. Landbau wurde betrieben, und die Landbaumethoden wurden intensiviert. Das führte zum Reinanbau, zur Zucht gleichartiger Nutzpflanzen auf großen Ackerflächen. Weil aber die Natur zur Erhaltung lebensfähiger Arten den Konkurrenzkampf braucht, und weil dementsprechend auch jede Tier- und Pflanzenart ihre natürlichen Widersacher hat, so trat etwas ganz Normales ein: Mit den großen Monokulturen deckten die Menschen jenen kleinen und großen Tieren oder Pilzen den Tisch, die sich von ebenjenen Nutzpflanzen ernähren.

Um gute Ernten einzubringen, galt es also, nicht nur die Anbaumethoden zu verbessern, sondern auch die sogenannten Schädlinge in Schach zu halten. Das geschah früher auf weniger wirksame Art durch Mittel wie dem aus Chrysanthemenblüten gewonnenen Pyrethrum, dem ebenfalls pflanzlichen Produkt Rotenon, dem sogenannten Schweinfurter Grün und ähnlichem. Später, mit wachsenden Profitchancen und wachsendem

Profitdenken, gewannen wirksamere Verfahren an Boden. Auf dem Bauernhof zog die Chemie ein. Dank der Entdeckung hochaktiver Schädlingsgifte entstand der chemische Pflanzenschutz, der den Bauern und Gärtnern viel Arbeit und Ärger erspart, der sich aber auch als zweischneidige Waffe im Kampf um das tägliche Brot erwiesen hat.

Um was es hier geht, ist nichts anderes, als daß wir mit dem massiven Einsatz chemischer Insektengifte und Unkrautvertilgungsmittel ziemlich nachhaltig in das biologische Gleichgewicht eingreifen. Nun kann man freilich einwenden, dieses Gleichgewicht sei ja schon vorher durch das massenweise Auftreten der Schädlinge gestört gewesen. Nicht der die Giftspritze schwenkende Mensch sei also der Übeltäter, sondern angefangen hätten die bösen Schädlinge, indem sie sich massenhaft vermehrten, und der Mensch stelle das Gleichgewicht schließlich nur wieder her. Wer so argumentiert, vergißt, daß die »erste Störung« der vom Menschen – wenn auch aus triftigen Gründen durchgeführte – massenhafte Anbau gleichartiger Pflanzen war. Ja, man muß sogar noch weiter gehen und auf die starke Vermehrung des Menschen selbst verweisen. Wer also »angefangen« hat, das biologische Gleichgewicht zu stören, mag strittig sein, die sogenannten Schädlinge sind es sicher nicht gewesen.

Oder ist das »biologische Gleichgewicht« nur ein leerer Begriff? Ein Beispiel: Von den Hummeln ist bekannt, daß sie den Rotklee bestäuben, eine für die Ernährung der Rinder wichtige Pflanze. Damit der Rotklee im Jahr nach seiner Aussaat gut gedeiht, muß seine Bestäubung ausgiebig sein, nur dann kann der Klee reichlich Samen bilden. Für die Bestäubung des Rotklees mit seinen tiefen Blütenkelchen sind die langzüngigen Hummeln wie geschaffen. Nun nisten aber die Hummeln am Boden, wo ihre Honigtöpfe – wenn die Königinnen abwesend sind – eine leichte Beute der Feldmäuse werden. Viele Mäuse sind also der Hummeln Tod. Die Katzen wiederum, die den Mäusen nachstellen, sind die Freundinnen der Hummeln. So hängt es zusammen, daß dort, wo viele Katzen sind, auch Rotklee auf dem Felde gut gedeiht.

Oder: Vor einigen Jahren starben auf der Insel Borneo nach einer massiven Malaria-Bekämpfungsaktion die Eidechsen und die Geckonen, weil ihre Nahrungstiere, die Fliegen und Mücken, von den DDT-Wolken vernichtet worden waren. Danach verendeten zahlreiche Katzen, die ihrerseits auf Eidechsen und Geckonen Jagd machen. Anschließend begann eine Rattenplage. Von den Eingeborenen alarmiert, mußte die Weltgesundheitsbehörde schließlich Katzen in größerer Zahl an Fallschirmen über dem betroffenen Gebiet absetzen, um das natürliche Gleichgewicht wiederherzustellen.

»Die Schädlingsbekämpfung durch Gifte«, fand der Verhaltensforscher und Nobelpreisträger Konrad Lorenz, »kann unter Umständen für den Schädling von Nutzen sein, weil sie auf die Dauer nicht ihn, sondern seine Feinde vernichtet. Die Tiere, die den Menschen unmittelbar schädigen können, sind nahezu ausnahmslos solche, die zu einer besonders raschen Vermehrung befähigt sind, seien es nun die lästigen Stechmücken oder die Schädlinge des Ackerbaues. Viele unter ihnen, wie eben die Mücken und andere Insekten, haben außerdem die Fähigkeit, Lebensräume, in denen sie ganz oder teilweise ausgerottet wurden, erstaunlich rasch wieder zu besiedeln. Als man vor längerer Zeit den Versuch unternahm, der Mückenplage dadurch Herr zu werden, daß man die Tümpel mit Petroleum übergoß, in denen die Larven heranwuchsen, ereignete sich folgendes: Der rohe Eingriff tötete, wie zu erwarten, nicht nur die Mückenlarven, sondern auch alle anderen in jenen Gewässern vorkommenden Wassertiere, die ihrerseits von Mückenlarven leben, darunter Wasserwanzen, Wasserkäfer, Molche und Kleinfische. Im nächsten Jahr gab es eine Mückenplage wie nie zuvor. Man könnte sich tatsächlich keine wirksamere Methode zur Massenzucht von Stechmücken ausdenken.«

Soweit Konrad Lorenz. Und wie in seinem Beispiel die kürzere Generationenfolge der Insekten gegenüber der längeren ihrer natürlichen Feinde zum positiven Auslesefaktor wird, so gibt es ungezählte ähnliche Verflechtungen. Sie alle zeigen, daß Pflanzen und Tiere kein isoliertes Dasein führen, sondern Lebensgemeinschaften bilden, in denen normalerweise ein Gleichgewicht herrscht oder besser: ein Kräftespiel um einen Gleichgewichtszustand herum. Jede Pflanze, jedes Tier in einer solchen Gemeinschaft ist wie der Knoten in einem Netz. Das Netz verliert seinen Zusammenhalt, wenn die Knoten beschädigt werden.

Natürlich tröstet das alles nicht den Gemüsebauern, der auf Bohnen und Spinat spezialisiert ist und dessen Felder kurz vor der Ernte von einem starken Rübenfliegenbefall heimgesucht werden. Für diesen Mann kann es zur Existenzfrage werden, wenn er nicht augenblicklich zur Insektizid-Spritze greift. Andererseits ist dies ein wirtschaftliches Problem, das unseren Anspruch auf die Krone der Schöpfung sowenig begründen kann wie die Tatsache, daß wir mittlerweile weit über tausend teils hochgiftige sogenannte Schädlingsbekämpfungsmittel haben. Und da nicht nur der erwähnte Gemüsebauer in seiner Not zur Spritze greift, sondern so ziemlich alle Landwirte dies tun, und es durchaus nicht nur tun, wenn es wirklich unvermeidbar ist, erhebt sich die Frage, ob wir unser Überleben auf der Erde mit einer dauernden Begiftung unseres Lebensraumes erkaufen müssen, und wie lange wir es auf diese Weise noch erkaufen können.

Alle chemischen Bekämpfungsmittel begünstigen obendrein die Resistenzentwicklung unter den Schädlingen. Ähnlich den Antibiotika wirken die Präparate wie Filter: Sie vernichten zwar zunächst die meisten Schädlinge, gegen die sie eingesetzt werden, lassen aber einige überleben, die wegen einer Erbeigenschaft zufällig gegen das Gift widerstandsfähig waren. Diese Überlebenden werden später zu den Stammeltern neuer giftharter Rassen, denen das Mittel nichts mehr anhaben kann.

Der schwerste Vorwurf, der zumindest einen Teil der Pflanzenschutzmittel trifft, ist der, daß sie auch Krebs auslösen können. Als Ergebnis eines ersten Tests auf erbändernde Eigenschaften hat das deutsche Zentrallaboratorium für Mutagenitätsprüfung in Freiburg im Breisgau im Jahre 1973 eine Reihe solcher Mittel dingfest gemacht. Unter ihnen sind das Dichlorvos, das Bidrin, es gehören dazu die Unkrautvertilgungsmittel MCPB und MCPA, das Captan, das DDT und andere. Man muß sich darum nicht wundern, wenn weitsichtige Leute seit langem statt der chemischen Verfahren eine Verbesserung der biologischen Methoden des Pflanzenschutzes fordern. Dazu gehört die Zucht natürlicher Feinde der Schädlinge ebenso wie ein standortgerechter Anbau, eine vernünftige Bodenpflege, ein sinnvoller Fruchtwechsel und die Entwicklung schädlingsharter Pflanzensorten.

Indes, wir werden auch damit zu spät kommen.

Die menschliche Vermehrungsrate läßt nur eine vordergründig »erfolgreiche« intensive Landwirtschaft zu. Wer ein wenig Phantasie hat, der sollte gerade über dieses Problem einmal im Hinblick auf das Gleichgewicht in der Natur nachdenken. Was eigentlich berechtigt uns, die Erde als ausgerechnet für den Homo sapiens reserviert zu betrachten? Wie können wir uns wegen ein paar Gramm zusätzlicher Großhirnmasse als eine Art von Aufsichtspersonal der Schöpfung dünken, dem sich alles zu unterwerfen hat, was kreucht und fleucht? Sind wir besonders nützliche Nützlinge, denen es erlaubt ist, sich hemmungslos zu vermehren und die übrigen Lebewesen nach ihrem Nutzen oder Schaden für uns als »gut« oder »böse« einzustufen? Verhalten wir uns nicht kurzsichtiger als viele Tiere, die ihre Individuenzahlen den vorhandenen Lebensmöglichkeiten anpassen?

Wir überziehen die Erde mit unseren Leibern wie eine Riesen-Reinkultur von Kohlrüben den Acker. Wie lange noch werden wir diesen Reinanbau menschlicher Leiber treiben, welche Schädlinge des Menschen werden unseren Gegenmaßnahmen eines Tages trotzen? Was wird geschehen, wenn die Waffen, die uns die Medizin heute noch gegen die Infektionsgefahren liefert, stumpf werden oder wenn sie – etwa durch Rohstoffmangel – nicht mehr ausreichend und preiswert produziert werden können? Wir werden dann erleben, daß die Natur das Gleichgewicht unter den Lebewesen des Planeten Erde auf eine Weise wiederherstellt, die uns alles andere als lieb sein wird – ein Gleichgewicht, das wir so selbstverständlich aus der Balance gebracht haben.

Es muß hier – natürlich – auch von der Bombe gesprochen werden. Zwar wird niemand behaupten wollen, die Entdeckung der Kernspaltung als dem ersten Schritt auf dem Weg zur Atombombe wäre eine »instinktlose Handlung« gewesen. Denn es war ja nichts als Wissensdurst, als wissenschaftliche Neugier, die Otto Hahn im Dezember 1938 bewogen hatte, in einer vergleichsweise primitiven Versuchsanordnung Neutronen auf Urankerne zu schießen, die Urankerne zu spalten und dabei Kräfte freizusetzen, die alles damals Vorstellbare übertrafen. Den Wissenschaftler für etwas anzuklagen, das er herausfand, das sich in der Folge als potentiell verhängnisvoll für ihn und seine Mitmenschen erweist, ist müßig. Es nützt uns auch nichts mehr, darüber zu klagen, daß die Wißbegier in uns überhand genommen hat, seit wir damit angefangen haben, uns die Natur untertan zu machen.

Andererseits ist der Gedanke an den gezielten Beschuß eines Urankerns mittels Neutronen die Idee eines Großhirns gewesen. Wie immer wir uns drehen und wenden, wir kommen nicht um den Sachverhalt herum: Es war ein menschliches Organ, dem die Entdeckung von Naturkräften gelang, deren Entfesselung zum erstenmal und überfallartig die Menschheit als Ganzes tötbar machte. Ein menschliches Organ als Lieferant des Rezeptes für eine Tötungsmaschinerie für eine irdische Spezies, die erst durch dasselbe Organ zu dieser Spezies geworden war ...

Was ändert daran der Umstand, daß Otto Hahn und seine

Freunde den Plan gehabt haben sollen, alles Uran ins Meer zu versenken? Das Uran wurde nicht versenkt und hätte auch gar nicht versenkt werden können. Und was macht es aus, daß Otto Hahn sich das Leben nehmen wollte? Wenn er es getan hätte, so hätte dies auch nichts geändert, nichts vor allem daran, daß sieben Jahre später die erste Atombombe auf Hiroshima fiel und 78 000 Menschen tötete.

Seit jenem Tag aber lebt nicht der eine oder andere von uns, nicht das eine oder andere Volk, sondern lebt die ganze Menschheit als Kollektiv unter der Drohung der Bombe. Otto Hahn ist nur der zufällige Vollstrecker gewesen, der quasi bedauernswerte Ausersehene, der den letzten Anstoß zu der Entdeckung gab. Diese Entdeckung ist im Jahre 1938 reif gewesen. Sie war vorbereitet durch die Arbeiten von Bohr, Frisch, Fermi, Curie und anderen. Wäre es nicht Otto Hahn gewesen, so hätte ein anderes Großhirn die Exekutive übernommen und dafür gesorgt, daß der unscheinbare Experimentiertisch für den Neutronen-Beschuß hergerichtet wurde. Das Großhirn, das »Meistergewebe des menschlichen Körpers«, ist bei der Entdeckung der Kernkraft das Substrat gewesen, in dessen Windungen die potentielle Menschheitsvernichtung heranreifte. Für uns und alle nach uns Kommenden hat diese Situation etwas beklemmend Auswegloses. Denn seit Hiroshima ist es nicht mehr die Welt unserer Väter, in der wir leben. Und daß die Bombe die Menschheit noch nicht ausgelöscht oder fühlbar dezimiert hat, ändert nichts daran, daß ihre Drohung fortan über uns hängen wird: nicht rückgängig zu machen und nicht zu verharmlosen.

Um nichts anderes geht es bei den biologischen und chemischen Waffen. Zwei Umstände machen das deutlich: Einmal die Tatsache, daß chemische und biologische Kampfstoffe ohne großen apparativen Aufwand praktisch in jedem »Waschküchenlabor« herzustellen sind und der Ausspruch des englischen Soziologen Professor Backett aus Aberdeen zutrifft: »Es ist heute jedem, der wirklich dazu entschlossen ist, möglich, die

Menschheit zu vernichten ... Diese Waffen sind im allgemeinen Besitz, und beide Seiten können sie in einem künftigen Konflikt herstellen und verwenden.«

Der zweite Umstand ist die Gefährlichkeit der B- und C-Waffen. Von der Form »A« des in sechs Varianten vorkommenden Botulinus-Toxins, einem Stoffwechsel-Produkt des Bakteriums Clostridium botulinum, würden 0,12 Mikrogramm ausreichen, um einen Menschen zu töten (ein Mikrogramm ist der millionste Teil eines Gramms). Zwei Fingerhüte voll würden genügen, die Bevölkerung halb Europas umzubringen, und weniger als ein Pfund, um die ganze Erdbevölkerung zu vergiften. Hinzu kommt, daß Schutzmaßnahmen gegen einen Angriff mit biologischen Waffen nur in begrenztem Umfang denkbar sind, weil der eingesetzte Erreger kaum im voraus bekannt sein würde und Massenimpfungen wegen der erforderlichen Wartezeit bis zum Eintritt des Impfschutzes nicht mehr helfen dürften. Selbst atomsichere Gebäude würden gegen Wolken von womöglich durch Züchtung noch virulenter, noch giftiger gemachter Erreger kaum schützen.

Fazit: Einem Angriff mit biologischen Waffen, wenn er unter meteorologisch günstigen Bedingungen für den Angreifer erfolgte, wären große Bevölkerungsteile hilflos ausgeliefert. Ähnlich wie bei den Kernwaffen haben wir es mit einem Massenvernichtungsmittel zu tun, dessen Entwicklung, Lagerung und Anwendung nach der Genfer Konvention von 1972 zwar verboten worden sind, das aber jederzeit wieder aus der Schublade hervorgeholt werden kann und für das es auch an geeigneten Zubringersystemen in Form von Spezialraketen nicht fehlt: eine Ausgeburt menschlichen Geistes zu dem Zweck, Menschen gegebenenfalls massenweise zu töten.

Wenn in diesem Kapitel von instinktlosen Handlungen die Rede ist, so gehören dazu auch alle jene Aktivitäten, mit denen der Mensch seinen eigenen Lebensraum einschränkt und seine Lebensgrundlagen schmälert. Das reicht von der fortschreitenden Überbauung, der Versiegelung natürlich gewachsener Landschaften über die Umweltverschmutzung, die Produktion chemisch fragwürdiger Stoffe bis hin zu den Risiken der Kernkraftwerke, deren Betreiber gerade jetzt, da die klassischen Energieträger zur Neige gehen und das Erdöl zur politischen Waffe geworden ist, mit einer beschleunigten Abwicklung der Genehmigungsverfahren rechnen können.

Permanentes Problem der Kernkraftwerke ist neben dem Strahlenrisiko die Wärmeabgabe an die zu Kühlzwecken benutzten Flüsse. Sie liegt bei den Kernkraftwerken deutlich höher als bei herkömmlichen Kraftwerken mit vergleichbarer Leistung, und sie wird sich um so spürbarer auswirken, je mehr und je wärmeres Kühlwasser in die Flüsse zurückgeleitet wird, je niedriger der Flußwasserstand ist und je kürzer die Stromabschnitte zwischen den einzelnen Werken sind.

Flüsse lassen sich jedoch nur begrenzt thermisch belasten, wenn man nicht neue Probleme heraufbeschwören will. Ein Beispiel aus der Bundesrepublik Deutschland: Falls bis zum Jahre 2000, wie geplant, 70 bis 100 Kernkraftwerke mit Leistungen von jeweils 250 bis 600 Megawatt allein im Einzugsgebiet des Rheins gebaut werden sollten, würde damit die Kühlkapazität des Rheins weit überschritten. Nach einer Sachverständigenaussage würde der Rhein zwischen Konstanz und der niederländischen Grenze höchstens zur Kühlung von Kernkraftwerken mit insgesamt 20000 Megawatt Leistung ausreichen, was etwa 20 Großkraftwerken entspräche. Für den geplanten Zuwachs an Kernkraftwerkskapazität in der Bundesrepublik würden demnach in den siebziger Jahren vergleichsweise zwei, bis gegen Ende der achtziger Jahre insgesamt sechs Rheinströme notwendig sein. Da diese Ströme nicht zur Verfügung stehen, wird man weitgehend auf Kühltürme ausweichen müssen, deren Betrieb wiederum einen erheblichen Kostenfaktor darstellt und die außerdem – beispielsweise durch Nebelbildung in der kalten Jahreszeit – ein klimatologisches Problem zu werden drohen.

Über die Folgen der thermischen Pollution herrscht noch viel Unklarheit. Insbesondere dann, wenn ein solcher Fluß wenig Wasser führt, ist mit Nebelbildung im Winter zu rechnen. Ein beständig dampfendes Wasser würde gleichermaßen für die Ufergemeinden wie auch für den Straßenverkehr kaum tragbar sein. Nachteilig würde sich hocherwärmtes Wasser auch auf die Lebewesen in ihm auswirken. Nach der RGT-Regel, die besagt, daß die chemische Reaktionsgeschwindigkeit sich mit steigender Temperatur erhöht, muß erwartet werden, daß bei einer Erhöhung um zehn Grad Celsius chemische und biologische Prozesse etwa doppelt so schnell ablaufen. In jedem Fall muß die Erwärmung im Zusammenhang mit der vorgegebenen Überdüngung – der Eutrophierung – vieler Flüsse und ihrer Belastung mit Schmutz- und Schadstoffen gesehen werden.

Eine erste, wenn auch noch unvollständige Untersuchung der biologischen Erwärmungsfolgen hat der deutsche Wasserfachmann Professor Karl Höll durchgeführt. Er weist darauf hin, daß die Wassertemperatur in den Kühlaggregaten der Kernkraftwerke auf 38 Grad Celsius beziffert wird, eine Temperatur, die das Optimum für die Entwicklung bestimmter krankheitserregender Bakterien darstellt, darunter Salmonellen, Typhusbakterien und Ruhrbazillen. Diese, warnt Höll, könnten sich massenhaft vermehren. Die Bakterienfresser dagegen, Einzeller wie Rotatorien und Wimperntierchen, gingen bei den hohen Temperaturen zugrunde. Außerdem würde der Sauerstoffgehalt in den angewärmten Flüssen erheblich zurückgehen, weil die Sauerstofflöslichkeit im warmen Wasser aus physikalischen Gründen geringer ist und weil eine größere Zahl von Mikroben auch mehr Sauerstoff verbraucht. Damit wäre zugleich die Selbstreinigungskraft des Flusses weiter geschwächt.

Der Einwand, daß auch tropische Flüsse schadlos hohe Temperaturen vertragen, überzeuge deshalb nicht, weil diese Flüsse im Gegensatz zu denen in dichtbesiedelten Gebieten viel weniger Nährstoffe führen, die das Bakterienwachstum fördern, betont Höll. Stromabwärts könnten gegen die Krankheitskeime zwar Entkeimungsanlagen gebaut werden, doch würden diese nicht gegen Viren schützen. Nicht aus dem Wasser entfernen liessen sich auch Bakteriengifte und die Ausscheidungen der stark vermehrungsfähigen Blaualgen. Diese Stoffe haben sich in Tierversuchen – bei Aufnahme von einem hundertstel Gramm je Kilogramm Körpergewicht – als tödlich erwiesen. Bei uns, erläutert Höll, verhindern normalerweise die winterlichen Temperaturen der Flüsse ein bedenkliches Aufkommen von Blaualgen. Bei einer Erwärmung des Wassers um 12 bis 13 Grad im Winter und bei sommerlichen Temperaturen von 28 bis 30 Grad Celsius würden sich die Blaualgen mit ihren giftigen Ausscheidungen dagegen unweigerlich in gefährlicher Weise vermehren.

Ungelöst neben den Problemen der Erwärmung sind diejenigen der radioaktiven Stoffe. Die Kernkraftwerke geben sie in die Atmosphäre und das Grundwasser ab. Unaufhörlich heisst es zwar, die Menge dieser Stoffe sei viel geringer als die natürliche Umwelt-Radioaktivität. Solche Beteuerungen lassen aber unerwähnt, dass die natürliche Strahlenbelastung des Menschen, um die es hier geht, schon erheblich erhöht worden ist durch Röntgendiagnose und -therapie, und durch unseren Umgang mit radioaktiven Elementen (Isotopen) in Medizin und Technik. Auch existiert kein unterer Schwellenwert für die »gefährliche Dosis«. Jeder »Strahlentreffer« in den Erbsubstanzen kann vielmehr zu unerwünschten Erbänderungen mit allen ihren Folgen, wie der einer Erbkrankheit oder Missbildung, führen. Was darüber hinaus bedacht werden muss: Die Risiko-Berechnungen der Kernkraftwerk-Betreiber gehen weithin davon aus, dass die abgegebenen Spaltprodukte sich gleichmässig in der Umgebung der Werke verteilen. Wie Tierversuche gezeigt haben, tun sie dies aber nicht. Radioaktives Material wird vielmehr von Tieren und Pflanzen aufgenommen, es kann sich innerhalb der Nahrungsketten in der Natur anreichern und dann via Nahrung auch im Menschen Unkalkulierbares anrichten.

Schließlich der Atom-Müll. Bevorzugte Ablagerungsorte sind derzeit Salzlager tief unter der Erde, die keinen Grundwasserkontakt haben. Doch wirft der Transport der gefährlichen Stoffe dorthin aus den verschiedenen Landesteilen noch Sicherheitsprobleme auf, die manche am liebsten totschweigen würden.

Wie das Niedersächsische Ärzteblatt mitteilt, sollen in den Kernkraftwerken der Bundesrepublik bis zum Jahre 2000 rund 250000 Kubikzentimeter Radionuklide – also radioaktive Abfallstoffe – produziert werden, was einem Würfel von 63 Metern Kantenlänge entspräche. Die Stoffe sollen verfestigt, in Glaskörper eingeschmolzen und dann vor allem in dem stillgelegten Salzbergwerk Asse bei Wolfenbüttel in Bohrlöchern endgelagert werden. Aber die Frage ist noch offen, ob eine derartige Menge angesichts ihrer Hitzeentwicklung und der hohen Strahlungsintensität dort überhaupt lagerfähig ist.

Ein erhebliches Risiko stellt auch das Plutonium dar, das vor allem beim Betrieb der Schnellen Brüter und Helium-Brüter anfällt. Beim jetzigen Entwicklungsstand dieses Kraftwerktyps, der als Übergang zum Fusionskraftwerk gilt, rechnet man mit Jahresproduktionen von 30 bis 100 Tonnen Plutonium ab 1980. Plutonium existierte in der menschlichen Umwelt bis vor wenigen Jahren noch nicht. Wegen seiner starken krebserregenden Wirkung stellt es eine beträchtliche Gefahr dar, die strengste Sicherheitsmaßnahmen erfordert, in jedem Fall aber neue Risiken mit sich bringen wird.

Wenn Fachleute mit einer Verdoppelung des Welt-Energiebedarfs etwa alle zehn Jahre rechnen, so ist dies zwar eine fiktive Annahme, doch läßt sie eine Vorstellung davon zu, wann die herkömmlichen Energieträger Kohle, Erdöl und Erdgas zur Neige gehen werden – nämlich in den nächsten 50 bis 80 Jahren. Zu diesem Zeitpunkt soll dann Energie aus Kernspaltungs- und – später – aus Kernverschmelzungsprozessen reichlich zur Verfügung stehen – gerade noch rechtzeitig, wenn man so will, um nach einer möglichen Zeit der Einschränkung den Anschluß nicht zu verlieren und wieder aus dem Vollen schöpfen zu können.

Was wird ein wieder wachsendes Energieangebot bedeuten? Es wird den Menschen zur weiteren Industrialisierung seines Lebensraums ermuntern – von der militärischen Aufrüstung zu schweigen –, und es wird dies im selben Maße tun, wie kostengünstige Energie zur Verfügung steht. Damit aber wird ein weiterer Druck auf die schon schwindenden Rohstoffvorräte einsetzen mit all den Konsequenzen, die die amerikanische Studie »Die Grenzen des Wachstums« aufgezeigt hat. Es wird uns nicht schwerfallen, dann auch die letzten Lagerstätten solcher Stoffe aufzufinden, denn unsere Gehirne haben auch dafür die Mittel geschaffen. Sie stehen uns in Form von Erdsatelliten mit speziellen geologischen und Umwelt-Erkundungsaufgaben zur Verfügung. Ein Beispiel ist der 1972 gestartete Prototyp ERTS-A. Mit Hilfe solcher Satelliten gelingt es, die Erdoberfläche auf noch unerschlossene Lagerstätten von Mineralien abzusuchen, Fischschwärme im Meer aufzuspüren und ähnliche Forschungsaufgaben durchzuführen. Bald nach den ersten zur Erde gefunkten Aufnahmen und Meßergebnissen des kreisenden Spähers soll im Jahre 1973 eine amerikanische Firma bereits die Schürfrechte in einem Gebiet nördlich des Tschad erworben haben, was nicht nur juristische Fragen aufwarf, sondern nachdenkliche Leute auf das schon erwähnte Problem aufmerksam machte: Je perfekter unsere Erkennungs- und Erkundungstechniken werden, um so rascher können noch unentdeckte Rohstofflager der Erde ausfindig gemacht, um so mehr die Erfolgschancen der Fischfang-Flotten erhöht werden. Je weniger hier wie dort dem Zufall überlassen bleibt, um so rascher wächst die Gefahr, daß die Ressourcen unserer Erde restlos ausgeplündert werden, die Rohstofflager wie die Fischgründe.

Fassen wir zusammen: Worauf das, was man Wachstumsprobleme nennt, zurückgeht, sind ein paar einfache Tatbestände. Es ist einerseits die Unfähigkeit des Menschen, seine Fruchtbarkeit nachhaltig zu bremsen, was dazu führt, daß immer mehr Menschen versorgt werden müssen. Weiter ist es die Unfähigkeit, auf mehr als eine Generation vorauszudenken, und es ist ganz generell die Ohnmacht des Großhirns, komplizierte Systeme höherer Ordnung zu begreifen und sinnvoll zu steuern. In jener zurückliegenden Zeit, da sich unser Gehirn zu seiner heutigen Beschaffenheit entwickelte, bestand für derlei Systemanalysen kein Anlaß. Entsprechend gering wären die Auslesevorteile gewesen, die etwa aufgetretene Nervenstrukturen oder -verschaltungen mit solchen Fähigkeiten gehabt hätten. Wir dürfen uns nicht wundern, wenn wir nur verhältnismäßig einfache Zusammenhänge durchschauen können, während die komplizierteren heute zunehmend auf Lösungen warten. Dazu gehören die Wechselwirkungen zwischen Sozialgefügen und Wirtschaftstrends, die Zusammenhänge zwischen menschlichen Verhaltensweisen, ererbten Anlagen, der Beeinflussung durch Massenkommunikationsmittel und den jeweils favorisierten Gesellschaftssystemen. Zu ihrer Durchleuchtung, zum Auffinden optimaler Ansatzpunkte einer langfristigen Stabilisierung solcher Systeme reichen nicht einmal unsere Computer aus, weil wir außerstande sind, sie mit hinreichend verläßlichen, einschlägigen Daten zu füttern und entsprechend zu programmieren. Darum gebärden wir uns so naiv. Darum konnten wir Ende des Jahres 1973 in die »Ölkrise« geraten und müssen neue Energie- und Ernährungskrisen gewärtigen. Mit dem ganzen Einsatz unserer Technik und dem scheinbar so imponierenden Arsenal unseres Geistes sind wir nicht fähig, die Tertiär- und Quartärfolgen dessen abzuschätzen, was wir zu irgendeinem Zeitpunkt tun. Die Kompliziertheit unserer selbstgeschaffenen Umwelt ist uns über den Kopf gewachsen. Sie ist wie eine Schachaufgabe, die vom Spieler verlangt, über den siebenten Zug hinauszudenken.

Doch scheinen wir auch für diesen Sachverhalt noch blind zu sein. Wir wiegen uns in der törichten Hoffnung auf einen immer weiter zu steigernden Wohlstand, der auch das letzte Negerdorf mit Fernsehgeräten, Kühltruhen und Straßenkreuzern beglücken soll. Angesichts der begrenzten Rohstoffreserven und der fortwährenden Menschenvermehrung wäre aber ein »Immer-Besser« nicht einmal durch weitsichtiges Handeln möglich, geschweige denn durch unser tatsächliches Verhalten, das auf Augenblicksgenuß, raschen Profit und übermäßige Besitzvermehrung zielt; ein Verhalten, dessen Motive nur selten über das jeweils Naheliegende hinausreichen.

6. Kapitel
Die zweischneidige Medizin

Anfang Dezember 1973 rang in der Medizinischen Universitätsklinik zu Bonn eine junge Frau mit dem Tode. Sie litt an der gefährlichsten Form einer Leberschädigung und lag, hoffnungslos krank, in tiefer Bewußtlosigkeit. »Leberkoma«, lautete die Diagnose.

Ihr Zustand, der einer schweren Blutvergiftung glich, verschlimmerte sich zusehends. Da entschloß sich Klinikdirektor Professor Hans Dengler zu einem ungewöhnlichen Schritt. Er gab die Zustimmung zu einer in der medizinischen Welt erstmaligen Operation, die der Bonner Chirurg Professor Alfred Gütgemann alsbald auch durchführte. Das Blut der Frau, das von der erkrankten Leber nicht mehr von seinen Giftstoffen befreit werden konnte, wurde für einige Zeit durch die Leber eines aus dem Kölner Zoo beschafften Pavians geleitet. So erhielt das lebenswichtige Organ der Patientin Zeit, sich zu regenerieren. Man hatte darauf vertraut, daß die Leberzellen zu einer solchen »Erholung« in der Lage sein würden, solange auch nur ein kleiner Teil des Lebergewebes noch funktionstüchtig war. Man wußte: Wird das geschädigte Organ für einige Tage von seiner Aufgabe entlastet, das Blut zu entgiften, so stellt es sich gewissermaßen selbst wieder her, und der Erkrankte kann mit dem Leben davonkommen.

Die aufregende Operation gelang, und die Medizin war um eine neue Großtat reicher. Nur wenige Jahre zuvor hatte der südafrikanische Chirurg Professor Christian Barnard Aufsehen erregt, als er erstmals ein menschliches Herz verpflanzte und auch damit bewies, welch großartiger Leistungen die Heilkunst fähig ist. Hochqualifizierte und moderne Arzneien in der Hand von Spezialisten nehmen dem Tod heute immer häufiger die Entscheidung darüber ab, wann er ein Menschenleben auslöschen darf. Immer mehr Erdenbürger, die einst ein früher Tod ereilt hätte, leben auf diese Weise länger.

Der Wunsch, Verwundeten oder Kranken zu helfen, geht auf die Zeit der Menschwerdung zurück. Er hat seine Wurzeln in dem uralten Bedürfnis, in Bedrängnis geratenen Stammesgenossen Hilfe zu bringen, um sie der Gemeinschaft zu erhalten. Als Eigenschaft mit positivem Auslesewert bewährte sich diese »Kameradschaft« überall dort, wo das Überleben von Gruppen vorteilhafter war als mutiges Einzelgängertum. Wenn der Gruppenangehörige den Schutz der Gemeinschaft genoß, wenn andere ihn aus Feindeshand befreiten, seine Wunden pflegten und ihn vor Hunger und Durst bewahrten, dann stärkte er den Verband, sobald er wieder aktionsfähig war.

So kam es, daß Stammesgenossen, die sich besonders auf die Heilung Kranker verstanden, geachtet und verehrt wurden, zumal sie scheinbar geheimnisvolle Kräfte besaßen – ein Odium, mit dem sie sich auch selbst nur allzu gern umgaben. Wie die Priester, die sich auf die Durchführung von Versöhnungsriten und Opfergaben spezialisiert hatten, so machten bald auch die »Medizinmänner« mit einschlägigen Talenten von sich reden. Mehr als andere hatten sie über die Heilkräfte von Wurzeln und Kräutern in Erfahrung gebracht, konnten sie zauberkräftige Tränke brauen und Salben zubereiten, wußten sie magische Formeln und Beschwörungen zu sprechen. Ihre Erfolge waren und sind auch heute noch erstaunlich; unser Verstand reicht nicht aus, sie zu erklären. So ist noch immer das Rätsel des Vagustodes ungelöst, ein Sterben durch die Macht des bloßen Wortes und der damit verbundenen Vorstellungen. Es gibt verbürgte Fälle, in denen Eingeborene aus Angst vor dem gefürchteten Medizinmann ein tödliches Herzversagen erlitten, nachdem dieser als Richter aufgetreten war und das Todesurteil gefällt hatte. Ein solcher Tod braucht nicht einmal an Ort und Stelle einzutreten, er kann den Verurteilten noch Tage oder Wochen später ereilen, gegebenenfalls auch weit von dem mächtigen Zauberer entfernt – ganz so, wie es sein Spruch befahl. Umgekehrt gibt es Berichte über erstaunliche Heilungen durch die Manipulationen von Schamanen – auch für diese Fälle weiß unsere Schulmedizin häufig noch keine Erklärungen.

Es hieße Eulen nach Athen tragen, wollten wir hier auch nur die bedeutendsten Stationen der Medizingeschichte schildern. Es sind ja nicht ihre großen Leistungen, um die es hier geht; sie seien unangetastet und bewundert. Aber es ist eine unleugbare Tatsache, daß die Heilkunst, gewiß gegen ihren Willen, aber gerade auch dank ihrer Erfolge, zu einem guten Teil das Bevölkerungsproblem mit heraufbeschworen hat und – auch dies ist leider der Fall – zur Verschlechterung der menschlichen Erbanlagen beiträgt.

Besonders bedeutsam ist in diesem Zusammenhang die Senkung der Mütter- und Säuglingssterblichkeit, ist der Sieg über die Infektionskrankheiten und sind die Fortschritte der allgemeinen Hygiene. Noch im Mittelalter konnten Seuchen, wie die Pest oder die Syphilis, ganze Völkerschaften dezimieren. Heute haben diese Krankheiten kaum noch eine Chance. Solange unsere Antibiotika die Erreger wirksam bekämpfen, werden wir auch in Zukunft von ihnen verschont bleiben.

Aber damit nicht genug. In diesen Jahren schicken sich die Mediziner an, nach den Sternen zu greifen und den Menschen »unsterblich« zu machen. Als das Herz des an Leberkrebs erkrankten amerikanischen Psychologie-Professors James Bedford am 12. Januar 1967 zu schlagen aufgehört hatte, injizierte ihm der im Sterbezimmer anwesende Arzt Dr. Renault Able ein Medikament, das die Blutgerinnung verhinderte. Die Leiche

Bedfords wurde dann in einen länglichen Behälter gelegt, das Herz massiert und die Lunge künstlich beatmet. Schließlich bedeckte man den Körper mit Eisstückchen, um ihn abzukühlen. Als Bedfords sterbliche Hülle eine Weile so gelegen hatte, zapfte man das Blut ab und ersetzte es durch eine glycerinhaltige Flüssigkeit. So vorbereitet, wurde der gefrorene Körper im Flugzeug nach Phoenix im Staate Arizona gebracht, wo er in einem röhrenförmigen Metallbehälter – einem »Eissarg« – bei minus 196 Grad Celsius noch heute ruht.

»Die Idee ist bestechend«, hatte Bedford ausgerufen, als ihm sein Arzt einige Zeit vor dem erwarteten Tode den Plan erklärte. Bedford wußte, was die Diagnose »Leberkrebs« bedeutete. Er wußte aber auch, daß die Medizin nicht ruhen und eines Tages vielleicht ein Mittel gegen den tödlichen Verlauf dieses Leidens finden würde. So hatte er in das Experiment eingewilligt. Er hatte seinen Körper im Vertrauen auf den medizinischen Fortschritt einfrieren lassen. Wenn die Ärzte den Leberkrebs erst besiegt haben würden, dann, so hoffte er, würde er ein zweites Leben beginnen können.

James Bedford ist nicht der einzige Hoffende geblieben. Weitere Todeskandidaten sind ihm in die Eissärge der »Cryonics-Society of California« gefolgt. Die amerikanische »way of death« war um eine Variante reicher geworden.

Aber wird sich die Hoffnung auf Unsterblichkeit der vorerst Toten erfüllen? Die Aussichten dafür stehen derzeit schlecht. Was die Sache so fragwürdig macht, hat biologische Gründe. Sowohl beim Abkühlen als auch beim Wiederauftauen eines Organismus finden Veränderungen in den Zellen statt, die eine spätere Wiederbelebung ziemlich unwahrscheinlich machen. Eiskristalle bilden sich und beschädigen die Zellwände. Wasserverlust durch Gefrieren von Zellbestandteilen erzeugt unzuträglich hohe Salzkonzentrationen, ein »thermischer Schock« kann ungleichmäßige Schrumpfung der Zellwände und damit Spannungen und Zerstörung bewirken. Darum muß man befürchten, daß die Eingefrorenen von Phoenix aus ihrem Kälteschlaf nie wieder erwachen werden. Der Tod läßt sich zwar hinausschieben; gänzlich überlisten läßt er sich so leicht offenbar nicht.

Doch kann man vielleicht das Leben überlisten? Um wieviel läßt sich der menschliche Lebensfaden noch dehnen, ohne daß er reißt? Muß dieses Leben unabänderlich »70 Jahre währen«, oder, wenn es hoch kommt, 80? Die Medizin hat nicht geruht, auch hier ihre Hebel anzusetzen. In einem Gesundheitsbericht der deutschen Bundesregierung wird für die nächsten 30 Jahre eine Entwicklung der ärztlichen Kunst vorausgesagt, die kühne Hoffnungen nährt.

Mehr und mehr wird uns demzufolge neben der rein behandelnden auch die vorbeugende Heilkunst die Chance geben, länger zu leben. Statt abzuwarten, bis der Mensch ein Leiden bekommt, um dann für teures Geld wieder gesund gepflegt zu werden, soll er möglichst gar nicht erst erkranken. Vorsorge-Untersuchungen und Krankheitsdiagnosen schon im Frühstadium gefährlicher Leiden werden dabei helfen. Da die Herz- und Kreislaufkrankheiten noch immer zunehmen, wird es auf deren Verhütung besonders ankommen. Dazu soll künftig eine vorbeugende Dauerbehandlung der Herz- und Kreislaufgefährdeten beitragen.

Auch die Transplantationstechnik wird weiter vervollkommnet werden. Das heißt, bei der Überpflanzung lebender Organe wird jene gefürchtete Abstoßreaktion allmählich besser beherrscht werden, mit der sich der Körper gegen das ihm fremde Organ wehrt. Künstliche Organe werden wahrscheinlich noch größere Bedeutung erhalten, vor allem künstliche Herzen, aber auch bioelektrisch gesteuerte Arm- und Beinprothesen. Schon heute gibt es ein paar Dutzend teils komplizierter Kunstorgane, von der Herzklappe bis hin zum künstlichen Haar- und Zahnersatz. Schon heute wird auch daran gedacht, Tiere als künftige Organspender zu züchten – Paviane werden den Anfang machen.

Kein Zweifel, wir sind auf dem Wege zu einer Prothesengesellschaft mit immer höherem Durchschnittsalter. Es wird dann reizvolle Fragen geben, wie die: Mit wie vielen Ersatzteilen im Leib vermag sich einer noch als menschliches Wesen zu bezeichnen? Und wenn das Synthetische vorherrscht: Was wird aus der Individualität des Menschen? Oder: Wie leicht, wie schwer wird es sein, sich in eine Ansammlung von Prothesen zu verlieben?

Nicht weniger aufregende Fortschritte stehen in der Behandlung der Krebskrankheit bevor. Mindestens 70 Prozent aller Krebsfälle, schätzt der Bericht, werden heilbar sein. Zur Bekämpfung des Krebses wird es beitragen, daß immer mehr krebserregende Umweltfaktoren dingfest gemacht und ausgeschaltet werden. Nicht ausgeschlossen ist, daß es einmal immunbiologische Verfahren gegen bestimmte Krebsformen geben wird, zumal sich die Hinweise auf Viren als mitverantwortliche Krebserreger mehren.

Von den Molekularbiologen erhofft sich die Medizin das »know how« für die gezielte Behandlung bestimmter Stoffwechselkrankheiten. Ernstzunehmende Vorstellungen darüber sind schon entwickelt worden. So wäre es denkbar, Erbkrankheiten wie die Phenylketonurie, die normalerweise zu Schwachsinn führt, mit Hilfe harmloser Viren zu behandeln. Die Viren könnten spezielle Erbsubstanzen transportieren, mit deren Hilfe in den Zellen der erkrankten Organe das fehlende Enzym erzeugt wird. Nach dem gleichen Prinzip könnten andere Krankheiten behandelt werden, die das Leben vieler Menschen heute noch verkürzen, so auch die Zuckerkrankheit.

Weit mehr Bedeutung als bisher wird künftig einer gesunden und zweckmäßigeren Ernährung geschenkt, soweit sie verfügbar ist. Für den alternden Menschen bedeutet dies, daß er statt vorwiegend Brot, Kartoffeln und Fett mehr eiweißhaltige Nahrungsmittel wie Fisch, mageres Fleisch und Molkereiprodukte zu sich nehmen wird. Angesichts der angespannten Ernährungssituation in den Entwicklungsländern werden – zumindest dort

– auch Produkte aus künstlichen Algenzuchten und Meerestierfarmen, aber auch aus neuen, veredelten Getreide- und Gemüsesorten auf den Speisezettel kommen.

Wie der deutsche Gesundheitsbericht, so prophezeit auch die bekannte amerikanische Zukunftsstudie von Gordon und Helmer denjenigen ein zunehmend längeres Leben, die sich der Mittel dazu bedienen können. Im Zeitplan der lebensverlängernden Errungenschaften sind die Amerikaner allerdings zurückhaltender. So wird die chemische Kontrolle des Alterns nach ihrer Meinung erst für die Zeit zwischen den Jahren 2000 und 2020 möglich sein, während die Hälfte der deutschen Fachleute dafür schon die Jahre 1980 bis 1990 ansetzt. Auch die Entwicklung von Medikamenten zur Intelligenzsteigerung wird in den USA statt bis 1990 erst vom Jahre 2000 an für möglich gehalten.

Alles in allem soll sich die Lebenserwartung des Menschen bis zur Jahrtausendwende um etwa 20 Jahre erhöhen. Wir werden also künftig immer mehr alte Menschen unter uns haben. Das Spannungsverhältnis zwischen den Generationen wird zunehmen, weil die Vielfalt der Erfahrungen, der Wünsche und Temperamente dauernd größer wird und die Möglichkeiten, die unterschiedlichen Ansprüche und Erwartungen zu harmonisieren, immer geringer werden. Die psychischen Probleme der Menschen untereinander werden also wachsen, zumal hier auch das Beschleunigungsphänomen des technischen und gesellschaftlichen Fortschritts hineinwirkt.

»Die biologisch langfristig so fruchtbare Neuerwerbung des Lernverhaltens mit Erfahrungstradition«, schreibt der Braunschweiger Anthropologe Professor Gottfried Kurth, »ist heute umgeschlagen zu einem raschen Auseinanderleben der Generationen und zunehmenden Generationsgegensätzen aufgrund einer abweichenden Ausgangssituation für die Erfahrungssammlung... Wir haben viele Millionen Jahre lang in geringer Anzahl in überschaubaren kleinen Zweigenerationengruppen gelebt, in denen die Kinder völlig unbewußt soziales, also gruppendienliches Verhalten erfahren und erlernen konnten. Die moderne Großgesellschaft hat die überschaubaren Kleingruppen verdrängt beziehungsweise aufgelöst. Wir kennen alle das Schlagwort von der Vereinzelung in der Masse. In unserer nicht mehr überschaubaren Großgesellschaft können wir nicht wie bisher die erforderlichen Grundlagen zu sozialem, gruppendienlichem Verhalten direkt erfahren...«

Namentlich Neurosen und Depressionen werden als Preis für das längere Leben häufiger auftreten. Dabei steht durchaus nicht fest, ob nur die Älteren unter den psychischen Belastungen leiden werden. Zunehmende Freizeit, die nicht jeder sinnvoll ausfüllen kann, ein ständig risikoärmeres, dabei mehr und mehr technisiertes, rationaleres und an Umweltverschmutzung, Terrorakten, Kriegen und Hungersnöten »reicheres« Leben wird in seiner Gesamtheit auch den Jüngeren zu schaffen machen. Es wird zu neuen Formen von Streß und einem wachsenden Verbrauch von Psychopharmaka kommen. Diese Mittel sind schon in den letzten Jahren stark vermehrt hergestellt und verbraucht worden, künftig wird man sie für immer speziellere Zwecke entwickeln.

Eine große Zukunft wird die Altersheilkunde haben, die Geriatrie. Vorerst freilich steckt die Erforschung der Vorgänge, die uns altern und sterben lassen, noch in den Kinderschuhen. Warum lebt der eine Mensch nur 50 oder 60 Jahre, der andere mehr als neunzig? Möglicherweise sind da die Erbanlagen im Spiel, doch sicher ist das nicht. Offenbar hängt das Älterwerden vor allem mit nervlichen Vorgängen zusammen. Von den rund 14 Milliarden Nervenzellen des Gehirns gehen schon vom mittleren Lebensalter an täglich Tausende zugrunde, ohne regeneriert zu werden. Wie es heißt, verlieren wir auf diese Weise im Lauf des Lebens bis zu 20 Prozent unserer »Kommunikationshilfen« mit der Außenwelt. Ihr Verlust geht natürlich auf Kosten der Denkfähigkeit und des Erinnerungsvermögens. Je älter der Mensch wird, um so mehr muß er mit seiner Erfahrung kompensieren, was ihm an geistiger Leistungskraft und schöpferischer Intuition abhanden kommt.

Der Alterungsprozeß beschränkt sich aber nicht nur auf die Nervenzellen. Auch andere Körpergewebe verschleißen mit den Jahren. Ihr Wassergehalt nimmt ab. Die Haut wird trockener und faltig. Die Stoffwechselvorgänge verlangsamen sich, Schlakken verschiedener Art, Cholesterin vor allem und bestimmte Salze setzen sich in den Zellen fest. Auch der Kalkstoffwechsel unterliegt der Alterung. Nach dem amerikanischen Streßforscher Hans Selye versagen seine Regelmechanismen zunehmend, so daß sich mehr und mehr Kalk in den Gefäßen ablagert, sie brüchig macht, enger werden und verhärten läßt. Um dem vorzubeugen, empfehlen die Ärzte, Übergewicht zu vermeiden, Blutdruck und Lipoid- beziehungsweise Blutfettspiegel zu senken, wenn diese zu hoch sind.

Dem Leben noch ein, zwei Jahrzehnte mehr abzutrotzen, als es unter normalen Umständen zu geben bereit ist, ist nach alledem nicht mehr so utopisch, wie es noch vor wenigen Jahrzehnten schien. Neben der Auswirkung auf die Bevölkerungsexplosion freilich wird die Frage problematischer werden, wann es dem Tod erlaubt sein soll, einen Menschen schließlich zu sich zu nehmen. Denn immer mehr Menschen werden nicht sterben können, weil ihre Mitmenschen sie nicht sterben lassen und weil die dem Hippokratischen Eide verpflichteten Ärzte den Tod immer wieder verhindern.

Mit ihrer erfolgreichen Praxis, Menschenleben zu erhalten und zu verlängern, hat sich eine weitere Errungenschaft des Großhirns als zweischneidig erwiesen. Das zutiefst humane Anliegen der Medizin hat gleich mehrere antihumane Nebenwirkungen gezeitigt: menschliche »Hüllen«, die nur noch physisch weiterexistieren, eine künftige Prothesengesellschaft, die Verschlechterung der menschlichen Erbsubstanz und zahlreiche Probleme, die sich aus der wachsenden Überalterung der Gesellschaft ergeben. Entscheidend ist aber ein Punkt: Gerade weil die moderne Medizin vielen Menschen, die früher vorzeitig gestorben wären, das Leben verlängert und die allgemeine Lebenserwartung anhebt, müßte die Konsequenz eine entschiedene Geburtenkontrolle sein, um die aus dem Gleichgewicht geratene Entwicklung wieder zu normalisieren. Denn es ist auf die Dauer unmöglich, daß der Mensch dort, wo es um die Überlistung des Todes geht, seine ganze Phantasie, Intelligenz und materiellen Möglichkeiten einsetzt, während er sich dort, wo es um die Zeugung neuen Lebens geht, kaum anders verhält als die Kaninchen.

Während zwei oder drei Milliarden Menschen – vielleicht viel weniger – das Optimum menschlicher Besiedlung der Erde wären, haben wir mittlerweile fast vier Milliarden erreicht und vermehren uns weiter um nahezu neuntausend jede Stunde, um 75 Millionen jedes Jahr. Diese furchtbaren Zahlen ergeben sich, wenn man die Sterbefälle von den Geburten abzieht – es ist also der Nettozuwachs menschlicher Individuen auf der Erde. Und dieser Zuwachs wird – falls keine Katastrophe hereinbricht – nach dem letzten demographischen Jahrbuch der Vereinten Nationen im Jahre 2006 zu einer Menschenzahl von siebeneinhalb Milliarden geführt haben: Menschen, die ernährt, gekleidet, ausgebildet, untergebracht, zu friedlichen Mitbürgern erzogen, vor Krankheiten geschützt und eines ständig steigenden Wohlstandes teilhaftig werden wollen. Ein Kommentar dazu erübrigt sich. Aber es ist vielleicht interessant, die explosive Zunahme der Menschen einmal im Rahmen der irdischen Entwicklungsgeschichte zu sehen.

Der deutsche Astronom Heinrich Siedentopf hat dazu die Geschichte der Erde in einem Gedankenexperiment auf die Spanne eines Jahres schrumpfen lassen. Danach entsteht im Januar die Sonne, im Februar bildet sich neben den anderen Planeten auch die Erde. Im April hat sich der Erdball soweit abgekühlt, daß die Vorstufen des Lebens entstehen können. Im Sommer treten die ersten Lebewesen auf. Kurz vor Weihnachten bevölkern die Saurier unseren Planeten, aber erst spät am letzten Tag des Jahres, gegen 23 Uhr, erscheinen die Urmenschen. Zehn Minuten vor Mitternacht lebt der Neandertaler. Die letzte halbe Minute vor Mitternacht steht für die historische Zeit zur Verfügung – 30 Sekunden also für die Jahrtausende, die seit den Anfängen der überlieferten Geschichte vergangen sind. Und eine einzige Sekunde nur – die letzte des alten Jahres – brauchte der Mensch, um seine Kopfzahl auf der Erde von einer Milliarde auf drei zu erhöhen.

Soweit Siedentopfs Vergleich. Natürlich kann man seine Gedankenspielerei noch fortsetzen. Für die nächste Verdreifachung der Menschheit wäre vergleichsweise nur noch ein Sekundenbruchteil notwendig, und in diesem Bruchteil wird ein großer Teil der Tierarten vom Menschen verdrängt, vergiftet, ausgerottet sein. Unter den Säugern wird der Mensch mit seiner Fruchtbarkeit dann die Ratten übertroffen haben.

Das »Neue Jahr« würde also vielversprechend beginnen. Es würde dies nicht zuletzt deshalb tun, weil der Mensch – einem unwiderstehlichen Drange folgend – auch weiterhin alles daransetzen wird, seine Fruchtbarkeit zu erhalten und sogar noch zu steigern. Beispiele dafür liefert die Vergangenheit so gut wie die Gegenwart. So erscheint es vielen Zeitgenossen offenbar gänzlich unzumutbar, sich in das Schicksal anlagebedingter oder sonstwie verursachter Kinderlosigkeit zu fügen. Für sie spielt die Medizin gern »corriger la fortune«, und ihre einschlägigen Dienste werden zunehmend begehrter. Weltweit hat heute ein gynäkologischer Eingriff an Bedeutung gewonnen, den man »Heterologe künstliche Insemination« nennt – kurz »h. I.« – zu deutsch: Die künstliche Besamung einer Frau im Sprechzimmer des Doktors mit einem Sperma, dessen Spender ein dem Ehepaar unbekannt bleibender Dritter ist.

Auf die Praxis dieses Eingriffs halten sich nicht wenige Mediziner etwas zugute. »Ich verfüge über acht Spender, die jederzeit zur Verfügung stehen«, erklärte ein prominenter deutscher Spezialist und fuhr fort: »Den Samen gewinnt man durch Masturbation. Die Masturbation ist natürlich eine psychische Belastung, deswegen wird der Spender auch honoriert, genau wie bei einer Blutspende.« Nach Angaben desselben Arztes wird die Spermaflüssigkeit mit einer abgerundeten Kanüle in den Gebärmutterhals injiziert und anschließend – gemeinsam mit dem dabei herausgespülten Sekret – in einer Zelluloidkappe vor dem Gebärmuttermund festgehalten. Anschließend sollen sich für die Frau »Lageveränderungen wie bei der Rollkur« bewährt haben. Diese Prozeduren seien gewöhnlich dreimal je Monatszyklus während der empfängnisbereiten Tage der Frau zu wiederholen, gelegentlich auch öfter, um zum Erfolg zu kommen.

Um den ersehnten Nachwuchs hervorzubringen und damit, wenngleich ungewollt, ihren Beitrag zum Bevölkerungsproblem zu leisten, hält die Medizin freilich noch phantasievollere Mittel bereit. Wie bei der umstrittenen heterologen Insemination springt sie vor allem da ein, wo die Impotenz des Mannes die Wurzel des Übels ist. Spezialisten wissen Rat, wenn die Spermiendichte im Ejakulat zu gering ist, um eine natürliche Befruchtung zu ermöglichen (Oligospermie), oder wenn anatomische Mängel der Geschlechtsorgane die eheliche Vereinigung erschweren. Einerseits praktiziert man da die sogenannte homologe Insemination im splitting-Verfahren. Dazu friert der Arzt das wiederholt masturbierend gewonnene Sperma des jeweils ersten Ejakulationsstoßes ein. Ist ein hinreichendes Quantum vorhanden, so wird das Sperma durch Sedimentieren und Zentrifugieren für die Insemination der Ehefrau konzentriert.

Bleibt der Nachwuchs aus anderen Gründen aus, so stehen weitere Kunstgriffe zur Verfügung. In Zeiten sexuellen Leistungsdrucks klagen überforderte Ehemänner gelegentlich über ihre mangelhafte Fähigkeit, den Geschlechtsakt überhaupt einzuleiten. Auch die so Betroffenen brauchen nun nicht mehr zu verzagen. Ihnen kann eine Prothese als Erektionshilfe zuteil werden, wie sie der rumänische Arzt Dr. Th. Tudoriu von der Sectia de Chirurgie in Bukarest entwickelt hat. Es handelt sich um ein keulenförmiges Stäbchen, das operativ in den Schwellkörper verpflanzt wird und die Voraussetzung für den Verkehr schafft.

Hilfe wird auch weiblichen Patienten gewährt, wenn das Zeugungsbemühen vergeblich bleibt. Gegenwärtig zieht eine phantasievolle Inseminationskappe zur Überwindung von Fertilitätsstörungen die diesbezügliche Aufmerksamkeit auf sich. Das Verfahren beruht auf einer Idee des Kieler Gynäkologen Professor K. Semm. Es ist für jene Fälle gedacht, in denen physischer oder psychischer Streß des Mannes die Kohabitation erschwert. Während eine homologe Insemination häufig Terminprobleme aufwirft – nicht immer sind beide Partner zum optimalen Zeitpunkt zur Vereinigung in der Lage –, hat Semms Gerät den Vorteil, daß nur ein Partner – die Frau – einige Male in die Sprechstunde zu kommen braucht. Nach den üblichen Voruntersuchungen fixiert dann der Arzt zum geeigneten Zeitpunkt am Gebärmuttermund eine Kappe, in der durch Absaugen ein Unterdruck erzeugt wird. Aus der Kappe führt ein Schlauch heraus, dessen zunächst verschlossenes Ende die Frau von außen leicht erreichen kann.

So präpariert, kann sie nach Hause gehen. Dort führt sie das im häuslichen Milieu gewonnene Sperma des Mannes mit einer Einwegspritze an das Schlauchende heran. Öffnet sie dann den Verschluß des Schlauches, so wird das Sperma durch den Unterdruck in den Gebärmuttermund gesaugt. Wie der Arzt versichert, sei es im heutigen termingebundenen Leben auf diese Weise viel öfter möglich, die Tage optimaler Empfängnisfähigkeit wahrzunehmen.

Der medizinische Einfallsreichtum, der Natur um jeden Preis abzutrotzen, was sie, vielleicht nicht ohne Grund, zu versagen beschlossen hat, wird inzwischen ergänzt durch Aufklärungsfilme und populäre Literatur, die dem lustgierigen, nackthäutigen Affenwesen ungezählte Möglichkeiten des koitalen Vollzugs und eine Bettakrobatik empfehlen, die der eigenen Phantasie kaum noch Raum lassen. Wer immer es wünscht, erfährt nun die letzten Geheimnisse der Intimsphäre, so den Tatbestand, daß die pulsierenden Bewegungen der orgastischen Manschette den Lustgipfel der Frau signalisieren, oder die eigene Erregungsphase gegebenenfalls durch heftiges Atmen auch im Fall männlicher Schwäche noch zum Orgasmus zu verwandeln sei.

Die Ultima ratio medizinischer Zeugungshilfe demonstrierte freilich der griechische Arzt Dr. Nicolaos A. Papanicolaou von der Aristoteles Universität in Saloniki. Ihm gelang es, die Vagina einer Frau auf deren unfruchtbare Tochter zu verpflanzen. Der Anlaß der Operation war, daß die Tochter eine unterentwickelte Scheide besaß, die den Geschlechtsverkehr unmöglich machte. Als ihrem Ehemann der Sachverhalt klargeworden war, hatte er damit gedroht, die Ehe für ungültig erklären zu lassen. »Die Patientin«, meldet der hilfreiche Arzt nach erfolgter Verpflanzung in einem Fachblatt, »ist jetzt zum normalen Sexualverkehr fähig, der sogar vom Orgasmus begleitet ist.«

Mögen all diese Kunstgriffe, was das Bevölkerungsproblem betrifft, auch nur geringfügig zu Buche schlagen, so sind sie doch symptomatisch für den Stellenwert, den Fortpflanzung und Kinderkriegen im Bewußtsein des Menschen einnehmen. Der Sexualtrieb erweist sich als existentieller Impuls, dem der Mensch als instinktverhaftetes Wesen sich so wenig entziehen kann wie Hunger und Durst. Für den Vollzug des Geschlechtsaktes, auf dessen Höhepunkt der Homo sapiens für eine kurze Weile Gefühle der Grenzenlosigkeit erlebt, nehmen Mann und Frau beispiellose Risiken auf sich.

Aber auch der eigentliche Zweck der Vereinigung, das Kind, steht hoch im Kurs. In manchen Ländern, wie Brasilien und Indien, wird in hohen Kinderzahlen noch immer die beste Altersversicherung gesehen. Mancherorts steht und fällt das Ansehen des Mannes geradezu mit der Anzahl der Söhne, die er zu zeugen imstande war. Vorurteile oder Naivität machen sich dagegen bemerkbar, wenn es um die Anwendung wirksamer Methoden der

Empfängnisverhütung geht. In Indien hatte der amerikanische Arzt Dr. A. Stone vor Jahren »Perlenketten« als Anzeiger für die fruchtbaren und unfruchtbaren Tage im Monatszyklus der Frau verteilen lassen. Die Frauen sollten die Ketten an die Wand hängen oder um den Hals tragen und täglich eine Kugel von der rechten auf die linke Seite schieben. Das schien narrensicher und versprach, der Zuwachsrate der indischen Bevölkerung endlich Herr werden zu können. Die Ketten begannen mit vier roten Kugeln für die Tage der Regelblutung. Es folgten fünf grüne Kugeln für die »ungefährlichen« Tage, neun schwarze und außerdem eckige Perlen (um sie auch im Dunkeln ertasten zu können) für die »verbotenen« Tage vor und nach dem Eisprung und schließlich zehn grüne Kugeln für die sichere Zeit vor der nächsten Regel.

Stone hatte alles gut bedacht. Nachdem er sich auch der Hilfe von ortsansässigen Hebammen versichert hatte, war er vom Gelingen seines Planes überzeugt. Er hatte indes die Rechnung ohne die Inderinnen gemacht. Vielfach gerieten die Ketten als willkommene Spielzeuge in die Hände der Kinder, weil die Frauen ihren Sinn beim besten Willen nicht begriffen und sie achtlos herumliegen ließen. Andere legten die Ketten in die Schränke und kümmerten sich nicht weiter um sie. Wieder andere erwarteten eine Art Zauberwirkung allein davon, daß sie die Ketten trugen. Eine Dorfbewohnerin beklagte sich: »Ich bin schon wieder schwanger, mein letztes Baby habe ich vor einem Jahr geboren, und ich habe doch die nichtswürdigen Perlen die ganze Zeit um den Hals gehabt!« Eine dritte Gruppe von Frauen löste das Problem in umwerfender Einfalt. Diese Inderinnen pflegten die »Wartezeiten« abzukürzen, indem sie die eckigen Perlen je nach Bedarf zur Seite schoben, gegebenenfalls auch alle auf einmal. Nichtsdestoweniger wunderten sie sich, wenn der Ehelust alsbald der Kindersegen folgte.

Welche Schwierigkeiten einer wirksamen Empfängnisverhütung und damit einer weltweiten Reduzierung des Bevölkerungswachstums entgegenstehen, erwies drastisch auch das niederschmetternde Ergebnis eines ärztlichen Rates zum Coitus interruptus, den ein amerikanischer Arzt nach einem Bericht Alfred Sauvys einmal einem ortsansässigen Farmer gegeben haben soll. »Kurz vor dem Höhepunkt«, so hatte der Arzt dem Manne geraten, »denken Sie am besten ganz intensiv an die Zahl der Kinder, die Sie ernähren können. Das wird Ihnen die nötige Beherrschung verleihen, um das Beisammensein mit Ihrer Frau rechtzeitig abzubrechen!« Als der Farmer einige Zeit später wieder erschien und über die inzwischen eingetretene, neue Schwangerschaft seiner Frau klagte, fragte der Arzt, ob er sich denn nicht an seinen Rat gehalten habe. »Doch, doch«, antwortete der Mann, »aber im letzten Augenblick hatte ich das Gefühl, als würde ich fünfzig Kinder ernähren können.«

Anscheinend ist die Menschheit dazu verdammt, sich zu Tode zu wachsen. Die besten Voraussetzungen dazu bringen wir mit. Eine von ihnen ist, daß wir im Gegensatz zu vielen Tieren nicht nur periodisch, sondern nahezu ständig zu sexuellen Handlungen fähig, also fortpflanzungsbereit sind. Es kann gar keine Frage sein, daß allein dieser Umstand eine wie auch immer geartete künstliche Geburtenregelung rechtfertigt. Was früher seinen Sinn gehabt haben mag, als die Erde noch groß und leer war: Möglichst produktiv zu sein an Nachkommenschaft wie an Gütern, das hat auf unserem inzwischen klein gewordenen und von Menschen wimmelnden Planeten seinen Sinn hoffnungslos verloren.

Was das Bevölkerungsproblem so gefährlich macht, ist nicht zuletzt der Umstand, daß es für den normalen Sterblichen noch relativ unauffällig bleibt, daß es gewissermaßen schleichend größer wird. In den Industrienationen ist zudem die Menschenzunahme kaum zu spüren, da drängt sich anderes vor: die zunehmende Verbauung der Natur, die Technisierung, das Wachstum der Städte, die wie Geschwüre die Landschaft überziehen. Von dem, was weltweit geschieht, erfahren wir nur in Gestalt von

Fotos hungernder Negerkinder, von Statistiken und Kurven. Wir hören die Zahlen und halten einen Augenblick inne, aber unser Arbeitstag ändert sich davon nicht, der Brotaufstrich beim Abendessen und der Ausblick aus unserem Wohnzimmerfenster bleiben die gleichen. Es gibt eine Rechnung, nach der das Gewicht der menschlichen Leiber im Jahre 3500 theoretisch dasjenige der Erde erreicht haben wird – ein fiktives Zahlenspiel gewiß, das aber doch zeigt, wie unerbittlich das Wachstum der Erdbevölkerung dem Kollaps entgegentreibt und wie schwer vorstellbar es ist, daß die tägliche Vermehrungsrate von gegenwärtig fast 200000 auch nur wenige Jahrzehnte noch wachsen kann, ohne daß unser Gesellschaftssystem schweren Schaden erlitte.

Wenn wir aber keine humanen Mittel für eine wirksame Geburtenkontrolle finden – und alles deutet darauf hin – so werden irgendwann inhumane Mechanismen sich des Problems annehmen und es zu lösen wissen. Dieses Schicksal wird uns um so eher ereilen, es wird uns um so härter treffen, je länger wir eine rigorose Einschränkung der Geburtenzahlen hinausschieben oder sie gar für unmoralisch halten. Geburtenkontrolle ist die Voraussetzung für eine menschenwürdige Weiterexistenz unserer Art auf dem Erdball. Es stellt sich freilich die Frage, auf welche Art und Weise wir diese Geburtenkontrolle schließlich werden einführen müssen oder unter welchen Bedingungen sie erzwungen wird. Ein bisher zu wenig beachteter Faktor ist hier das mit dem Bevölkerungswachstum rasch ansteigende Analphabetentum in der Welt.

Die UNESCO hat darüber unlängst in 92 Ländern Untersuchungen angestellt und statistisches Material gesammelt. Danach muß unter den rund 2,34 Milliarden erwachsenen Erdenbürgern derzeit mit etwa 810 Millionen gerechnet werden, die weder lesen noch schreiben können. Und diese Zahl nimmt rasch zu. Analphabet zu sein, muß zwar nicht heißen, auf niedriger Kulturstufe zu stehen, aber lesen und schreiben zu können hilft einem doch, wenn es darum geht, etwa bessere landwirtschaftliche Methoden kennenzulernen. Vor allem aber ermöglicht es den Menschen, den Sinn der Geburtenkontrolle zu verstehen und zu lernen, wie man Empfängnisverhütung betreiben kann.

Im anwachsenden Analphabetentum mag auch einer der Gründe liegen, weshalb in weiten Gebieten der Erde mit der Verteilung empfängnisverhütender Mittel wie der »Pille« so enttäuschende Erfahrungen gemacht worden sind. Vielen Frauen fehlt einfach die Einsicht, daß die »Pille« nicht von Fall zu Fall hilft, »nachdem es passiert ist«, sondern daß sie regelmäßig genommen werden muß, um im Körper jenen schwangerschaftsähnlichen Zustand aufrechtzuerhalten, der eine Befruchtung verhindert. Darum fällt es ihnen so schwer, einer im Grunde so einfachen Aufgabe wie der täglichen Einnahme regelmäßig nachzukommen.

Auch die Vorschriften einer Reihe von Glaubensgemeinschaften werden auf Kosten der Menschenwürdigkeit unseres Weiterlebens auf der Erde befolgt. Einige der großen Religionen befinden sich insofern in einer Konkurrenzsituation, als jede von ihnen behauptet, dem wahren Glauben anzuhängen. Wenn ihre Mitgliederzahlen als Folge wirksamer Verhütungspraktiken schrumpfen würden, so müßten sie nicht nur um den Bestand ihrer Gläubigen fürchten, sondern auch um ihren weltweiten Einfluß und ihre kulturelle Bedeutung. Als Papst Paul VI. seine Enzyklika »Humanae vitae« veröffentlichte, konnte der bevölkerungspolitisch verantwortlich denkende Teil der Menschheit nur mit fassungslosem Befremden zur Kenntnis nehmen, daß die katholische Kirche einer erdrückenden Tatsachenlast zum Trotz weiterhin jede zuverlässige Form einer Empfängnisverhütung ablehnt, darunter die »Pille« und die intrauterinen Pessare als wirksamste Verfahren. Auch hier muß der Verdacht aufkommen, die lange umstrittene Entscheidung der katholischen Kirche habe letzten Endes nicht Vernunfts-, sondern kirchenpolitische Gründe gehabt. Zu einer »Erlaubnis« wirksamer empfängnisverhütender Mittel hätte es ja nicht zuletzt eines gravierenden vatikanischen Eingeständnisses bedurft. Man hätte zugeben müssen, daß der sogenannte Heilige Geist statt beim Heiligen Vater früher auf seiten derjenigen gewesen war, die die Notwendigkeit einer künstlichen Geburtenregelung seit langem erkannt hatten.

Wenn Geburtenkontrolle schon aus religiösen Gründen oder solchen der individuellen Geistesverfassung erschwert wird, so müssen bestimmte radikale Formen andererseits beim Menschen aus ethischen Gründen entfallen. Das wird am deutlichsten, wenn man einmal untersucht, wie verschiedene Tierarten ihre Bevölkerungszahl den Umweltgegebenheiten anpassen.

Bis vor kurzem noch schien festzustehen, daß bei den Tieren Hunger und Krankheit, Räuber und Witterungseinflüsse die entscheidenden Regulative für die jeweilige Populationsdichte, sprich Individuenzahl je Flächeneinheit, seien. Es gibt aber auch andere Dezimierungspraktiken. Bei den Bienen trennt sich ein Teil des alten Stockes und schwärmt unter Führung der Königin aus, wenn der »Bevölkerungsdruck« zu groß geworden ist. In der »Drohnenschlacht« werden die unnütz gewordenen Männchen von den Arbeiterinnen getötet. Die Tupajas, niedere Affen, bringen ihre Jungen um, wenn die Nahrung nicht reicht oder die Wochenstube der Weibchen durch zu viele Junge gestört wird. Die Tötungshemmung unter Artgenossen ist zwar die Regel, aber kein Gesetz.

Neuere Untersuchungen wie die des schottischen Zoologen Vero Copner Wynne-Edwards haben gezeigt, daß auch Geruchs- und Geschmacksstoffe Wirkungen haben können, die auf eine Anpassung der Individuenzahl an die gegebenen Umweltverhältnisse hinauslaufen. Wynne-Edwards fand, daß weibliche Mäuse einen »Anti-Baby-Duft« ausströmen. Wenn dieser Geruch stark genug in der Luft liegt, hemmt er die Entwicklung der Keimdrüsen. Ähnlich bei Froschlarven: Wenn man in einem

Aquarium zu einer Anzahl kleinerer Kaulquappen eine größere Larve setzt, so hören die kleineren sofort zu fressen auf. Der Nachweis, daß auch hier ein Geruchsstoff verantwortlich ist, gelingt leicht. Es genügt schon, einen Tropfen Wasser aus einem Behälter mit größeren Kaulquappen in das Becken mit den kleineren fallen zu lassen, um den »Hungerstreik« auszulösen. Bei Lachsen hat man beobachtet, daß sie um so kleiner bleiben, je mehr Jungtiere aus den Eiern in einem bestimmten Laichgebiet schlüpfen. Nicht ein schon eingetretener Notstand also – wie etwa Hunger durch zu starke Beanspruchung der Nahrungsquellen –, sondern ein zu erwartender Notstand durch zu zahlreich heranwachsende Individuen regelt – hier auf dem Wege über chemische Agenzien – die Nachkommenzahl und damit die spätere Belastung der Nahrungsquellen.

Auch primitiv-brutale Formen der Geburtenregelung sind bekannt. Zu den einzeln lebenden Tieren gehören die Strandkrabben. Sie verhalten sich solange friedlich, wie ihnen eine gewisse »Ellenbogenfreiheit« bleibt, das heißt, solange jedes Tier über einen bestimmten Freiheitsraum um sich herum verfügt. Wird dieser Raum zu klein, gibt es Mord und Totschlag. Setzt man eine beschränkte Zahl von Strandkrabben in ein Aquarium, gibt ihnen reichlich Futter und durchströmt das Wasser ausreichend mit Sauerstoff, so geschieht zunächst gar nichts. Die Tiere verhalten sich ruhig. Setzt man jedoch weitere Krabben hinzu, dann beginnt über kurz oder lang ein grausames Spiel.

Um es zu verstehen, muß man wissen, daß die Strandkrabben sich wie alle Krebse von Zeit zu Zeit häuten müssen, um dem wachsenden Körper eine neue und größere, nicht mitwachsende Kalkschale zu geben. Der schützende Panzer wird dann abgeworfen. Wenn in der freien Natur eine Krabbe diesen Vorgang nahen fühlt, so zieht sie sich dazu an einen sicheren Ort zurück. Hier bleibt sie verborgen, bis der neue Panzer dick genug ist, um ihr wieder Schutz zu bieten. In dem überfüllten Aquarium können die Krabben jedoch nicht genügend sichere Verstecke finden, um sich für ihre verwundbare Zeit unauffindbar zu machen. Sie bleiben während des Häutens in Reichweite ihrer Artgenossen. Und weil es auch bei den Strandkrabben keine instinktive Tötungshemmung gibt, wird das sich häutende Tier von den anderen überfallen und aufgefressen.

Was dieses Beispiel lehrt: Strandkrabben sind nur solange vor ihresgleichen sicher, wie sie ihren Panzer tragen. Immer dann, wenn sie sich häuten müssen, brauchen sie ein Versteck. Mit anderen Worten: Sie brauchen genügend Raum um sich herum, um zu überleben. Steht dieser Raum, stehen hinreichend Versteckmöglichkeiten nicht zur Verfügung, so müssen sie sterben. Mit dem Tod der Opfer entsteht Raum für die anderen und wird die Art erhalten: Der Tod des einzelnen Individuums als Voraussetzung für das Überleben der Art. Das Regulativ bei den Strandkrabben, auch so kann man es sehen, ist die Bevölkerungsdichte: Werden weniger als die Hälfte in einem bestimmten Areal lebende Tiere beim Häuten von den Artgenossen gefressen, so kann sich die Population vermehren. Werden mehr als die Hälfte gefressen, so verringert sie sich. Die Feinregelung ist nach menschlichen Maßstäben zwar brutal, doch sie funktioniert perfekt.

Einem ganz anderen Regulativ unterliegen die Feldmäuse. Bei ihnen gibt letzten Endes psychischer Streß den Ausschlag. Am Anfang ist alles einfach. Die Weibchen halten »Reviere« besetzt, in denen sie ihre Nester bauen und die Jungen großziehen. Die Reviere sind zuerst ziemlich groß und werden dann – mit wachsender Individuenzahl – kleiner. Denn immer mehr Weibchen müssen den vorhandenen Raum unter sich teilen. Wenn die Reviere zu klein geworden sind, gründen mehrere Weibchen Nestgemeinschaften. Der Not gehorchend, bewohnen sie jetzt die Nester gemeinsam und ziehen ihre Jungen auch gemeinschaftlich groß. Damit allerdings scheint ihr Repertoire an Selbsthilfemaßnahmen erschöpft zu sein, denn im nächsten Stadium treten Schlaf- und Verhaltensstörungen auf, in deren Folge die Fruchtbarkeit der Mäuse nachläßt. Die Zahl der geworfenen Jungen geht von mehr als 12 auf weniger als fünf zurück.

Die Feldmäuse in dem betreffenden Wohngebiet vermehren sich jetzt langsamer, doch sie vermehren sich noch. Das katastrophale Ende kündigt sich mit Haarsträuben, Buckelmachen, Lähmungen der Gliedmaßen und Auskühlung des Körpers an. Schließlich greift Kannibalismus um sich: Die Tiere fressen einander auf. Aber auch die übrigbleibenden Mäuse entgehen ihrem Schicksal nicht. Auch sie müssen sterben, und ihr Tod trägt alle Zeichen des hypoglykämischen Schocks. Untersuchungen dieser Tiere haben Schädigungen an der Leber und Entzündungen der Nebennieren ergeben. Nur wenigen Feldmäusen gelingt es, sich dem tödlichen Lauf der Dinge zu entziehen, indem sie aus dem zu eng gewordenen Wohngebiet ins Ungewisse flüchten.

Die auf- und absteigende Kurve der Bevölkerungsentwicklung bei Mäusen hat der amerikanische Verhaltensforscher John Calhoun im Versuch demonstriert. Er hatte die Frage gestellt, was auf die Menschheit zukomme, wenn um das Jahr 2010 ein kritischer Punkt gegenseitiger Bedrängnis und Belästigung überschritten werde. Anhaltspunkte dafür hoffte er mit Hilfe eines Experiments an weißen Mäusen zu gewinnen. In einem Drahtkäfig ahmte er die apokalyptische Situation nach – besser: Er ließ den Pferchungsnotstand allmählich entstehen. Sein Versuchskäfig bot etwa 4000 Tieren Platz. 256 Nistgelegenheiten an den Wänden ringsum konnten beliebig benutzt werden. Futter und Wasser standen unbeschränkt zur Verfügung. Die paradiesische Wohnlandschaft – sieht man vom begrenzten Raum ab – war frei von Feinden, hatte optimale Temperatur und bot Schutz vor Störungen jeder Art. Auch Krankheiten gab es unter Calhouns Mäusen nicht.

Was geschah? Aus vier anfangs eingesetzten erwachsenen Mäusepaaren erwuchs eine florierende Kolonie. Alle fühlten sich wohl. Aber bald wendete sich das Blatt. Erste Beobachtung: Mit zunehmender Individuenzahl bildete sich eine »Hackordnung« heraus, eine Rangfolge, die von den starken, beherrschenden Tieren geführt und von den schwächsten beschlossen wurde. Die kräftigsten Mäuse besetzten die den Wasser- und Nahrungsbehältern nächstgelegenen Nistplätze. Weniger starke gaben sich mit ungünstigeren Nestern zufrieden, den schwächsten blieb nur der offene Käfigraum. Zweite Beobachtung: Die Mäuse begannen, psychische Verfallserscheinungen zu zeigen, die Calhoun als »Withdrawal-Syndrom« zusammenfaßte: »Abbau der Persönlichkeit«, könnte man vermenschlichen.

Typisch dafür war, daß die rangniedersten Tiere sich sogar dann kaum noch wehrten, wenn sie von den anderen gebissen wurden. Die stärksten benahmen sich zwar friedlich und behielten ihr glattes Fell, aber sie wirkten bedrückt und lethargisch. Alle tranken, fraßen und schliefen, aber die Männchen kopulierten nicht mehr mit den Weibchen. Weder bauten sie weiter an ihren Nestern noch kämpften sie, noch stöberten sie nach Mäuseart umher. »Sie hörten auf, richtige Mäuse zu sein«, kommentierte Calhoun.

Als die Kolonie nach etwa 2½ Jahren eine Kopfzahl von 2000 Tieren erreicht hatte, begannen die Auflösungserscheinungen. Zahlreiche Mäuse verließen nun die Nester nicht mehr. Sie benahmen sich wie psychisch Kranke im Zustand tiefer Depression. Ein paar Wochen später waren alle tot.

Wie bei den Mäusen, so stellt auch bei den Elefanten der Lebensraum mit seinen Existenzmöglichkeiten einen unerbittlichen Richter über die Größe der Herden dar. Als die Zahl der ostafrikanischen Dickhäuter Mitte der sechziger Jahre als Folge von Hegemaßnahmen erheblich zunahm, fürchteten viele um den Bestand der Vegetation in den blühenden Wildreservaten. Die Elefanten drohten alles niederzutrampeln und das Buschland in eine trostlose Grassteppe zu verwandeln. Damals beschlossen die Behörden der betroffenen Länder, durch Wildhüter Tausende von Elefanten abschießen zu lassen. Warnende Stimmen, die zum Abwarten geraten und vorausgesagt hatten, die Herden würden von selbst wieder kleiner werden, nahm man nicht ernst. Auch konnte man wohl nicht verstehen, warum in diesem Fall der Natur überlassen bleiben sollte, was der Mensch viel rascher, nachhaltiger und dazu noch profitbringend selber tun konnte.

Inzwischen liegt das Ergebnis einer Studie zweier Wissenschaftler vor, wonach die Elefanten durchaus die Fähigkeit haben, ihre Kopfzahl den herrschenden Existenzbedingungen selbst anzupassen. Dr. John Hanks von der Universität Rhodesiens und Dr. J. E. A. McIntosh vom britischen Landwirtschaftsrat in Cambridge konnten nachweisen, daß die Fruchtbarkeit ostafrikanischer Elefanten abnimmt, wenn ihre Populationsdichte wächst. Das wird durch eine Reihe ineinandergreifender, im Effekt sich ergänzender Vorgänge erreicht. Einmal geht das fruchtbare Alter der Elefantenkühe von maximal 55 Jahren auf etwa 45 Jahre zurück – die Kühe kommen also, wenn man so will, früher in die Wechseljahre. Zweitens werfen sie ihre Kälber nicht mehr in Abständen von etwa drei, sondern nur noch alle neun Jahre. Die weiblichen Kälber ihrerseits werden nicht schon mit 12 Jahren, wie es üblich ist, sondern erst mit 22 geschlechtsreif. Den Ausschlag aber gibt die erhöhte Sterblichkeit unter den Kälbern. Hanks und McIntosh beobachteten im sambischen Luangwa-Nationalpark eine Erhöhung der Sterberate von bisher fünf auf zwanzig Prozent. Ging bisher nur jedes zwanzigste Elefantenkalb zugrunde, so starb jetzt jedes fünfte. Im Verein mit den übrigen Regelgrößen ergab sich daraus ein zwar allmählicher, aber wirksamer Schrumpfungsprozeß der Herden in einer Größenordnung von etwa fünf Prozent im Jahr.

Wir wissen nicht, welches körperliche, welches psychische Geschehen für die Steuerung der Fruchtbarkeit bei den Elefanten verantwortlich ist, fest steht nur: es funktioniert. Es funktioniert besser als bei uns Menschen, die wir offenbar auf eine katastrophale Entwicklung der Dinge hin Kurs genommen haben und diese Entwicklung mit allen technischen und moralischen

Mitteln fördern. Der Elefantenabschuß hätte unterbleiben können, wenn nicht kommerzielle Interessen im Spiel gewesen wären.

Unwillkürlich wird man hier an ein Wort des schottischen Psychiaters Professor George Carstairs erinnert. Er warnte davor, die irrationalen Kräfte zu unterschätzen, die in einem Menschenkollektiv ausbrechen können, wenn die überlieferten Sozialstrukturen bei ungehemmter Massenvermehrung zusammenbrächen. Ist dies ein Hinweis auf ein kommendes, spezifisch menschliches Bevölkerungsregulativ? Werden wir Menschen als Folge der Pferchung und der wachsenden psychischen Streßerscheinungen körperliche und seelische Veränderungen erleben, die unsere Fruchtbarkeit dämpfen? Und würde dies auf eine vergleichsweise noch humane Entwicklung der Dinge hindeuten? Die Aussichten dafür stehen schlecht. Wenn man die Bevölkerungsstatistiken der Entwicklungsländer liest, so bietet sich ein hoffnungsloses Bild, das eher für Seuchentod und Hungersnöte spricht. Zuwachsraten von zwei und drei Prozent sind keine Seltenheit; trotz Pille und Aufklärung über empfängnisverhütende Mittel ist keine Wende des bedrohlichen Trends zu erblicken.

Noch immer trügt auch die Hoffnung, es könnte dort, wo die Bevölkerung besonders stürmisch wächst, das eintreten, was man die Abschnitte drei und vier des Bevölkerungszyklus genannt hat. Die Theorie, die dem zugrunde liegt, ist am Beispiel Englands und Wales entworfen worden. Deren Bevölkerungsentwicklung im Zeitraum von 1750 bis 1840 wurde als typisch für ähnlich gelagerte Fälle angesehen. Im ersten Abschnitt hatten diese Länder hohe Geburten- und Sterberaten, der Bevölkerungszuwachs blieb gering. Im zweiten ging die Sterblichkeit dank besserer Hygiene und wachsender medizinischer Kenntnisse zurück, während die Geburtenrate stabil blieb; die Bevölkerung wuchs. Im dritten Abschnitt ging die Sterblichkeitsrate weiter zurück, aber auch die Geburtenrate sank rasch, das Wachstum verringerte sich wieder. Im vierten Abschnitt schließlich verharrten beide, Sterblichkeit und Geburtenrate, auf einem unteren Niveau, der Bevölkerungszuwachs blieb minimal.

Gelegentlich hört man deshalb, die Entwicklung in England und Wales lasse sich auch als Modellfall für die Entwicklung der dritten Welt ansehen. Man brauche nur abzuwarten, so wird argumentiert, bis den Menschen dort genügend Wohlstandsgüter zuteil geworden seien, dann werde der Kindersegen automatisch zurückgehen.

Hiergegen ist einzuwenden, daß eine wesentliche Steigerung des Lebensstandards in den Entwicklungsländern schon wegen des weltweit begrenzten Wirtschaftswachstums schwerlich erwartet werden kann. Aber ein zweites kommt hinzu. Wir leben heute nicht mehr in der Zeit zwischen 1750 und 1940. Während die Bevölkerung in England-Wales in den ersten hundert Jahren dieser Spanne nur um etwa 11,5 Millionen zunahm, leben in den Entwicklungsländern heute weitaus mehr Menschen. Diese Völker sind daher auch mit erheblich höherer Vermehrungspotenz gesegnet. Sie wachsen exponentiell und damit zu rasch, als daß ein geburtendrosselnder Wohlstand noch zum Zuge kommen könnte. Die Ausgangssituation ist also viel ungünstiger. Wie eine schon groß gewordene Schneekugel, wenn sie hangabwärts rollt, viel rascher an Umfang zunimmt und schwerer aufzuhalten ist als ein noch kleiner Schneeball, so vermehren sich bereits große Bevölkerungen unter gleichen Voraussetzungen ungleich vehementer als kleine. Mit jedem Jahr, mit jedem neu veröffentlichten demographischen Jahrbuch der UNO wächst die beklemmende Einsicht: Die Springflut menschlichen Lebens in den Entwicklungsländern ist schon zu hoch, als daß die »Phasentheorie« vom Bevölkerungszyklus noch rechtzeitig eine humane Wende bringen könnte. Die Bremsen greifen nicht mehr, zumal den Menschen dort auch die Segnungen der Medizin mit ihrem zuwachsfördernden Effekt noch weitgehend bevorstehen. Hinzu kommt das erwähnte Analphabetentum in diesen

Ländern, das Appelle an die Vernunft oder Aufklärungsfeldzüge zunehmend erschwert.

Die zahlenmäßige Entwicklung von Bevölkerungen ist ein Vorgang, der von vielen Faktoren gesteuert wird und keineswegs einfach zu durchschauen ist. Geburtenrate und Sterblichkeit, Durchschlagskraft empfängnisverhütender Maßnahmen, Stand der medizinischen Versorgung und allgemeine Hygiene, Wirtschaft, Lebensstandard, religiöse Überzeugungen und Bevölkerungsstruktur spielen mit. Ein Beispiel für diese Kompliziertheit liefert Kolumbien mit seinen derzeit 18 Millionen Einwohnern. Aufgrund seiner Bevölkerungsstruktur – es gibt verhältnismäßig viele Frauen im gebärfähigen Alter – würden sich die Kolumbianer selbst dann noch auf 30 Millionen vermehren, wenn sie sich von heute auf morgen entschlössen, pro Familie nur noch höchstens zwei Kinder zu haben.

Sieht man die Weltbevölkerung als Ganzes, so bleibt trotz regionaler Lichtblicke, trotz örtlich erfolgreicher Maßnahmen zur Empfängnisverhütung der erschütternde Saldo eines unaufhörlichen, beschleunigten Wachstums von jährlich rund zwei Prozent: fast 9000 Menschen mehr auf der Erde jede Stunde, rund 75 Millionen jedes Jahr. Die Bevölkerungen der unterentwickelten Länder müßten dem Beispiel der disziplinierten Japaner nacheifern können, wenn diese Zahlen nennenswert gesenkt werden sollten. Aber sie begreifen in ihrer Mehrheit nicht einmal das Problem, um das es geht.

Wir müssen jetzt über eine ebenso ungewollte wie unumgängliche Auswirkung der modernen Medizin sprechen, die die Zweischneidigkeit des humanitären Helfens und Heilens besonders deutlich macht. Es handelt sich darum, daß Erbkrankheiten immer wirkungsvoller behandelt werden können, daß immer mehr Erbkranke auf diese Weise das heiratsfähige Alter erreichen und die Zahl der Erbleiden in der Bevölkerung dadurch unablässig zunimmt. Zu diesen Krankheiten gehören sowohl die äußerlich sichtbaren, körperlichen und geistigen Leiden aller

Grade, als auch unsichtbare Mängel, wie etwa die erblich bedingte Schwächung der Abwehrkräfte des Körpers. Das ernste Problem, das hier als Folge der von der Medizin entschärften natürlichen Auslese erwachsen ist, haben große Teile der Öffentlichkeit in seiner Tragweite noch gar nicht zur Kenntnis genommen.

Ein Beispiel: In den letzten 25 Jahren hat sich die Zahl der Zuckerkranken mehr als verzehnfacht. Natürlich wird man ein derart alarmierendes Ansteigen einer vererbbaren Krankheit nicht allein darauf zurückführen wollen, daß seit der Entdeckung des künstlichen Insulins im Jahre 1921 zahlreiche zuvor todgeweihte Diabetiker Kinder – diabetische Kinder – haben konnten. Man wird auch bedenken müssen, daß die medizinische Diagnostik verbessert wurde und die Lebensgewohnheiten in den westlichen Ländern die Krankheit möglicherweise dort begünstigen, wo die vorhandene Anlage für ihren Ausbruch allein nicht ausgereicht hätte. Dennoch bleibt erschreckend, daß wir beispielsweise in der Bundesrepublik Deutschland mit mindestens zwei Prozent Diabetikern rechnen müssen, der »Zucker« sich also in kurzer Zeit zu einer ausgesprochenen Volkskrankheit entwickelt hat.

Beim Diabetes mellitus geht es im wesentlichen um eine Krankheit, die in der Unfähigkeit der »Langerhansschen Inseln« der Bauchspeicheldrüse besteht, genügend Insulinhormon zu produzieren. Als Folge davon kommt der Zucker- und Fettstoffwechsel in Unordnung, der Zuckerspiegel im Blut steigt, und wenn dem Kranken das Hormon nicht künstlich zugeführt wird, wenn er nicht streng diätetisch leben kann, erkrankt er lebensgefährlich. Im Zusammenhang mit dem Diabetes darf man zudem einen besonders bedrückenden Tatbestand nicht verschweigen. Er betrifft die an Zucker leidenden Frauen und die Gefahr, die den Kindern dieser Frauen droht.

Wenigen nur ist bekannt, daß eine Diabetikerin, die heute dank dem Insulin und gegebenenfalls auch hormoneller Behandlung Mutterfreuden entgegensieht, ihr noch ungeborenes Kind schwer gefährdet. Nicht nur gehen ein Drittel bis die Hälfte der Embryonen vor der Geburt zugrunde, sondern es werden auch etwa dreißig Prozent der übrigen so groß, daß eine Kaiserschnitt-Operation erforderlich wird. Hinzu kommt, daß alle Kinder von zuckerkranken Frauen wie Frühgeburten versorgt werden müssen, das heißt, sie brauchen künstliche Sauerstoff-Beatmung, Wärmebettchen und einen besonders umfangreichen Infektionsschutz. Trotzdem sterben 40 bis 70 Prozent der Kinder zuckerkranker Frauen vor oder nach der Geburt. Das Niederdrückendste aber ist, daß jedes zehnte der überlebenden Kinder, namentlich der nicht sorgfältig »eingestellten« und mit Insulin behandelten Diabetikerinnen, geistige Defekte oder Mißbildungen davonträgt, vor allem solche am Herzen.

Ungefähr ein Viertel bis ein Drittel aller Menschen scheinen heute die Anlage für den Diabetes zu besitzen. Da Diabetes jedoch dem einfach rezessiven Erbgang folgt – ein Mensch also nur dann erkrankt, wenn er die Anlage von beiden Elternteilen geerbt hat –, so können normalerweise nur diese sogenannten »homozygoten« Träger zuckerkrank werden. Allerdings sieht es so aus, als ob auch die Heterozygoten nicht ganz unberührt bleiben, denn unter besonderen Bedingungen – genannt seien Streß und Luxuskonsum – können auch sie zuckerkrank werden. Immer handelt es sich in diesen Fällen jedoch um leichtere und medikamentös gut beherrschbare Formen des Diabetes.

Diese »potentiellen« Diabetiker könnten vor Jahrtausenden nach einer These des amerikanischen Genetikers James V. Neel sogar einen Vorteil aus ihrer Veranlagung gezogen haben. Neel nimmt an, daß diesen Menschen ihre Anlage, die mit der Fähigkeit zur Speicherung von Fettreserven im Körper verbunden ist, in den Notzeiten ihres Sammler- und Jägerlebens bessere Überlebenschancen sicherte, weil die Fettreserven quasi als eiserne Ration dienten, während andere Artgenossen in Hungerzeiten eher an Entkräftung starben. So wäre, meint Neel, der relativ hohe Prozentsatz potentieller Diabetiker unter uns heutigen Menschen vielleicht erklärbar.

Bei den Völkern der Industrienationen wird man der Eigenschaft, Fett zu speichern, heute kaum noch positiven Auslesewert zuschreiben können. Bei ihnen hat die Anlage zumindest vorerst ihren Sinn verloren, sie ist zu einem lästigen Relikt geworden wie der Blinddarm. Damit aber, daß wir jetzt auch die noch nicht erkrankten Anlageträger an ihrem Blutzuckerspiegel erkennen und vorbeugend behandeln können, gelangen immer mehr Zuckerkranke ins fortpflanzungsfähige Alter und werden auch immer mehr Kinder mit der Anlage zum Diabetes geboren.

Ein anderes Beispiel für den »schleichenden Erbverfall« ist eine Geisteskrankheit, bei der die Umwandlung der Aminosäure Phenylalanin zu Tyrosin im Körper gestört ist: die Phenylketonurie, kurz »PKU« genannt. Wenn dieses Leiden unbehandelt bleibt, führt es zu schwerem Schwachsinn. 63 Prozent der Kranken werden zu Idioten mit einem Intelligenzquotienten unter 20, nur bei 2,5 Prozent liegt der Quotient über 60 (normal wäre 100).

Seit einigen Jahren ist es nun dank spezifischer Tests wie dem Guthrie-Test möglich, Kinder, die an PKU leiden, schon unmittelbar nach der Geburt anhand einer Blutanalyse zu erkennen. Diesen Kindern wird daraufhin eine phenylalanin-arme Diät verschrieben, ein künstliches Eiweiß-Hydrolysat, das den Schwachsinn verhindert, aber natürlich nicht die Erbanlage korrigieren kann.

Die »PKU« tritt heute etwa einmal unter 10000 Geburten auf, aber auf jeden Kranken kommen 198 äußerlich Gesunde, die das PKU-Gen verdeckt besitzen – die heterozygoten Träger. Wie intensiv die Krankheit bekämpft wird, beweisen die jetzt überall entstandenen Untersuchungsstellen für Blut- und Harnproben von Säuglingen. So kann jeder Fall rasch erkannt, dem Kinde kann das Schicksal der Verblödung erspart werden und seine Heiratschancen werden von dem Leiden kaum noch geschmälert.

Die Beispiele für Erbkrankheiten, deren ärztliche Behandlung auf die Symptome beschränkt bleiben muß, lassen sich noch beträchtlich vermehren. So können heute erbliche Gebrechen wie Hüftgelenksverrenkung (1 Fall auf etwa 1500 Geburten), Klumpfuß (1 : 1000) und Lippen-Kiefer-Gaumenspalte (1 : 500) von geschickten Chirurgen äußerlich fast unsichtbar gemacht werden, so daß die Heiratschancen der Betroffenen wieder steigen.

Dem Retinoblastom (1 : 20000), einem Augenkrebs, fielen die Erkrankten früher fast ausnahmslos zum Opfer. Auch der Augenkrebs kann erblich sein. Die Geschwulst beginnt zunächst meist unbemerkt im frühen Kindesalter auf der Netzhaut. Später erst zeigt ein heller Schimmer hinter der Pupille den Eltern an, daß da etwas nicht normal ist. Die augenärztliche Untersuchung bringt meist Gewißheit: Große Teile des Augenhintergrundes werden von einer grauweißen Geschwulst bedeckt. Früher war die Erkrankung meist hoffnungslos. Der Krebs breitete sich im ganzen Körper aus, bevor die Betroffenen das Heiratsalter erreichten. Heute läßt sich das Retinoblastom je nach dem Stadium der Erkrankung besiegen. Den individuellen Umständen entsprechend werden die betroffenen Augen entweder entfernt oder die Geschwulst wird mit Hilfe von Lichtkoagulation oder energiereichen Strahlen zerstört, so daß die Sehkraft zumindest teilweise erhalten bleibt. Nach einer Schätzung überleben auf diese Weise durchschnittlich achtzig Prozent der am Retinoblastom Erkrankten.

Auch die Bluterkrankheit (1 : 8000) hat ihre Schrecken verloren, seit es hochwirksame, gerinnungsfördernde Medikamente und Bluter-Internate zur Schul- und Berufsausbildung der Patienten gibt. Bluterkranke, die ein früher Tod einst daran hinderte, können ihre unglückliche Erbeigenschaft heute weiter vererben und damit auch weiter verbreiten.

Zu den Erbleiden, deren Träger dank der modernen Medizin heute viel häufiger das Fortpflanzungsalter erreichen als früher, gehört auch die Polyposis intestinalis, ein erblich bedingtes Auftreten von Polypen im Darm. Diese Polypen entarten häufig zu Krebs. Das gleiche gilt für manche Herzfehler, für einzelne Formen von erhöhtem Fettgehalt im Blut (Hyperlipidämien) und für die Wasserharnruhr (Diabetes insipidus). Schließlich muß ein früher meist tödliches Erbleiden genannt werden, bei dem der Magenpförtner – der Übergang vom Magen zum Zwölffingerdarm – krankhaft verengt ist (Pylorusstenose). Auch diese Krankheit läßt sich heute chirurgisch leicht korrigieren, so daß die Säuglinge überleben, das Heiratsalter erreichen und ihre kranke Anlage weitervererben können.

In allen diesen Fällen tritt die Medizin vergleichsweise als Wegbereiterin derselben Leiden auf, die sie sich zu heilen bemüht und man versteht, wie schwerwiegend die menschlichen Probleme sind, die den Erkrankten gleichwohl wie der Gesellschaft, aber auch den Ärzten und dem Gesetzgeber daraus erwachsen. Denn niemand wird natürlich einem Erbkranken die bestmögliche Hilfe mit dem Argument verweigern wollen, daß im Falle seiner Fortpflanzung mit einer abschätzbaren Wahrscheinlichkeit neue Erbkranke geboren werden würden. Andererseits wird der Rat, in diesen Fällen möglichst keine Nachkommen zu zeugen, nur teilweise befolgt, am wenigsten dort, wo den Betroffenen wegen ungenügender Schulbildung oder leichten Graden von Geisteskrankheit die notwendige Einsichtsfähigkeit und damit die Voraussetzung für verantwortliches Handeln fehlt.

Eine Reihe von Krankheiten, von denen hier die Rede war, lassen sich heute auch schon durch vorgeburtliche Diagnosen wie etwa die Ultraschall- oder die Fruchtwasseranalyse (Amniocentese) erkennen. Für die Untersuchung des Fruchtwassers – möglichst in der 14. Schwangerschaftswoche – wird die Embryonalhülle des sich entwickelnden Kindes punktiert. In der entnommenen Flüssigkeit befinden sich Zellen aus dem kindlichen Organismus, die auf Nährmedien vermehrt und auf verschiedene Weise untersucht werden können. So lassen sich nicht nur das Geschlecht des Kindes, sondern auch etwaige Erbkrankheiten feststellen, die aufgrund der Chromosomenzahl und -form erkennbar sind, wie etwa der Mongolismus. Besteht die statistische Wahrscheinlichkeit zur Geburt eines solchen Kindes für die Mutter, so kann die Amniocentese die Befürchtung gegenstandslos machen, wenn sie negativ verläuft. Sie kann sie aber auch bestätigen, so daß gegebenenfalls zum Abbruch der Schwangerschaft geraten werden kann.

Diese »Gegensteuerung« zum erblichen Verfall bleibt indessen wegen der Aufwendigkeit des Verfahrens nur einem kleinen Bevölkerungsteil vorbehalten. Den weltweiten Trend wird die neue Technik schwerlich beeinflussen.

In noch höherem Maß gilt dies für die künstliche Veränderung menschlicher Erbanlagen auf dem Wege einer künftigen »genetischen Manipulation« der Keimzellen. Wohl ist es denkbar und in absehbarer Zeit auch zu erwarten, daß Erbkranken, denen ein bestimmtes Enzym fehlt, eines Tages die dafür erforderlichen Gene als mikrobiologische Produktionsrezepte in die Körperzellen geschleust werden – etwa mit Hilfe gutartiger Viren. Damit wäre dann zwar dem einzelnen Erbkranken geholfen. Aber selbst wenn es gelingen sollte, in die für die Vererbung allein zuständigen Keimzellen solcher Menschen einzugreifen und in ihnen eine auch für die Nachkommen wirksame genetische Therapie durchzuführen – was zur Zeit äußerst unwahrscheinlich ist –, so würden diese Fälle doch viel zu selten bleiben, um eine allgemeine Tendenzwende des weltweiten Erbverfalls herbeiführen zu können.

Ziehen wir hier eine Zwischenbilanz, so zeigt sich der durch Medizin und Sozialhygiene erreichte »Fortschritt« darin, daß heute 95 Prozent aller Neugeborenen das fortpflanzungsfähige Alter erreichen, während dies vor 200 Jahren nur bei der Hälfte aller Kinder der Fall war.

Die erbbiologischen Folgen dieser Entschärfung eines Naturgesetzes durch die Errungenschaften des Menschengeistes schlagen sich aber nicht nur in einem Ansteigen der Erbkrankenzahlen nieder. Sie machen sich auch in einer Schwächung körperlicher Abwehrsysteme gegen Krankheiten bemerkbar, und dies kann unter Umständen noch schwerwiegender sein. Dazu bemerkt der deutsche Genetiker Professor Friedrich Vogel treffend: »Viel bedenklicher erscheint mir die Gefahr, daß sich adaptive Systeme wieder auflösen werden, die unter dem Druck starker Selektion aufgebaut worden sind. Hier denke ich vor allem an unser Immunsystem. Die über 50 Prozent aller Kinder, die vor 200 Jahren vor dem 20. Lebensjahr starben, litten ja nicht an Erbkrankheiten. Sie gingen größtenteils an Infektionskrankheiten zugrunde. Gerade diese Selektion hat unter dem Einfluß der modernen Therapie fast aufgehört.«

Was Vogel hier meint, ist die zunehmende Verwendung antibiotischer Arzneien. Mit dem einerseits notwendigen, teilweise aber auch allzu sorglosen und routinemäßigen Einsatz dieser Mittel wird dem Menschen jene natürliche Abwehrarbeit abgenommen, die einst das einzige und bewährte, wenn auch oft zeitraubende Mittel der Bekämpfung von Infektionskrankheiten war. Menschen ohne genügende Abwehrkräfte – sprich ohne ausreichend funktionierendes Immunsystem – erlagen diesen Krankheiten in der vor-antibiotischen Ära viel häufiger. Auch hier fand also eine unerbittliche Auslese der Abwehrtüchtigen statt.

Mit anderen Worten: Die immunbiologische Widerstandsfähigkeit wurde früher immer wieder selektiv gefördert, geradezu gezüchtet. Heute dagegen überleben unter dem Schutz der Medikamente auch die erblich Abwehrschwachen, deren Anteil in der Bevölkerung sich damit vergrößern muß. Das mag solange unbedenklich erscheinen, wie ständig genügend Medikamente verfügbar sind, um den Bedrohten in der aktuellen Notlage zu helfen. Rechtfertigt aber die vorläufig noch gegebene Verfügbarkeit von Antibiotika den Gleichmut, mit dem dieser Vorgang hingenommen wird? Was wird geschehen, wenn der Nachschub dieser Medikamente aus irgendwelchen Gründen, wie eine zunehmende Energiekrise oder Rohstoffverknappung, nicht mehr funktioniert? Ein neuerliches Aufflackern, ja ein seuchenhaftes Auftreten von Infektionskrankheiten wird dann unvermeidlich sein.

Hinzu kommt, daß die Medizin mit ihrem großzügigen Gebrauch energiereicher Strahlen und radioaktiver Elemente in Diagnose und Therapie dazu beiträgt, das natürliche Maß der Erbanlagen künstlich zu erhöhen. Auch dies muß sich nachteilig für den Gesamt-Gen-Bestand der Bevölkerung auswirken. Die Gefahr droht einerseits durch den allzu sorglosen Einsatz von Röntgengeräten, aber auch durch die sogenannten Radionuklide – künstlich radioaktiv gemachte Elemente, die zur Diagnose oder Therapie in den Körper gebracht werden und dort ihre Strahlung teils erwünscht, teils unerwünscht abgeben. Soweit diese Strahlen die Keimzellen erreichen, kann es zu vererbbaren »Druckfehlern« in jener chemisch verschlüsselten Schrift kommen, die unsere Erbinformationen enthält: dem genetischen Code. Genauso aber, wie ein Druckfehler in einem Aufsatz auch nur ganz selten zur Verbesserung seines Inhalts beiträgt, so wenig tun dies durch Strahlung ausgelöste Veränderungen in den Erbanlagen. Die entstandenen Schäden können sich in Erbkrankheiten äußern und damit die Erbkranken in der Bevölkerung vermehren helfen.

Natürlich kann man sich fragen, ob die Bedenken gegenüber den Röntgenstrahlen nicht übertrieben sind. Warum sollte ausgerechnet diese segensreiche Erfindung dem lebenden Gewebe gefährlich werden? Sind wir nicht von einem Gewimmel verschiedenster Strahlen und Wellen umgeben, ohne daran Schaden zu erleiden? Schall, Licht und Radiowellen dringen auf uns ein und sind offensichtlich harmlos – ausgerechnet die Röntgenstrahlen aber sollten eine Ausnahme machen?

Man muß jedoch zwischen energiearmen Strahlen – das sind

Licht, Wärme, Schall und Funkwellen – und energiereichen unterscheiden, zu denen neben den Röntgenstrahlen auch die Alpha-, Beta- und Gammastrahlen und die schnellen Neutronen zählen. Die Strahlen der letzten Gruppe »ionisieren«, das heißt, sie beschädigen Atome und Moleküle, sie verändern deren elektrischen Zustand. Sie sind wie ein Strom winziger Geschosse, die in das lebende Gewebe eindringen. Man kann den Unterschied zwischen den verschiedenen Strahlen am besten durch einen Vergleich veranschaulichen: Denkt man sich einen Zellverband ins Riesenhafte vergrößert, so daß die Moleküle sichtbar werden, aus denen er besteht, so lassen sich die Moleküle mit einem Wald hölzerner Kegelfiguren vergleichen, durch den die Strahlenteilchen wie ein Schwarm kleiner Kugeln schießen. Handelt es sich um energiearme Strahlen wie beim sichtbaren Licht, so sind die Kugeln federleicht wie Zelluloidbälle. Sie können die schweren Holzkegel nicht umwerfen, sondern höchstens leicht erzittern lassen. Das lebende Gewebe wird von ihnen nicht beschädigt. Allenfalls geraten die Moleküle darin heftig in Bewegung, doch hat dies kaum nachteilige Wirkungen, eher anregende und heilsame, wie wir dies von den Rotlicht-Bestrahlungen bei Entzündungen her kennen. Anders die energiereichen Strahlen. Sie gleichen schweren Kugeln, die die Holzkegel umwerfen. Solche Strahlen reißen auch im lebenden Gewebe die Moleküle auseinander und beschädigen sie. Hat ein Strahlenteilchen die elektrischen Ladungsverhältnisse eines Atoms oder Moleküls verändert, so rast es meist noch weiter und trifft neue Atome, bis es ganz abgebremst ist. Schließlich ist die Bahn des Strahls durch ein mehr oder weniger breites Band ionisierter Atome oder Moleküle gekennzeichnet, vergleichbar dem »Asgardweg« eines Tornados, nur daß statt der zerstörten Gebäude und entwurzelten Bäume beschädigte oder zerbrochene Zellbestandteile zurückbleiben.

Fazit: Das Großhirn des Menschen hat die energiereichen Strahlen entdeckt und läßt ihre Anwendung zu, obwohl ihm die

Zweischneidigkeit ihrer Wirkungen bekannt ist. Der Großhirnträger Mensch tut dies in der Überzeugung, daß bei der Schaden-Nutzen-Abwägung der Röntgendiagnose und -therapie das Positive überwiegt. Er tut es aber auch, weil ihm ein Sinnesorgan für die Wirkung namentlich kleiner, häufig empfangener Dosen von Röntgenstrahlen mit Summierungseffekt fehlt. Hätten wir ein solches Organ, das uns vor einem Schaden warnen und alarmieren könnte, der nicht im Augenblick der Bestrahlung oder bald darauf, sondern erst in späteren Generationen zutage tritt, so wären wir zumindest zurückhaltender. Wir haben dieses Organ nicht, weil während der zurückliegenden Stammesgeschichte des Menschen kein Anlaß bestand, es zu entwickeln. Denn die natürliche Strahlenbelastung aus der Umwelt-Radioaktivität ist nicht bedrohlich. Erst die künstlich erhöhte Belastung seit der Entdeckung und Anwendung der energiereichen Strahlen und der künstlichen Isotope, der Radionuklide, birgt das Risiko.

Wir wollen diesen Aspekt der »zweischneidigen Medizin« nicht beschließen, ohne ein paar konkrete Zahlen zum Strahlenrisiko aus der Bundesrepublik Deutschland zu nennen. Nach einem Bericht des Bundesgesundheitsamtes hat die Belastung des einzelnen Bundesbürgers durch die Röntgendiagnostik und die Verwendung radioaktiver Isotope in der Medizin in den letzten Jahren »stark zugenommen«. Im einzelnen sieht das so aus: Im Jahre 1972 lag die gesamte Strahlenbelastung für den bundesdeutschen Durchschnittsbürger im Mittel bei einer Jahresdosis von 170 Milliröntgen (mR). Davon stammten 110 mR aus der natürlichen Umgebungsstrahlung, wie zum Beispiel aus dem Erdboden, aus Baumaterialien und dem Weltraum. Diese Dosis bleibt weitgehend konstant. Erheblich zugenommen hat dagegen die »medizinische Dosis«. Sie betrug im Jahre 1958 noch rund 20 mR, hatte aber bereits 1972 einen Wert von 50 mR erreicht. Demgegenüber sind andere Strahlenquellen bis jetzt noch relativ bescheiden, wie etwa Kernwaffenexperimente (8 mR),

Kernkraftwerke (bisher 1 mR), radioaktive Leuchtfarben und Fernsehgeräte (2 mR).

Was für die Röntgenstrahlen gilt, trifft ähnlich auch für bestimmte Chemikalien zu. Diese Stoffe können in äußerlich harmlosen Substanzen verborgen sein, in Lebensmitteln, Kosmetika, in Pflanzenschutzmitteln, ja sogar in Arzneien. Die Wissenschaft ist erst verhältnismäßig spät auf diese gefährliche Gruppe von Chemikalien aufmerksam geworden, erkannte dann aber, daß zu dem Risiko der Röntgenstrahlen das der erbändernden, der »mutagenen« Chemikalien kommt. Manche Wissenschaftler befürchten sogar, mit diesen Stoffen sei eine noch weit größere Gefahr verbunden.

Wenn man etwa hört, daß solche Chemikalien ihre erbschädigende Wirkung schon in ganz geringen Mengen entfalten, nämlich in Konzentrationen, die weit unter der Giftigkeitsgrenze liegen, dann wird deutlich, welchem Risiko der arglose Normalverbraucher ausgesetzt sein kann. Für diese Stoffe gilt der eingängige Spruch des weisen Paracelsus nicht mehr, den optimistische Zeitgenossen so gern zitieren. Paracelsus sagte: »Sola dosis facit venenum« – Erst die Dosis macht, ob ein Stoff Gift ist. Doch die Dosis, bei der mutagene Substanzen Erbänderungen auslösen, ist ziemlich uninteressant, weil sie so klein sein kann, daß die paracelsische Weisheit hier ihren Sinn verliert. Das Triäthylenphosphoramid beispielsweise löst Erbschäden bereits bei einer Menge von nur 0,04 Milligramm je Kilogramm Versuchstier aus.

Was die Gefahr der mutagenen Chemikalien so schwer greifbar macht, ist der Umstand, daß die entstehenden Schäden ähnlich wie die der Röntgenstrahlen nicht einfach und rasch sichtbar werden, wie die Symptome einer akuten Erkrankung, sondern sich erst in einer der nächsten Generationen bemerkbar machen. Solche Gefahren werden von uns gern auf die leichte Schulter genommen. Es tut uns ja im Körper nichts weh, wenn da so ein kleines Molekül im Zellkern ein bißchen verändert wird. Es fehlt uns der Sinn dafür, das Risiko zu begreifen. Wir können nicht recht einsehen, daß wir uns hier schlechterdings nach dem Motto verhalten: »Nach uns die Sintflut.«

Und doch muß man wissen, wo die Gefahren liegen: daß zum Beispiel einige der mutagenen Chemikalien direkt mit der DNS reagieren, dem genetischen Informationsträger in den Zellkernen. Unter ihnen sind die Alkylsulfonate, das Nitrit und das Hydroxylamin, deren erbändernde Wirkung im Bakterienversuch ermittelt wurde. Auch das Bromuracil und andere, dem Pyramidin und dem Purin verwandte Substanzen gehören hierher. Alle diese Verbindungen erzeugen zunächst sogenannte Primärmutationen. Das heißt, sie verändern einen Strang des DNS-»Strickleitermoleküls«, ohne damit für den Organismus sofort erbändernd zu wirken. Erst wenn die auf diese Weise »angeschlagene« DNS sich bei der Zellteilung verdoppelt, werden die Änderungen bei denjenigen DNS-Molekülen zu kompletten Mutationen, die aus dem primär mutierten Strang des Doppelwendels hervorgehen. Diese neu entstandenen DNS-Moleküle enthalten dann stellenweise falsche, zu viele oder auch gar keine Basen an der beschädigten Stelle, so daß die chemisch verschlüsselte Schrift hier verzerrt, verstümmelt oder verfälscht ist. Die Folge sind fehlerhafte Informationen für die Zelle, deren Eiweißproduktion dann entsprechend gestört ist.

Auch hier gilt: Wenn in einem bestimmten Zeitraum zu viele Erbänderungen ausgelöst werden, wenn die Mutationsrate zu stark ansteigt, dann treten auch mehr Erbkrankheiten in der Bevölkerung auf und der genetische Verfall setzt ein. Diese Gefahr wiegt beim Menschen um so schwerer, als seine Fortpflanzungsrate – gemessen an der von Tieren und Pflanzen mit hohen Nachkommenzahlen – relativ gering ist. Aber nicht nur aus diesem Grunde besteht nur eine geringe Möglichkeit zur Selektion kranker Anlagen, sondern auch deshalb, weil die Selektion durch unsere Eingriffe in das Naturgeschehen systematisch unwirksam gemacht wird. Das ist letztlich auch der Grund, weshalb so dringend vor der übermäßigen Anwendung von Röntgenstrahlen und vor den mutagenen Chemikalien gewarnt werden muß. Doch fruchten die Warnungen offenbar wenig. Schon heute kommt jedes 16. Kind mit einem Erbfehler zur Welt, und jedes 50. Kind ist schwer betroffen. Mehr als 1600 verschiedene Erbkrankheiten sind bekannt und beschrieben worden – doch ist dies mit Sicherheit nur ein Teil aller wirklich vorkommenden Leiden. Was die Verhältnisse in der Bundesrepublik angeht, so leben bei uns gegenwärtig mehr als eine Million Schwachsinniger, und bei 200000 dieser Menschen ist die Ursache ein erkannter Erbfehler. Deshalb sagt der deutsche Genetiker Professor Carsten Bresch mit Recht: »Wir sehen den Dreck in den Flüssen, wir riechen die Abgase in unserer Luft, aber wir erkennen nicht die Defekte im Erbgut unserer Mitmenschen. Unsere Gesellschaft versteckt die betroffenen Kinder in Heimen oder in Wohnungen. Eine steigende Zahl von Erbdefekten wäre aber eine unbemerkte Zeitbombe, die sich erst in mehreren Generationen voll auswirkt und viele, viele Generationen zur Beseitigung benötigt. Wir müssen also alle Anstrengungen unternehmen, um Substanzen zu erkennen, die Mutationen erzeugen, und wir müssen solche ›Mutagene‹ aus dem Verkehr ziehen.«

Fassen wir zusammen: In unserer Zivilisation sind zahlreiche Gefahren für das Erbgut des Menschen enthalten, durch die die Erbanlagen geschädigt und Erbkrankheiten verbreitet werden. In welchem Maß dies geschieht, weiß niemand genau. Daß es geschieht, ist jedoch sicher. Da Technik und Medizin den Auslesefaktor unter den Evolutionsbedingungen weiter entschärft und den Selektionsdruck verringert haben, leisten sie auf lange Sicht einer Verschlechterung des menschlichen Erbanlagenbestandes Vorschub.

Daß der von dieser Seite her zu erwartende Anstieg der Erbkrankenzahlen gegenwärtig noch nicht »auf breiter Front« erfolgt, hat zwei Gründe: Erstens besteht die Gefährdung erst seit relativ kurzer Zeit. Zweitens muß man eine biologische Gesetzmäßigkeit bedenken. Die meisten schädlichen Erbanlagen werden rezessiv vererbt, das heißt, die Träger der kranken Gene erscheinen äußerlich nur dann krank, wenn sie die krankmachenden Anlagen von beiden Elternteilen geerbt haben. Dies ist jedoch um so seltener der Fall, je stärker sich eine Bevölkerung genetisch mischt, je unterschiedlicher also die Erbanlagen-Bestände der Ehepartner sind (umgekehrt bestehen die Gefahren der Inzucht). Dank der wachsenden Reiselust und der modernen Verkehrsmittel heiraten heute zunehmend mehr weit auseinander wohnende Menschen. So kommt es zu einer Vermischung recht unterschiedlicher Anlagenbestände. Auto, Schiff, Flugzeug und Eisenbahn bewirken eine Maskierung des Erbverfalls, denn die rezessiv vererbten Gene werden zwar weitergegeben und sie vermehren sich auch, aber die betreffenden Krankheiten brechen erst durch, wenn zwei gleichartig veränderte Partnergene oder Allele zusammentreffen. So breiten sich die kranken Anlagen unter der Oberfläche einer scheinbar gesunden Bevölkerung aus, bis der Durchmischungsprozeß seinen Höhepunkt überschritten hat.

Gegen die Warnungen vor dem Anstieg der Erbkrankenzahlen wird zuweilen eingewandt, daß der genetisch vollkommene Mensch noch nie existiert habe und auch gar nicht existieren dürfe. Ein Blick in die Natur zeige uns, daß »abartige« Individuen einer Tier- oder Pflanzenart im Grunde nichts anderes seien als eine stille Reserve für den Fall unvorhergesehener Umweltveränderungen – wir sprachen schon davon und nannten das Beispiel der Wasserflöhe.

Auch bei uns Menschen würden Erbkranke bessere Fortpflanzungschancen bekommen, wenn sich unsere Umwelt einmal so verändern würde, daß die zufällig aufgetretenen Störungen dieser Menschen einen Sinn bekämen. So gesehen befänden sich auch Geisteskranke lediglich in einer Art Wartestand: Sie harren der Auslesevorteile, die ihnen die Umwelt bisher versagt hat.

In der von uns kontrollierten Umwelt ist allerdings gerade diese »Hoffnung« äußerst gering, abgesehen davon, daß für schwere körperliche oder geistige Gebrechen schon grundsätzlich kaum adäquate Umweltverhältnisse denkbar sind, wenn man von den Spekulationen des englischen Biologen J. B. S. Haldane absieht, der einer künftigen raumfahrenden Menschheit Stummelbeine und Greifarme nach Art der Gibbonaffen anempfohlen hat. Nach Berechnungen des ehemaligen Indiana-Professors und Nobelpreisträgers Hermann Joseph Muller trägt jeder Mensch heute etwa acht relativ nachteilige Erbanlagen mit sich herum, die zum größten Teil harmlos sind. Eine künftige Gesellschaft aber, die eine zu große Bürde nachteiliger Gene trägt und deren Mitglieder zum überwiegenden Teil auf mechanische oder medikamentöse Prothesen angewiesen sind, wird immer empfindlicher und krankheitsanfälliger werden.

So ist der erbbiologische Gesichtspunkt der langfristig gefährlichste, unter dem die moderne Medizin gesehen werden muß. Mit dem genetischen Verfall kommt sogar noch mehr auf uns zu. Mit zunehmender Mutationsrate erhöht sich auch die Wahrscheinlichkeit, daß mehr Menschen geboren werden, die im Vorfeld eigentlicher Geisteskrankheiten leben und äußerlich unauffällig wirken: hochintelligente, aber fanatisierbare, unberechenbare Zeitgenossen, die ihre abartige Wesensart, ihre »doppelte Buchführung« zu kaschieren verstehen, so daß sie als harmlose Mitbürger erscheinen; Menschen, die unter dem Schutz einer scheinbar harmlosen Gemütsverfassung leben, aber irgendwann aus dem Rahmen fallen.

Hier sei gar nicht an Extremfälle gedacht, etwa daß solche Menschen in Schlüsselpositionen der Forschung, der Politik oder der Wirtschaft gelangen und im Affekt Handlungen begehen könnten, die zu einer weltumspannenden Krise führen. Andere Möglichkeiten liegen näher. So mehren sich heute schon Menschenraub, Sabotage, Luftpiraterie, Geiselnahmen mit Erpressung und ähnliches, und stets sind Menschen an diesen Taten beteiligt, denen man eine zumindest veränderte Normalität nachsagen muß. Der Gedanke ist nicht so abwegig, daß derlei Verbrechen sich künftig nicht nur häufen, sondern auch an Grausamkeit und Ausmaß noch beträchtlich zunehmen werden, wenn die entsprechend veranlagten Akteure zahlreicher geworden sind. Was heute noch auf jeweils kleine Gruppen von Leidtragenden beschränkt bleibt, das könnte morgen bei dem leichter werdenden Zugang zu Massenvernichtungswaffen, bakteriellen Giften und chemischen Kampfstoffen in stadtbedrohende Aktionen ausarten, in Sabotagetaten gegen die Trinkwasserversorgung und ähnliches. Unser Leben würde dann auch hier skurrilerweise als Folge derselben Maßnahmen wieder risikoreicher und gefährdeter werden, die uns Krankheiten vom Halse halten sollen.

7. Kapitel
Kehrseiten von Ethik und Moral

Kaum ein anderer Bereich des Lebens zeigt deutlicher den Zwiespalt zwischen unserem Anspruch auf steigenden Lebensstandard einerseits und den Voraussetzungen für ein langes stammesgeschichtliches Überleben auf der Erde, als unsere Ethik und Moral. Was ist Ethik, was ist Moral?

Beide Begriffe beziehen sich auf das Sittliche im Verhalten des Menschen. Dabei geht es entweder um die Gesinnung als Grundlage eines bestimmten Handelns oder um dessen Auswirkungen (Gesinnungs- bzw. Erfolgsethik). Mit den Maßstäben der Ethik können auch staatliche Institutionen, Einrichtungen des Gemeinschaftslebens wie die Familie oder die Rechtsprechung gemessen werden. Wenn es auch an verbindlichen Kriterien dafür fehlt, was man sittliches Handeln nennt und auch das »Ethos« von Volk zu Volk, von Religion zu Religion, von Zeitalter zu Zeitalter Wandlungen unterworfen ist, so gibt es doch allgemeine sittliche Normen für die »Moral« als Gesamtheit des sittlichen Denkens und Tuns. Zahlreiche Regeln und Gebote für das menschliche Zusammenleben gehören dazu wie die Forderung, nicht zu töten, nicht zu stehlen, hilfsbereit und ehrlich zu sein, kranken Menschen zu helfen und dergleichen.

Ethik und Moral sind Errungenschaften des Großhirns, deren Wurzeln bei den tierischen Ahnen des Menschen zu suchen sind. Es mag hier nicht so sehr darauf ankommen, ob uns sittliche Wertmaßstäbe und Willensimpulse angeboren sind oder ob sie erst im Lauf des individuellen Lebens aus dem Zusammenwirken von Anlage, Erziehung und Tradition erwachsen. Wahrscheinlich ist es wie mit der Intelligenz: sowohl Erbanlagen als auch Umwelteinflüsse sind beteiligt, und es bleibt ein Streit um des Kaisers Bart, welcher von beiden Faktoren nun vorherrscht oder zu welchen Anteilen er am Ergebnis mitwirkt.

Schon die alten Griechen haben versucht, einheitliche Grundwerte zu finden, auf die sich Ethik und Moral unter den Menschen zurückführen lassen. Man stieß auf die Lust, die Glückseligkeit, den Eigennutz und den Gemeinnutz, und man entwickelte scharfsinnige Lehren dazu: den Hedonismus, den Eudämonismus und den Utilitarismus.

Während Sokrates, Platon und die Sophisten nur tastende Versuche unternommen hatten, dem Geheimnis des sittlichen Verhaltens näherzukommen, begründete Aristoteles die Ethik als eigenständige Wissenschaft. Als »Nikomachische Ethik« (nach dem Sohn des Aristoteles, Nikomachos, genannt) war sie bis ins 18. Jahrhundert die Grundlage der abendländischen Ethik. Aristoteles fragte nach dem »höchsten Gut« als letztem Menschenziel. Auch er bezog sich auf die Glückseligkeit, die mit Hilfe der Tugenden zu gewinnen sei. Später, im 18. Jahrhundert, betonte Immanuel Kant den selbständigen Eigenwert des sittlich Guten, das in der Gesinnung zum Ausdruck komme. Sittliches Handeln, lehrte Kant, sei im »kategorischen Imperativ« begründet: »Handele so, daß die Maxime deines Willens zugleich als Prinzip einer allgemeinen Gesetzgebung dienen könnte.«

Die Hauptpfeiler christlicher Sittlichkeit wiederum sind die Zehn Gebote, die nach der biblischen Überlieferung (2. Mose 20, 2–17) Mose von »Gott« offenbart wurden. Das Christentum als Offenbarungs- und Erlösungsreligion bezieht seine Glaubenslehren auf Jesus Christus. Aufgabe und Zielsetzung der christlichen Lehren sind im wesentlichen die Befreiung des Menschen von der sogenannten Sünde und seine Anleitung zu gottgefälligem Leben, zu dem die Gottesverehrung mit vielfältigem Zeremoniell und eine allgemeine Sinngebung des Daseins im christlichen Sinn gehören. Namentlich das Gebot der Nächstenliebe führte unter den Christen zu einem ganzen System von Liebestätigkeit, von caritativen und mitmenschlichen Hilfeleistungen in weiten Teilen der Welt bis hin zur individuellen Sorge um den »kranken Nachbarn« im täglichen Leben, wo diese noch zu finden ist.

Im Mittelalter hatte Thomas von Aquin aus den Erkenntnissen der griechischen Denker einerseits und der christlichen Glaubenslehre andererseits eine eigenständige christliche Ethik entwickelt. Aquin war es, der den Kunstgriff fertigbrachte, die vom Menschen ersehnte Glückseligkeit substantiell mit dem gleichzusetzen, was die römisch-katholische Kirche als gottgewollte Naturordnung bezeichnet hat.

An dieser Ordnung und ihren Glaubenssätzen hat die Kirche bis in unsere Zeit mehr oder weniger starr festgehalten. Sie muß ihre Lehren heute jedoch an der Frage messen lassen, welchen Wert christliche Überzeugungen noch für die Zukunft der Menschheit haben: ob diese Wertvorstellungen noch dazu beitragen können, die rasch sich vergrößernden Probleme des Bevölkerungswachstums, der Umweltgefahren, der wirtschaftlichen Expansion, der Rohstoffkrise in dem erwünschten dämpfenden Sinne zu beeinflussen.

Das Christentum ist in einer Zeit entstanden, die sehr verschieden von der heutigen war. Die Erde war noch dünn besiedelt. Wissenschaft und Technik steckten in den Anfängen, eine Industrie im heutigen Sinne gab es nicht, die Naturgewalten beherrschten das Leben der Menschen. In der damaligen Zeit war der biblische Auftrag, sich zu vermehren, sich die »Erde untertan« zu machen und großmütig zu sein, für das Zusammenleben der Menschen vorteilhaft.

Heute dagegen begünstigt der Vollzug dieses Auftrages gerade jenes »Wachstum«, jene Bevölkerungsvermehrung und jene Umweltbelastung, von denen wir wissen, daß sie die Erde und die auf ihr lebenden Menschen in absehbarer Zeit in eine Katastrophe führen müssen. Die Tugenden des Christentums, soweit sie sich an den ursprünglichen Lehren orientieren, sind fragwürdig geworden. Denn wie ist die »Nächstenliebe« unter den Bedingungen einer stürmisch wachsenden Erdbevölkerung zu bewerten? Wie lange können die christlichen Tugenden des Verzeihens, des Mitleids noch jenen Effekt haben, den sie haben sollten? Wann wird altruistisches Handeln auf lange Sicht zur Gefahr für dieselben Menschen, denen es zugute kommen sollte?

Jay W. Forrester schreibt dazu in einem Essay über »Die Kirchen zwischen Wachstum und globalem Gleichgewicht«: »Humanität veranlaßt dazu, dem weniger vom Glück begünstigten Nebenmenschen beizustehen. Aber dieser Beistand basiert gegenwärtig auf einer viel zu einfachen Betrachtungsweise und bezieht sich meist auf unmittelbar erreichbare Ziele. Lang- und kurzfristige Ziele pflegen sich jedoch oft zu widersprechen. Wann führt Hilfe in der Gegenwart zu vermehrten Übeln in der Zukunft? Betrachten wir ein stark übervölkertes Land. Der Lebensstandard ist niedrig, die Menschen sind unterernährt, befinden sich in schlechtem Allgemeinzustand, kurz, es herrscht Elend. In dieser Situation ist eine Bevölkerung allen Naturereignissen besonders stark ausgesetzt. Nahrungsmittel kann man nicht einfach kaufen, und alle medizinischen Einrichtungen sind ständig hoffnungslos überlastet. Eine Flut macht nun Tausende obdachlos; aber ist eigentlich die Flut daran schuld oder die Tatsache, daß die Bevölkerungsballung Tausende dazu zwingt, in flutgefährdeten Gebieten zu wohnen? Dürren führen zu Hungerkatastrophen, aber sind daran ursächlich die Wetterereignisse schuld oder die Bevölkerungszahl, die das Anlegen von Lebensmittelvorräten verunmöglicht? Das Land ist in einem prekären Zustand, in dem alle Widrigkeiten in ein Ansteigen der Sterberate umschlagen.

Dieser Vorgang ist im Grund nichts weiter als ein Teil des natürlichen Regelmechanismus, der weiteren Bevölkerungszuwachs limitiert. Nun aber kommt es nach jedem Naturereignis aus humanitären Impulsen zu beträchtlichen Hilfeleistungen von außen mit dem Ergebnis, daß die geretteten Menschen erneut zum Bevölkerungswachstum beitragen. Je höher aber Bevölkerungszahl und Ballungsgrad sind, um so verwundbarer wird das Land. Epidemien drohen, es kommt noch öfter zu Katastrophen, die weitere Hilfeleistungen von außen erheischen. Und diese wiederum haben noch größere Menschenmassen in erbärmlicher Lage zur Folge und erhöhen die Notwendigkeit für weitere Hilfeleistungen, bis schließlich ein Zustand eintreten kann, in dem jede Hilfsaktion versagt.«

Dies ist nur einer von zahlreichen Aspekten, unter denen ethische und humanitäre Wertvorstellungen heute gesehen werden müßten. Forresters Beispiel zeigt, was auf uns zukommt. Es zeigt, wie problematisch es ist, an Wertsystemen festzuhalten, die früher einmal unter anderen Verhältnissen entworfen worden sind und auf diesen Wertsystemen dann auch noch ein dogmatisches Lehrgebäude zu errichten. Zusätzlich kompliziert wird die Situation, wenn die Kirche weiterhin unbeirrt auf derartigen Dogmen bestehen zu müssen glaubt, weil sie fürchtet, daß Abstriche oder Veränderungen den Bestand ihrer eigenen Institution in Frage stellen würden.

Setzt man Forresters Ansatz fort und versucht, konkrete Auswege aus den von ihm dargestellten Problemen zu finden, so gerät man rasch in ein nahezu ausweglosen Dilemma. Auf eine brutale Formel gebracht, würde eine solche Lösung bedeuten, den Tod da zuzulassen, wo er wenige trifft, um zu verhindern, daß später viele oder alle sterben.

Die christliche Auffassung zu dieser Frage ist jedoch eindeutig. Sie besagt, wiederum vereinfacht ausgedrückt, daß das aktuelle Helfen in jedem Falle Vorrang habe, ganz gleich, welche Konsequenzen sich daraus ergeben. Nach der Begründung für

Hilfsaktionen befragt, die in einer voraussehbaren Zeit das Elend in einem bestimmten Hungergebiet unausweichlich vergrößern müssen, haben die Theologen immer die gleiche schicksalsergebene Antwort parat. Sie lautet sinngemäß, daß der Christ so handeln müsse, weil die Entwicklung der Dinge nicht voraussehbar sei, weil das Schicksal der Welt von »Gott« gelenkt werde.

Mit anderen Worten: Maßnahmen zur langfristigen Verelendung werden mit einer Haltung gerechtfertigt, die nicht nur Trendberechnungen leugnet, wie sie etwa jedes Wirtschaftsunternehmen und jeder Staat anstellt, um zukunftsgerecht zu planen, sondern auch Erfahrungen aus der Vergangenheit ignoriert, die in die Gegenwart hineinreichen, darunter die immer steiler ansteigende Bevölkerungskurve. Die Trendberechnungen müßten Fälschungen, die Bevölkerungskurve müßte eine Halluzination sein, wenn das Argument, wir seien dem Ratschluß eines »allgütigen Gottes« anheimgegeben und es werde schon alles gutgehen, auch nur einen Augenblick lang ernst genommen werden dürfte.

Tatsächlich ist bedingungsloses Helfen, das nur kurzfristig Hilfe bringt und in der Zukunft das Elend vergrößert, nichts anderes als ein Ausdruck der Hoffnung auf ein Wunder, das freilich nicht geschehen kann. Das Problem liegt offenbar in der Weigerung der in der christlichen Lehre befangenen Gläubigen, einer wenn auch noch so einsichtigen Faktensprache zu vertrauen, wenn diese den Glaubenssätzen zuwiderläuft. Man vertraut dann lieber – und hier stoßen wir auf ein eigenartiges Phänomen des Glaubens schlechthin – dem Unwahrscheinlichen und weist offensichtliche und nachprüfbare Zusammenhänge von sich.

Läßt man die philosophischen und religiösen Gesichtspunkte des Themas Ethik beiseite und fragt nach dem stammesgeschichtlichen Hintergrund sittlichen Verhaltens – sei es nun angeboren oder erworben oder beides –, so stößt man, wie bereits erwähnt, auf das Verbundenheitsgefühl der frühmenschlichen Jäger- und Sammlerhorden. Schon früh hatte es sich ja als Selektionsvorteil herausgestellt, wenn die Mitglieder einer solchen Horde sich gegenseitig in der Not unterstützten, wenn sie Verletzte pflegten, andere durch Zurufe bei Gefahr warnten – kurz, wenn sie dem »Nächsten« zugetan waren, dessen Hilfe ihnen selbst wiederum zugute kam.

Mit zunehmender Entwicklung seines Großhirns entdeckte der Frühmensch die Vorteile des Altruismus, der Beachtung des Gemeinwohls, dem man dienen konnte, ohne sein Ich, seine eigene Person aufzugeben. Gleichwohl mag dies seine Grenzen dort gehabt haben, wo es zu Verstößen gegen das zunächst noch ungeschriebene Sittengesetz innerhalb der Stämme kam. Da die Außenseiter mit ihrer wenig hilfsbereiten Haltung den Verband gefährdeten, mußten sie mit mehr oder weniger sanfter Gewalt dazu angehalten oder, wenn dies nichts half, ausgestoßen werden. So mag auch schon früh so etwas wie Belehrung oder Bestrafung ins Spiel gekommen sein: erste Praktiken eines »Auf-den-rechten-Weg-Bringens«, die mit fortschreitender kultureller Evolution dann differenziert und zum Erziehungssystem wurden.

In der Geschichte des Menschen etablierten sich immer subtilere Arten altruistischen, ethisch-moralischen Denkens und Handelns: Formen des Mitleids und der Selbstlosigkeit, die schließlich in der christlichen Lebensweisheit pervertierten: »Wem auf die linke Wange geschlagen wird, der halte auch die rechte hin.«

Einen besonders augenfälligen Ausdruck findet die christliche Nächstenliebe in der Medizin, wenngleich natürlich die Behandlung etwa ansteckender Krankheiten nicht nur dem Betroffenen als »Nächsten«, sondern auch dem zunächst Unbeteiligten zugutekommt, nicht zuletzt dem Arzte selbst. Zu welch zweischneidigem Instrument der an sich segensreiche Altruismus zumindest in Teilbereichen der Medizin geworden ist, zeigt das bereits im vorangegangenen Kapitel erörterte Bevölkerungsproblem. Hauptursache der heutigen Bevölkerungsexplosion ist der immer erfolgreichere Kampf der Medizin gegen früher tödliche, die Menschenzahl einst stabilisierende Seuchen und Infektionskrankheiten, gegen Mütter- und Säuglingssterblichkeit; hinzu kommen all jene Methoden, mit denen die Medizin das einzelne Menschenleben verlängern kann.

Die katholische Kirche trägt als »Bewahrerin der christlichen Sittengesetze« ihren Teil an der Zuspitzung des Bevölkerungsproblems bei. Als Papst Paul VI. seine Enzyklika »Humanae vitae« veröffentlichte, riefen die darin enthaltenen Aussagen zur Empfängnisverhütung bei allen mit bevölkerungspolitischen Fragen Vertrauten Bestürzung und Befremden hervor. Man rätselte, ob das rigorose Verbot wirksamer empfängnisverhütender Methoden durch den Vatikan aus dogmatischen Gründen und wider besseres Wissen oder deshalb erlassen wurde, um die die »Pille« schluckenden Gläubigen vorsätzlich mit schlechtem Gewissen zu beladen. Manche Kritiker meinten auch, es solle lediglich dem zahlenmäßigen Zuwachs der Katholiken in der Welt dienen. Fest steht jedenfalls, daß sich eine vom Papst selbst eingesetzte Untersuchungskommission in ihrer Mehrheit für eine freizügigere Anwendung empfängnisverhütender Mittel ausgesprochen hatte und den päpstlichen Beratern und dem Papste selbst die Zahlen der Bevölkerungsvermehrung in den Entwicklungsländern in allen Einzelheiten bekannt gewesen waren.

Die Enzyklika erlaubt den katholischen Gläubigen zwar die Beachtung der fruchtbaren und der unfruchtbaren Tage im Monatszyklus der Frau, doch dürfe, wie es heißt, diese Form der Empfängnisregelung nur dann angewendet werden, wenn »ernsthafte Beweggründe« vorlägen, zwischen der Geburt der einzelnen Kinder Abstände eintreten zu lassen. Eine rasche Geburtenfolge wäre demnach seitens der katholischen Kirche das eher Normale und Erwünschte.

Dabei ist die Zeitwahl-Methode nach Ogino-Knaus, um die es

hier im wesentlichen geht, nur dann einigermaßen zuverlässig, wenn es nach mindestens einjährigen täglichen Temperaturmessungen gelingt, die »sicheren« Tage genau festzulegen. Bei Frauen mit unregelmäßigen Zyklen kann diese Zeit unter Umständen auf wenige Tage im Monat zusammenschrumpfen. Wie alle Enthaltsamkeit setzt die Zeitwahl Einsicht, Intelligenz und Beherrschung voraus. Der Spontaneität bleibt kaum noch Raum. Für die einfachen Menschen in den unterentwickelten Ländern, denen die Liebe im wahrsten Sinn das Brot der Armen ist, scheidet sie damit praktisch aus.

Außerdem muß man sich fragen, ob es nicht gegen die von der Enzyklika betonte Naturtreue verstößt, wenn die Eheleute gerade an jenen Tagen Enthaltsamkeit üben sollen, an denen sich die Frau im Regelfall am stärksten zu ihrem Mann hingezogen fühlt.

Andere, sichere Methoden der Empfängnisverhütung, wie die den Eisprung verhindernden Hormonpräparate, die Ovulationshemmer oder kurz »Pillen«, die Intrauterin-Pessare oder die »Pille danach« sind und bleiben den Gläubigen laut Enzyklika untersagt, da sie dem »Sittengesetz« widersprächen.

Gleichwohl setzt sich in vielen Ländern eine vergleichsweise liberalere Einstellung durch. So wird die Pille nicht nur zunehmend von Katholiken benutzt, sondern es wird auch überlegt, in welcher Form ein Abbruch unerwünschter Schwangerschaft gestattet werden solle. Dazu wird einerseits die Fristenlösung empfohlen, wonach die Frau in den ersten drei Monaten selbst darüber entscheiden kann, ob sie sich einem fachgerechten Eingriff unterziehen wird oder nicht. Andere Modelle befürworten die Indikationenlösung mit erheblich erweitertem Katalog der Beweggründe, die den Schwangerschaftsabbruch künftig rechtfertigen sollen.

Die römisch-katholische Kirche bezeichnet dagegen jede Art von Schwangerschaftsunterbrechung uneingeschränkt als Mord, der sich nach dem fünften Gebot für jeden Christen verbiete. Nach katholischer Ansicht muß auch eine vergewaltigte Frau die ihr aufgezwungene Frucht unter allen Umständen austragen und für das Kind sorgen. Selbst in dem Extremfall, daß ein unbescholtenes junges Mädchen von einem Geisteskranken mißbraucht worden ist und das grauenhafte Geschehnis Folgen hat, sieht das katholische Sittengesetz keine Ausnahme vor.

Diese Haltung gründet sich auf die Annahme, das menschliche Leben sei gottgewollt, also unantastbar, und beginne mit dem Augenblick der Eibefruchtung im Eileiter der Frau ungeachtet dessen, daß eine Frucht erst ab etwa siebentem Monat tatsächlich lebensfähig ist. Selbst wenn vieles für die Auffassung des Lebensbeginns mit der Eibefruchtung spricht, so muß man andererseits darauf verweisen, daß bis zum 12. Tag aus dem befruchteten Ei noch Zwillinge entstehen können. Dem Rechnung tragend, hat die Deutsche Gesellschaft für Gynäkologie empfohlen, den 13. Tag nach der Empfängnis als den Beginn der Menschwerdung anzusehen. Begründung: Da schwerlich vorstellbar sei, daß sich ein menschliches Individuum zweiteilen kann, so beginne das individuelle Leben auch erst dann, wenn eine Zweiteilung nicht mehr möglich ist.

Unverständlich erscheint die Haltung der katholischen Kirche gegenüber empfängnisverhütenden Praktiken auch hinsichtlich der Naturtreue des ehelichen Verhaltens, auf dessen Wahrung die Moraltheologen so großen Wert legen. Mechanische und chemische Mittel zur Empfängnisverhütung, so liest man in einschlägigen Schriften, seien naturwidrig und daher abzulehnen. Vielmehr wäre periodische Enthaltsamkeit das einzige Mittel, das die Naturtreue nicht verletze.

Auch gegen die angebliche Naturtreue der Enthaltsamkeit läßt sich manches einwenden. So zeigen die monatlichen Regelblutungen nicht zuletzt das vergebliche Warten des weiblichen Körpers auf die befruchtenden Samenzellen an. Denn mit jeder »Regel« stößt ja die Gebärmutter das »Bett« ab, das sie zur Aufnahme des befruchteten Eies vorbereitet hatte. Strenggenommen könnte man die Menstruation insofern als etwas Unnatürliches ansehen, als sie die Nichterfüllung einer dem weiblichen Körper gestellten Aufgabe anzeigt. Berücksichtigt man, daß die Empfängnisfähigkeit in den Jahren nach der ersten Regelblutung noch gering ist und normalerweise nach jeder Schwangerschaft für einige Wochen Immunität gegen eine neue Befruchtung besteht, so offenbart sich ein interessanter Sachverhalt: Eine Frau, die ihrer natürlichen Fruchtbarkeit uneingeschränkt nachgeben würde und keine Vorsicht walten ließe, könnte im Verlauf ihrer fortpflanzungsfähigen Jahre zwölf bis zwanzig Kindern das Leben schenken. Wohin so zügelloses Verhalten für ihre Gesundheit führen würde, steht auf einem anderen Blatt. Wir müssen aber feststellen, daß es der Absicht der Natur durchaus entspräche, wenn die junge Frau in unseren Breiten bereits um das siebzehnte Lebensjahr ihr erstes Kind empfinge, dann nach der Stillzeit das nächste und so fort, daß es also viel eher »wider die Natur« wäre, die regelmäßigen Vorbereitungen des Körpers auf eine Schwangerschaft zu ignorieren, als laufend Kinder zu zeugen.

Einen anderen Widerspruch der katholischen Auffassung birgt das offensichtlich gegen den natürlichen Ablauf gerichtete medizinische Bemühen, todkranke Menschen vor dem Tode zu bewahren. Papst Paul VI. hat sich seinerzeit beeilt, den südafrikanischen Chirurgen Professor Barnard in Audienz zu empfangen, nachdem diesem die erste Herzverpflanzung gelungen war. Die Demonstration war kaum mißzuverstehen. Nie würde der Vatikan Organ-Verpflanzungen als »wider die Natur« anprangern, obschon doch durch sie wie durch viele andere Eingriffe auch der Naturvorgang des Sterbens hinausgezögert wird.

Die »Naturtreue« als sittliches Verhaltensprinzip hat also Mängel, und einer von ihnen liegt in der Auswirkung auf das Bevölkerungsproblem: Wenn die römisch-katholische Kirche nicht wünscht, daß in absehbarer Zeit inhumane Mechanismen die Springflut menschlichen Lebens auf der Erde zu bändigen beginnen, so müßte sie zustimmen, daß unserem erfolgreichen

Kampf gegen den Tod ein entsprechend wirksamer Eingriff in die menschliche Fruchtbarkeit zur Seite gestellt wird.

Wie vielfältig diese Problematik ist, wird an einem kleinen Beispiel deutlich, das Anfang des Jahres 1974 eine deutsche Arzneimittelfirma gegeben hat. Damals wurde aus Südafrika eine Sechslingsgeburt gemeldet – die fünfundzwanzigste überhaupt, von der die Menschengeschichte zu berichten weiß. Das Besondere war, daß die südafrikanischen Sechslinge im Gegensatz zu allen früheren überlebten. Dieser Umstand aber, meldet nun die Firma, sei ihrem Medikament »Partusisten« zu verdanken gewesen, das schon wiederholt und auch diesmal mit Erfolg zur Verhinderung von Frühgeburten eingesetzt worden sei. Hätten die südafrikanischen Ärzte das Mittel nicht benutzt, so hätte dies den sicheren Tod der Kinder bedeutet.

An dieser Stelle mag ein grundsätzliches Wort gesagt sein. Der Leser könnte gerade dieses Buchkapitel mißverstehen und annehmen, hier werde für Kinderlosigkeit geworben; es werde, wenn auch nur zwischen den Zeilen, dafür eingetreten, Krankheiten ihren Lauf zu lassen, alte Menschen schutzlos ihrem Schicksal auszuliefern und dergleichen mehr, um die explodierende Erdbevölkerungszahl den begrenzten irdischen Existenzgrundlagen anzupassen – ähnlich, wie dies in freier Wildbahn geschieht. Nichts wäre irriger. Vielmehr geht es dem Verfasser allein darum, möglichst objektiv die Folgen und Wirkungen menschlichen Verhaltens auf der Erde zu analysieren, so, wie sie sich tatsächlich ergeben.

Denn es gibt ja für uns Menschen gar nicht die Alternative, entweder die langfristigen Konsequenzen unseres Tuns auf uns zu nehmen oder von unseren ethisch-moralischen Grundsätzen abzulassen. Wir haben diese Wahl in Wahrheit nicht. Wir können uns nicht anders verhalten, als unser Großhirn es uns diktiert. Wenn daher auch auf den nächsten Seiten von den negativen Folgen zunächst positiv erscheinenden Handelns und Denkens die Rede ist, so immer mit dem Vorbehalt, daß wir unserem ganzen menschlichen Zuschnitt nach dazu angehalten sind, so, und nur so zu handeln, weil wir unsere Art zu leben nicht verleugnen können und auch nicht verleugnen werden, indem wir uns etwa den Lemmingen gleich ins Wasser stürzen und damit Platz für neue Generationen machen.

Freilich liegt auch gerade darin die Tragik unseres Schicksals. Dieses Buch kann keinen Trost bieten. Jedenfalls kann es keinen anderen Trost bieten als den – wenn dies ein Trost ist –, daß noch nicht wir Heutigen betroffen sind, sondern erst spätere Generationen die ganze Tragweite dessen werden erfahren müssen, was in den Jahrhunderten der Aufklärung, des Industrie- und Massenzeitalters vorbereitet worden ist. Und es hilft auch nichts, daß wir gegenwärtig Lebenden die Gefahr sehen, die uns droht, denn wir werden dem Ende nicht, auch nicht »im letzten Augenblick« noch, wie manche vielleicht hoffen, entgehen können. Vielmehr spricht alles dafür, daß wir uns den Dezimierungspraktiken der Natur eines Tages hilflos ausgeliefert sehen werden.

An dieser Entwicklung der Dinge sind auch jene Folgen ethisch-sittlichen Verhaltens beteiligt, die die verbesserten Diagnose- und Therapiemethoden gegenüber Erbkrankheiten haben.

Wir haben uns damit schon ausführlich beschäftigt und wollen hier nur noch einige Gedanken zur ethischen Seite des Problems hinzufügen. Zunächst dies: Auch hier sind wir es unserem Menschsein schuldig, »human« zu handeln, das heißt, Erbkranken wie allen anderen Kranken nach bestem Vermögen zu helfen und ihnen das Leben erträglich zu machen. Wir können ihnen zwar empfehlen, je nach Lage des Falles keine Kinder zu zeugen oder sich sterilisieren zu lassen, aber zwingen können wir sie nicht. Hier erhebt sich dann weiter die interessante Frage, ob das helfende Mitleid, die christliche Nächstenliebe, sich nur auf die Lebenden zu beschränken habe oder ob sie konsequenterweise auch den nach uns Kommenden – gewissermaßen prophylaktisch – gelten müßte. Denn wenn aller Erkenntnis und Erfahrung nach durch Maßnahmen der Gegenwart menschliches Leid bei später Lebenden ausgelöst, ja vorprogrammiert wird, dann verstricken schon wir Heutigen uns in Schuld, wenn wir den Dingen ihren Lauf lassen.

Welche Möglichkeiten gäbe es denn aber, dem Dilemma zu entrinnen? Wäre es eine Lösung, die Hilfe für die heute Lebenden einzuschränken? Ganz sicher nicht. Aber diese Hilfe gewähren heißt ja gerade, eine Zunahme der Erbkranken nach zwei, drei, fünf Generationen zu provozieren. Ist es ein Trost, darauf zu hoffen, daß uns auch in Zukunft noch genügend und bessere Medikamente zur Verfügung stehen werden, um auch diese Menschen – wiederum symptomatisch – zu behandeln, ihnen ihre Krankheiten erträglich zu machen und sie am Leben zu erhalten, ohne ihre Erbanlagen heilen zu können? Was würde geschehen, wenn uns die – in immer größerer Zahl und besserer Qualität notwendigen – Mittel dazu fehlen werden? Trotzdem: Nach Abwägung der Güter werden wir den Lebenden in jedem Falle helfen müssen und den Erbverfall als Tribut an unsere Ethik und Moral auf uns zu nehmen haben.

Auch hier zeigt sich das Ausweglose unserer Situation: Wir betreiben eine schleichende Selbstverstümmelung und schätzen sogar die Folgen richtig ein, aber wir sind außerstande, dem Vorgang Einhalt zu gebieten. Wir haben keinen humanen Ausgleich für den Luxus unserer Ethik und Moral finden können, keine annehmbare Alternative für das vergleichsweise brutale, unmenschliche, doch arterhaltende Ausleseprinzip, das wir in unbekümmertem Höhenflug außer Kraft gesetzt haben.

Dabei steckt tief verborgen im stammesgeschichtlichen Bewußtsein noch immer jenes Verhalten aus der Zeit unserer äffischen Ahnen in uns, als das Großhirn noch im status nascendi war und das Auslesegesetz unumschränkt galt. Es sind Überbleibsel eines Gebarens, wie es die Natur einst zur Bewahrung des Bewährten oder, wenn man so will, zur Abwehr artgefährdender Neuerungen des Verhaltens oder der Anatomie für richtig befunden hatte. Es gibt dafür den Begriff des »Mobbing« oder der »Anstoß-Aggressivität«. Der deutsche Anthropologe Rudolf Bilz hat dieses Verhalten in einer Reihe von Schriften, vor allem in seinem Hauptwerk »Paläoanthropologie«, eindrucksvoll beschrieben: Relikte aus grauen Zeiten, da unsere Vorfahren noch nicht die rechte Wange hinhielten, wenn man ihnen auf die linke geschlagen hatte.

Aus der Sicht der Tiere wäre der heutige Mensch mit seinen Sittengesetzen und seinem Mitleid »ein Tier, das in höchst gefährlicher Weise den gesunden Tierverstand verloren hat«. Das Gleichnis stammt von Friedrich Nietzsche, und mancher mag darüber den Kopf schütteln. Sichtet man die Bilzschen Befunde, so wird man zumindest der kaum weniger schmeichelhaften Metapher des Verfassers zustimmen, daß der Mensch eine Extravaganz der Natur sei, ein Risikofaktor der stammesgeschichtlichen Entwicklung.

Das »Verrückte« in uns findet Bilz in zahlreichen Überbleibseln aus der Zeit unserer biologischen Wiege: Verhaltensweisen des Menschen, die ihren Sinn zu einer Zeit hatten, da die Natur noch Maßstab aller Dinge war und die uns heute als »anstößig«, als unpassend, bewußt werden. Es sind Reaktionen ähnlich der einst nützlich gewesenen Aggression, die unter den Bedingungen des modernen Lebens so gefährlich geworden ist.

Wie beispielsweise kommt es, daß wir manchmal unbewußt, manchmal offen Abneigung hegen gegenüber Menschen mit abstehenden Ohren, mit einer stotternden Stimme oder Mißbildungen? Warum mögen wir den Außenseiter nicht? Was ist der Grund für die scheinbar unüberwindliche Ablehnung der dunkelhäutigen Kinder durch die weißen auf dem Schulhof? Bilz fand fünf Intensitätsstufen solchen Anstoßnehmens gegenüber Menschen, die vom Normalen auffällig abweichen. Die mildeste Form sei der verstohlene Seitenblick auf das »Opfer«, die zweite das maliziöse Lächeln, die dritte der hämische Witz. Bezeichnenderweise gebe es ganze Kategorien von Witzen wie die Irrenhauswitze oder die Ostfriesenwitze, die bestimmte Menschengruppen zur Zielscheibe ihres Spottes machen. Stufe vier wäre die offene Gewaltanwendung: das dunkelhäutige Kind wird auf dem Schulhof verprügelt. Die letzte Stufe, so Bilz, sei die Lynchjustiz.

Entsprechend verhalten sich manche Tiere. Möwen, die man mit einem auffälligen Merkmal versehen hat, etwa einem Farbklecks auf einem Flügel, werden von ihren Artgenossen verfolgt und angegriffen. Bilz hat einmal in einer Volière eine Saat- und zwei Rabenkrähen gefangengehalten. Als die Saatkrähe wegen eines Ernährungsfehlers die Flügel hängen ließ und ihr Gang unsicher wurde, hackten die beiden Rabenkrähen auf sie ein. Nachdem Bilz die Krähe isoliert, gesundgepflegt und sie dann den beiden anderen wieder zugesellt hatte, war von der aufgebrochenen Aggression nichts mehr zu spüren.

Aber auch weit subtilere Formen tierischen und menschlichen Verhaltens lassen sich dem »Mobbing« zurechnen. Bilz entdeckt sie sogar in unserer Neugier gegenüber den Nachbarn: »Darin schon bezeugt sich unsere Pöbelhaftigkeit, daß wir möglichst auch über die Intimitäten unserer Mitbürger Bescheid wissen möchten.« Es handele sich um einen Überwachungszwang, der dazu führen könne, daß ein Mensch, der ein sorgsam bewahrtes Geheimnis in einer schwachen Stunde preisgebe, alsbald erbarmungslos dieser seiner Schwäche wegen bewitzelt, verspottet, durch Klatsch und Tratsch schließlich ganz unmöglich gemacht wird.

Daß mehr oder weniger in uns allen etwas vom Kain der Bibel steckt, der seinen Bruder Abel erschlug, weil er es nicht ertragen konnte, anders zu sein als er, das hat der deutsche Betriebsseelsorger Manfred Müller drastisch erfahren müssen: »Als ich noch in die Volksschule ging, da hat man uns beigebracht: Die Franzosen sind dreckig, die Italiener faul, die Engländer sind Wirtschaftsgeier. Nun – so etwas sagt heute niemand mehr. Aber steckt dieselbe Haltung nicht auch heute noch in uns? Diejenigen, die lange Haare und vergammelte Hosen tragen, sind vielen nicht nur unsympathisch, sondern die müssen auch geistig und moralisch nicht ganz normal sein, obwohl man sie vielleicht gar nicht näher kennt. Die ganze Gruppe der Zigeuner, die nicht in normalen Häusern wohnen und ständig unterwegs sind, Leute, die mit der geltenden sexuellen Ordnung in Konflikt geraten, wie Homosexuelle, werden betrachtet, als seien sie vom Aussatz befallen. Die Gastarbeiter sprechen für viele nicht nur eine andere Sprache, sondern gelten von vornherein als Menschen zweiter Klasse. Kürzlich stand ich an einem Fahrkartenschalter hinter einem Ausländer. Er verlangte eine Fahrkarte nach einer Stadt, konnte aber deren Namen nicht richtig und klar aussprechen, so daß der Schalterbeamte zwei-, dreimal fragen mußte, wohin er eigentlich wolle. Unfreundlich und von oben herab bekam der Ausländer seine Fahrkarte beinahe zugeworfen. Und gleichsam als Entschuldigung sagte dann der Schalterbeamte zu mir: ›Die sollte man erst einmal kultivieren und ihnen deutsch beibringen, bevor man sie auf uns losläßt.‹

Aber diese Kategorisierung von Menschen reicht oft hinein in die eigene Familie und Umgebung. Wenn jemand ein anderes Partei- oder Gewerkschaftsbuch in der Tasche trägt als ich, dann kann da schon etwas nicht mehr stimmen. Ist er vielleicht ein Kommunist oder ein Erzreaktionär? Früher kam dazu noch das Gebetbuch, aber das spielt heute keine Rolle mehr. Arbeitskollegen sind zerstritten untereinander wegen der jeweiligen Parteizugehörigkeit, anstatt sich für mehr Rechte für die Arbeitnehmer einzusetzen.

So könnte man den Katalog von Vorurteilen und Verurteilungen fortsetzen. Es fällt uns einfach schwer, Menschen und Menschengruppen gegenüber, die anders denken, handeln und aussehen als der Durchschnittsbürger, tolerant zu sein. Es fällt uns noch schwerer, wohlwollend und herzlich zu ihnen zu sein. Aber nur letzteres ist christlich.« Soweit Manfred Müller.

Die naheliegende Erklärung für das »Mobbing«-Verhalten in allen seinen Spielarten liefert das Auslesegesetz. In freier Wildbahn hat alles aus dem Rahmen Fallende, alles Außergewöhnliche unter Artgenossen normalerweise negativen Auslesewert. Ein auffallend aussehendes Tier lockt durch sein Äußeres oder durch sein Verhalten Feinde an, die dann der Gemeinschaft gefährlich werden. Manche Vögel nutzen diesen Umstand geradezu für den Trick aus, ihre Feinde vom Nest ihrer Jungen fortzulocken, indem sie sich flügellahm stellen, davonhumpeln und so tun, als würden sie eine leichte Beute des Verfolgers werden.

»Gezeichnete« ziehen also die Aggression der Artgenossen auf sich, weil sie das Schicksal der Gruppe bedrohen. Das Überleben der Gruppe hat aber höheren Stellenwert als das des einzelnen. So kann angesichts des kränkelnden Individuums auch die Tötungshemmung abgebaut werden, die sonst der Erhaltung der Art dient. Es liegt nahe zu vermuten, daß die Tötungshemmung nur so lange voll gewährleistet ist und Hilfeleistungen von Artgenossen untereinander nur so lange zu erwarten sind, wie nicht grobe Veränderungen im Aussehen oder Verhalten den Eindruck des Abnormen, des nicht mehr zur Art oder zur sozialen Gruppe Gehörigen hervorrufen.

Die feindselige Haltung der Artgenossen führt schließlich dazu, daß die »Auffälligen« verdrängt werden, daß ihre Fortpflanzungs- und Überlebenschancen sinken, oder daß sie umgebracht werden. Beispiel: Die aus einem fremden Stock stammende Biene wird wegen ihres ungewohnten Geruchs getötet. (Eine solche Biene würde dem Stock zum Beispiel Informationen über Flugwege zu Futterplätzen liefern, die nur für den eigenen Stock zuträfen, also Verwirrung stiften würden.) Ob es sich um ein verirrtes, verwundetes oder erbkrankes Tier handelt, spielt dabei offenbar keine so wesentliche Rolle, so lange das abweichende Merkmal nur intensiv genug ist. Dieser Unterschied ist auch nicht notwendig, da das Risiko für die Gemeinschaft in aller Regel in jedem dieser Fälle besteht. Unter uns Menschen dagegen ist Abneigung gegenüber dem durch Kriegsverletzung oder Unfall Schwerbeschädigten unsinnig geworden, weil das Gesetz der freien Wildbahn nicht mehr gilt und die Beschädigung als »erworbene Eigenschaft« nicht erblich ist. Wo solche Art individueller Animosität auftritt, liegen ihr allenfalls kosmetische Motive zugrunde.

Da die Tötungshemmung unter normalen Umständen auch beim Menschen besteht – vom Krieg als Ausnahmesituation sei hier abgesehen –, gibt es nur wenige Beispiele für die Auslöschung von Leben wegen erblicher Mißbildung oder aus Gründen zu großer Bevölkerungsdichte. Immerhin sind einzelne Fälle bekannt. Bei einer Reihe primitiver Völker ist die Tötung von Mißgeburten üblich. Kindestötung gibt es bei Buschmännern, deren Säuglinge jahrelang von der Muttermilch leben, denn die Frauen könnten rasch aufeinanderfolgenden Kindern nicht genug Nahrung spenden.

Die Eskimos töten manchmal neugeborene Mädchen, weil diese weder auf die Jagd gehen, noch bei der Verheiratung selbst für ihre Mitgift sorgen könnten. Beides würde die Familie bisweilen zu stark belasten. Auch das freiwillige Aus-dem-Leben-Scheiden der Alten gehört hierher. Wie berichtet wird, ist es noch kein Jahrhundert her, daß alt gewordene russische Bauern, wenn sie ihre Stunde für gekommen hielten, zu sagen pflegten: »Es ist Zeit zu gehen, ich lebe den anderen das Leben weg.« Wolfgang Wickler zitiert dazu in seinem Buch »Die Biologie der Zehn Gebote« P. Kropotkin, der darüber mitteilt: »Der alte Mann verlangt selbst zu sterben; er besteht selbst auf dieser letzten Pflicht gegen die Gemeinschaft und verlangt die Zustimmung des Stammes; er gräbt selbst sein Grab; er lädt seine Verwandten zum letzten Abschiedsmahl. Sein Vater hat dasselbe getan; nun ist er an der Reihe; und er verabschiedet sich von seinen Angehörigen mit allen Zeichen der Liebe.«

Ähnliche Schilderungen sind von anderen Völkerkundlern und Forschungsreisenden überliefert worden. P. Freuchen berichtet in seinem »Book of the Eskimos« von Selbsttötungen alter Stammensangehöriger, die den anderen wegen ihres Alters oder einer Krankheit nicht mehr zur Last fallen wollen: »Mancherorts wünscht der alte Mann, daß sein ältester Sohn oder seine Lieblingstochter ihm den Strick um den Hals legt und ihn henkt. Das geschieht regelmäßig auf dem Höhepunkt einer Feier, wenn es ein gutes Mahl gibt und alle – auch der, der zu sterben wünscht – froh und glücklich sind.« (Nach Wickler.) Was hier noch wie ein naturhaftes, instinktiv-gemeinnütziges Verhalten erscheint, ist in der modernen, von Wissenschaft und Technik beherrschten Hochzivilisation gänzlich abgebaut worden. Es hat praktisch dem Gegenteil Platz gemacht, weil unsere Ethik und Moralvorstellungen im Verein mit dem Fortschritt der Medizin ein möglichst langes Überleben oft geradezu erzwingen – nicht selten gegen den Willen des Todgeweihten. Die Praxis, Menschenleben unter allen Umständen zu erhalten, stößt sogar schon wieder auf Kritik. So hört man das Argument, der hohe Aufwand etwa für wiederholte Herzverpflanzungen (nachdem das erste verpflanzte Herz wieder abgestoßen wurde) käme besser der Krebsforschung zugute, und das für solche Operationen notwendige, zahlreiche Ärzte- und Pflegepersonal sollte anderen hilfsbedürftigen Patienten mit größeren Überlebenschancen zur Verfügung stehen. Der Hippokratische Eid setzt hier offenbar weder Grenzen noch sagt er etwas darüber aus, welchem ärztlichen Tun gegebenenfalls Vorrang gebühre.

Umgekehrt werden hin und wieder Fälle bekannt, in denen sich Ärzte weigerten, den Todeskampf eines Sterbenden mit allen Mitteln zu verlängern, also das verlöschende Leben immer noch einmal aufflackern zu lassen. Um was es hier geht, ist die Euthanasie.

Der Begriff steht für »Sterbehilfe« oder »Gnadentod«, wobei zwischen aktiver und passiver Euthanasie unterschieden wird. Wenn es der behandelnde Arzt unterläßt, dem Sterbenden noch Medikamente zu geben, die seinen Todeskampf nur verlängern würden, spricht man von passiver Euthanasie. Aktive Euthanasie dagegen begeht jemand, der einen hoffnungslos erkrankten und schwer leidenden Menschen etwa durch eine Schlafmittel-Überdosis von seinen Leiden erlöst. Nichts zu tun hat die Euthanasie mit der Vernichtung angeblich »lebensunwerten Lebens«, wie es sie unter Hitler gegeben hat; dies waren schlicht Verbrechen, die mit dem Euthanasiebegriff nur kaschiert werden sollten, um das Gewissen der Beteiligten zu beruhigen und die Öffentlichkeit zu täuschen.

Juristisch gesehen ist jede Maßnahme, die das Leben eines unheilbar und schwer leidenden Kranken verkürzt, als Tötungsdelikt strafbar. Ebenfalls unzulässig ist es, Sterbehilfe auf das ausdrückliche Verlangen des Kranken hin zu gewähren. In Westdeutschland tritt in diesem Fall nach Paragraph 216 StGB lediglich Strafmilderung ein. Das bedeutet, daß der Arzt bis zum natürlichen Tod seines Patienten zwar alle Mittel zur Schmerzlinderung einsetzen muß, daß er die Mittel aber nicht mit dem Ziel einer Lebensverkürzung geben darf. Diese ärztliche Verpflichtung erlischt erst, wenn der noch voll bewußte Kranke nicht mehr behandelt zu werden wünscht.

Das Für und Wider der Sterbehilfe wird freilich im selben Maße problematischer, wie die Medizin wirksamere Möglichkeiten entwickelt, den Zeitpunkt des Todes quasi selbst zu bestimmen, mit anderen Worten: wie sie auch rettungslos verlorene Menschen wiederholt aus der Agonie holen und weiterleben lassen kann, auch wenn dieses Leben dann oft nur noch ein Vegetieren ohne Bewußtsein ist, oder ein von Schmerzen geprägtes, gepeinigtes, in jeder Hinsicht reduziertes Dasein. Ein solcher Fall wäre eine schon stark geschwächte, vom Tode gezeichnete alte Frau, deren zusätzlich zu ihrem Grundleiden aufgetretene Lungenentzündung mit Hilfe massiver Antibiotika-Therapie überwunden werden kann. Ein anderes Beispiel wäre der Krebskranke, dessen beginnende Anämie immer wieder durch Bluttransfusionen abgefangen wird, oder der Fall eines schon bewußtlosen Greises, der eine Herzattacke erleidet und wieder aufkommt, weil stark wirkende Herzmittel zur Verfügung standen.

Als der ehemalige amerikanische Präsident Truman im Dezember 1972 im Sterben lag, bezeugten 80 medizinische Bulletins ein nahezu übermenschliches Bemühen seiner Ärzte, das schon verlöschende Leben zu verlängern. Dies ging so weit, daß man auf dem Luftwege ein sorgsam zusammengestelltes Gemisch von Aminosäuren zur künstlichen Ernährung des Patienten aus Kalifornien nach Kansas City kommen ließ, um das Nierenversagen des 88jährigen zu kompensieren. Die Ärzte, die hier eine Kraftprobe medizinischer Möglichkeiten demonstrierten, mußten sich freilich fragen: Wie hätte die Öffentlichkeit reagiert, wenn nicht alles getan worden wäre, um das Leben Trumans zu retten? Aber war es auch im Sinne des Kranken, der sich mit seiner letzten Äußerung darüber beklagte, wie lästig ihm die Sauerstoffmaske sei? Ähnliche Fälle sind leicht unter der Prominenz zu finden, so daß man den Slogan prägen könnte: »Wenn du berühmt bist, mußt du länger leben.«

Fraglos würden viele Menschen erklären: »Wenn es mit mir zu Ende geht, dann bitte ich um einen sanften und angenehmen Tod, dann behandelt mich nicht wie eine altersschwache Maschine, deren Einzelteile immer noch einmal repariert werden, sondern wie einen Menschen, dessen Zeit gekommen ist. Erspart mir vor allem Schmerzen und macht mir das Sterben leicht.«

Tatsächlich schreibt ja der Hippokratische Eid den Ärzten nicht nur vor, alles zu unterlassen, was das Leben des Menschen verkürzen könnte, sondern er fordert auch, dem Kranken Leiden und Schmerzen zu ersparen. Danach wäre Sterbehilfe geradezu ein Gebot ärztlichen Handelns, und der Arzt müßte sich den »Terror des Inhumanen« vorwerfen lassen, setzte er nicht alles daran, die Qualen eines Patienten so gut es geht abzukürzen, wenn der Tod schon im Zimmer steht.

Welche Probleme die menschliche, und das heißt ja auch, die vom Großhirn konzipierte Ethik hier aufwirft, lassen zahlreiche gewissensquälerische Äußerungen nicht nur von verantwortungsbewußten Ärzten, sondern auch von Seelsorgern und Kirchenvertretern erkennen.

»Kann man es verantworten«, fragt der Nürnberger Anästhesist H. W. Opderbecke, »einen über 80jährigen, hochgradig cerebralsklerotischen Menschen durch Implantation eines Herzschrittmachers Monate, vielleicht Jahre künstlich am Leben zu erhalten? Ist es gerechtfertigt, nach einem Schlaganfall mit zentraler Atemlähmung und damit infauster Prognose eine apparative Dauerbeatmung durchzuführen?« Opderbecke kommt zu dem Schluß: »Bei der gewissenhaften Prüfung dieser Frage kann der Arzt sich des sachverständigen Rates anderer Kollegen bedienen. Im übrigen aber muß er die Entscheidung alleine treffen. Auch die nächsten Angehörigen können zu dieser Entscheidung nur insoweit beitragen, als sie etwas über den mutmaßlichen Willen des betreffenden Schwerkranken, der sich selber nicht mehr klar äußern kann, auszusagen vermögen. Wollte man dem behandelnden Arzt diesen Ermessensspielraum nicht zubilligen, dürfte man heute in der Klinik keinen Patienten, sei er auch noch so alt oder hoffnungslos erkrankt, ohne Anwendung aller Mittel moderner Wiederbelebung, apparative Beatmung und Herzmassage eingeschlossen, sterben lassen.«

Intensivmaßnahmen, die ein periodisches Überleben ermöglichen, wären nach Opderbecke nur dann sinnvoll, wenn es sich um Kranke mit noch heilbarem Grundleiden handelt, die über eine kritische, lebensbedrohende Phase hinweggerettet werden müssen. Solche Fälle gibt es häufig genug nach Unfällen mit starkem Blutverlust, bei akutem Herzversagen, Atemstillstand und ähnlichen Anlässen.

Zu der Frage, ob das verlöschende Leben mit allen Mitteln und so lange als möglich am Glimmen gehalten werden muß, hat sich Papst Pius XII. im November 1957 auf einem Anästhesisten-Kongreß geäußert: »Wenn sich herausstellt, daß der Versuch der Wiederbelebung ... für die Familie eine Belastung darstellt, die man ihr nicht im Gewissen auferlegen darf, so kann sie erlaubterweise darauf bestehen, daß der Arzt seine Versuche unterbreche, und dieser darf ihr Folge leisten.« Der Arzt dürfe etwa das Atemgerät entfernen, »bevor der Kreislauf endgültig zum Stillstand kommt«.

Auch der Hamburger Theologe Professor H. Thielicke sieht Grenzen sinnvollen Handelns, wenn er schreibt: »Wenn von der Pflicht des Arztes die Rede ist, Leben zu erhalten, dann kann damit nicht das biologische Leben schlechthin, sondern nur ›menschliches Leben‹ gemeint sein. Um dieses menschliche Leben zu charakterisieren, bedarf es anderer Kriterien, als es diejenigen sind, die sich in Elektrokardiogrammen und Elektroenzephalogrammen manifestieren.«

Hieraus folgt, daß letztlich dem Arzt die Entscheidungsfreiheit über sein Tun zustehen muß, weil er die medizinische Seite des Falles am besten übersieht. Es muß ihm überlassen bleiben, was er schließlich tut oder läßt, nachdem er sich mit den Angehörigen beraten hat – auch wenn ein letztes Unbehagen bleibt.

Mit diesem Unbehagen aber müssen wir leben, und es wird mit jeder neuen Erkenntnis größer werden, die uns hilft, den Tod zu überlisten. Was immer dann geschieht, wird den Handelnden mit dem beladen, was Thielicke die »methaphysische Schuld« genannt hat, »weil es hier im Unterschied zu sittlichen Entscheidungen gerade keine Alternative gibt, durch deren Wahrnehmung diese Art Schuld vermieden werden könnte«. Denn: »Ich lasse mich hier ja nicht auf ein Böses ein, an dessen Stelle ich ein Gutes wählen könnte.«

Der Tod, könnte man resümieren, ist schlimm genug, aber das Sterben kann grausam sein, so grausam, daß noch mancher, den es trifft, seinem Arzt gegenüber das Kafka-Wort aussprechen wird: »Töten Sie mich, sonst sind Sie mein Mörder!«

Ethik, Nächstenliebe, Sorge für den Mitmenschen und Aufopferung für ihn sind hohe Ideale, unstreitbar auch Kriterien dessen, was menschliches Leben auf der Erde erst menschenwürdig macht. Wir müssen diese Errungenschaften unserer kulturellen und geistigen Entwicklung hüten und hochhalten, wenn wir nicht auf den Status der Tiere zurücksinken wollen. Aber der Teufel, sieht man genauer hin, steckt auch hier im Detail. Lotet man tiefer, so ergeben sich Konflikte, zu deren Lösung es allgemeine sittliche Gebote für den Menschen wohl niemals geben wird.

Ein Beispiel dafür sind Herzverpflanzungen, wenn es darum geht, einen Todesbedrohten durch das Herz eines Todgeweihten zu retten. Da es den Ärzten bei Herzverpflanzungen darauf ankommen muß, ein möglichst frisches Organ zu bekommen, werden sie daran interessiert sein, daß der Todeszeitpunkt des Herzspenders möglichst frühzeitig festgestellt werde. Die am Sterbelager des Spenders versammelten Ärzte würden also sozusagen mit schon gezücktem Skalpell dastehen und darauf warten, daß der Sterbende seinen letzten Atemzug tut, um ihren Kollegen im Nebenraum so schnell wie möglich das noch warme Herz für den schon parat liegenden Empfänger liefern zu können. Was sie für die Herzentnahme brauchen, ist freilich das Plazet von Kollegen, die ihrerseits den Spender für tot erklären müssen. Wann aber ist ein Mensch tot?

Bisher war es verhältnismäßig einfach, den Zeitpunkt des Todes anhand der herkömmlichen Todeszeichen festzulegen: Herz- und Atmungsstillstand, das Erlöschen der Reflexe, sekundäre Todeszeichen wie Muskelstarre, Abkühlung und die Existenz von Totenflecken gehörten dazu. Mit den außerordentlichen Fortschritten der Wiederbelebungstechnik, die es ermöglicht, Herztätigkeit und Atmung noch lange nach ihrem Stillstand wieder in Gang zu setzen, können diese Zeichen allein aber nicht mehr als ausreichende Hinweise für den Tod angesehen werden. Als verläßliches Kriterium muß neben ihnen vielmehr der »Gehirntod« gelten, das heißt, das klinische Gesamtbild von Herz, Kreislauf und Atmung muß ergänzt werden durch den Nachweis der erloschenen Gehirntätigkeit. Im konkreten Fall sollte daher die Hirnstromkurve eine Stunde lang eine sogenannte Null-Linie zeigen, einen flachen Verlauf.

Bekanntlich ist nun aber der Tod eines Menschen kein schlagartiges oder auch nur kurzfristiges Ereignis, sondern ein allmählich fortschreitender Prozeß, in dessen Verlauf mehr und mehr Zellen durch Sauerstoffmangel zugrunde gehen. Da weiterhin die Körperzellen gegenüber Sauerstoffmangel unterschiedlich empfindlich sind, sterben verschiedene Organe und Gewebe auch unterschiedlich rasch ab. Das Gehirn trägt in der Regel nicht wiedergutzumachende Schäden davon, wenn es auch nur etwa acht Minuten von der Versorgung mit arteriellem Blut abgeschnitten war. Da Herz und Lungen auch noch nach längerem Stillstand wieder in Gang gesetzt werden können, wäre es möglich, große Teile des Körpers auch dann noch funktionsfähig zu halten, wenn der Gehirntod längst eingetreten ist.

Das Interesse der Mediziner richtet sich freilich nicht vorrangig auf einzelne Organe oder Gewebe, sondern es kommt ihnen darauf an, den ganzen Menschen überleben zu lassen. Darum ist es vor allem wichtig, ob das Gehirn noch eine Chance hat oder nicht. Auch diese Entscheidung verantwortlich zu treffen, ist oft nicht leicht, wenn man das Elektroenzephalogramm (EEG) als einziges Kriterium gelten lassen will.

Dazu die folgende Überlegung: Wenn die Forderung erhoben wird, daß das EEG eine Stunde lang die Null-Linie zeigen, und daß grundsätzlich nach 12 oder 24 Stunden die EEG-Ableitung mit dem gleichen Ergebnis wiederholt werden müsse, bevor der Tod festgestellt und das Organ für die Verpflanzung freigegeben werden darf, so wäre eine Transplantation in jedem Fall erst nach Ablauf von 24 Stunden möglich – mit entsprechend fragwürdigem Erfolg.

Auf den Standpunkt, daß ein 24stündiges Abwarten entbehrlich sei, könnte man sich dagegen dann stellen, wenn der todgeweihte Patient das Opfer schwerer, inoperabler Schädelverletzungen geworden ist. Bei einer Barbituratvergiftung und dergleichen müßte die Wartezeit jedoch obligatorisch eingehalten werden, denn das Gehirn kann hier nach anfänglicher »elektrischer Stille« seine volle Aktivität wiedererlangen. Die endgültige Entscheidung über den Todeszeitpunkt sollte wegen all dieser Fragen von mindestens zwei Ärzten getroffen werden, und wenn eine Transplantation geplant ist, sollten zwei voneinander unabhängige Ärztegruppen tätig sein: die eine, die den späteren Organempfänger betreut und alles für eine etwaige Übertragung vorbereitet, und die andere, die den potentiellen Organspender so versorgt, als wäre er ein Patient wie jeder andere, dessen Leben zu erhalten mit allen Mitteln versucht werden muß.

Nicht weniger problematisch ist die Entscheidung, ob bestimmte, schwer mißgestaltete Geburten am Leben erhalten werden müssen, die sogenannten Monster: Wesen, die kein menschliches Leben im eigentlichen Sinne sind, sondern die wegen fehlender, abnorm großer oder funktionsunfähiger Organe, fragmentarischem Gehirn oder ähnlichem nur mit Hilfe künstlicher Ernährung und ständiger ärztlicher Betreuung am »Leben« erhalten werden können. Soll diesen Geschöpfen auch dann das ganze Repertoire ärztlicher Möglichkeiten zuteil werden, wenn sie etwa mit einer akuten, lebensbedrohenden Krankheit geboren werden? Es hat hierüber heftige Auseinandersetzungen gegeben und die Meinungen sind durchaus geteilt. Einmal mehr zeigt sich hier unsere stammesgeschichtliche Bürde: Die Unbekümmertheit, mit der primitive, hart um ihre Existenz kämpfende Völker Probleme solcher Art lösen, diese Unbekümmertheit hat der hochzivilisierte Homo sapiens im 20. Jahrhundert nicht mehr. Er weiß nicht mehr so recht, wie er sich verhalten soll.

Und das betrifft nicht nur die Monster. Wohin wir blicken, machen es uns Ethik und Moral nicht leicht, mit den Problemen jener Welt fertig zu werden, die unser Großhirn uns geschaffen hat. Der weitaus größte Teil aller Ehen scheitert, ohne daß wir eine praktikable Alternative zu dieser Institution zur Familiengründung gefunden hätten, die zugleich unsere Geschlechtlichkeit kanalisieren und die Aufzucht unserer Kinder ermöglichen würde. Ehebruch, Kriminalität, Drogensucht und Alkoholismus sind zum täglichen Brot der Psychiater und der Gerichte geworden. Während die Erdbevölkerung alljährlich um mehr als die Bewohnerzahl von Ländern wie Frankreich, England, Italien oder der Bundesrepublik Deutschland zunimmt, führen wir heftige Debatten um die Frage, unter welchen Umständen es einer Frau erlaubt sein sollte, eine unerwünschte Schwangerschaft abzubrechen. Katholische Moraltheologen haben ausführliche Studien darüber verfaßt, wann und mit Hilfe welcher Manipulationen die künstliche Besamung einer Frau mit dem Sperma des Ehemannes im Falle von Kohabitationsschwierigkeiten vor sich gehen dürfe, ohne das Naturgesetz zu verletzen. Man lese dazu die Allocutio (Gelegenheitsansprache) Papst Pius' XII. vom 29. September 1949.

Während sich die Christenheit um eine Bestimmung des Gottesbegriffes bemüht, während sie gleichermaßen abstrakte wie vermenschlichende Bilder gebraucht wie das vom allwissenden, allgütigen und allgegenwärtigen Vater oder das vom »Hintergrund der endlichen Dinge«, nehmen die Neurosen in den dichtbesiedelten Gebieten der Erde zu und werden zunehmend Kinder von ihren eigenen Eltern schwer mißhandelt oder totgeprügelt.

Zwischen dem 15. und 18. Jahrhundert sind auf Betreiben der katholischen Kirche ungezählte Frauen auf Denunziation und abenteuerliche Beschuldigungen hin für Hexen erklärt, bestialisch gefoltert und bei lebendigem Leibe verbrannt worden – allein im Kurfürstentum Trier rund sechseinhalbtausend. Die Anklage lautete, sie seien »mit dem Teufel im Bunde« gewesen, hätten »Lastern« gefrönt und seien damit vom katholischen Glauben abgeirrt. In der berüchtigten Schrift »Der Hexenhammer«

(deutsch von J.W.R. Schmidt, 3 Teile, 1922/23) ließen sich die beiden Inquisitoren Jakob Sprenger und Heinrich Institoris des Papstes Innozenz VIII. über das sogenannte Hexenwesen aus, beschrieben detailreich Foltermethoden und gaben in allen Einzelheiten an, wie die Frauen schließlich zu verbrennen seien. Ungezählte, erschütternde Berichte schildern die Formen menschlicher Demütigung und der Indoktrination, wie sie in politischen Prozessen angewandt worden sind. In Indien führt die Verehrung der heiligen Kühe dazu, daß die Gläubigen eher verhungern, als im Rind einen natürlichen Fleischlieferanten zu sehen. Was im Namen Gottes, des Glaubens, des Volkes oder anderer abstrakter Begriffe unter Menschen geschieht, sind Exzesse, die einmal mehr die gefährliche, unberechenbare und zunehmend gegen den Menschen selbst gerichtete Aktivität des menschlichen Großhirns zeigen, eines Organs, das seine Träger auf Hundefriedhöfen Tränen vergießen läßt, aber nicht zögert, Napalmbomben gegen Kinder und Frauen einzusetzen und Straflager zu unterhalten, um friedliche Bürger zum Kommunismus zu bekehren.

Gewiß: Gäbe es kein Gewissen unter den Menschen und hätten wir kein Mitleid, so wären die reichen Nationen nicht darauf gekommen, den ärmeren Wirtschaftshilfe zu gewähren. Es hätte uns der Ansporn dafür gefehlt, das »Gute« zu tun und das »Böse« zu lassen. Ethik und Moral haben dazu beigetragen, die Menschen voreinander zu schützen, um Kain-und-Abel-Geschichten zu verhüten, wie unvollkommen dies auch gelungen sein mag. Wo aber Lebewesen alles tun, um sich gegenseitig zu erhalten und auch diejenigen sich fortpflanzen, die zum Leben der ständigen Hilfe anderer bedürfen, da wird die Zahl der Menschen bald das Maß dessen überschreiten, was die Erde noch ernähren, behausen und – vor allem – dem sie ein menschenwürdiges Leben bieten kann, ein Leben, das mehr ist als die Befriedigung elementar-biologischer Bedürfnisse.

Um ein konsequentes und ausnahmsloses Verhalten im Sinne

der christlichen Ethik zu rechtfertigen, müßten wir in einer anderen Welt leben, als es die unsere ist. Diese Welt müßte sich im selben Maß vergrößern, wie die Zahl der Menschen in ihr zunimmt, ihre Rohstoffvorräte müßten wachsen statt zu schrumpfen, und ein allwissender, irdischer Hausmeister hätte eine überdimensionale Klimaanlage und einen ebensolchen Müllschlukker zu bedienen, die für die Beseitigung der schlechten Luft und der Abfälle sorgten – nur dann könnten wir uns den Luxus ungezügelter Massenvermehrung leisten, die gewaltsam zu bremsen unsere Ethik und Moral uns heute verbieten. Nur dann hätten wir immer wieder genügend Raum zur Verfügung, um voreinander ausweichen zu können und jenes herdenhafte Zusammenleben zu vermeiden, für das humane Regeln zu finden und durchzusetzen unserem Gehirn nicht gelungen ist. Aber wir sind die Gefangenen dieses Organs. Wir werden ihm so wenig entrinnen wie unserem begrenzten Lebensraum, der Erde.

8. Kapitel
Die Todesmechanismen

Wenn die vorangegangenen Kapitel gezeigt haben, daß der Mensch mit dem, was er in den letzten Jahrhunderten auf der Erde tat und ließ, seine Überlebenschancen nicht verbessert, sondern fortschreitend verschlechtert hat – so stellt sich nun die Frage: Welche Rechnung wird ihm die Natur dafür aufmachen? Wie wird der Urteilsspruch jener prüfenden und richtenden Instanz lauten, als welche sich die Umwelt gegenüber allen Lebewesen noch immer erwiesen hat?
    Wird der Mensch aussterben? Und, wenn ja, wann wird ihn sein Schicksal ereilen, und wie? Wird es eine wellenförmige Dezimierung des Menschengeschlechts geben, und welche Rolle wird das menschliche Großhirn dabei spielen?
    Um auf diese Fragen zu antworten, müssen wir untersuchen, wie die Natur bei ähnlichen Fällen in früheren Erdepochen verfahren ist. Welche Ursachen – soweit rekonstruierbar – sind für den Untergang einer Art, einer Gattung oder eines Konstruktionstyps verantwortlich gewesen? Anschließend wird zu besprechen sein, wie das Aussterben im einzelnen vor sich ging oder gegangen sein könnte. Schließlich werden wir zu überlegen haben, inwieweit die gewonnenen Einsichten auf den Menschen anwendbar sind. Welche Form des Abtretens von der irdischen Bühne könnte dem Homo sapiens beschieden sein?
    Lassen wir die Möglichkeit beiseite, daß wir uns mit unseren Atombomben unmittelbar oder mittelbar durch eine radioaktive

Verseuchung umbringen, wenngleich theoretisch auch dies möglich, für manche wohl gar wahrscheinlich ist.

Was also könnte geschehen? Werden weltweite Hungersnöte zunächst einen großen Teil der Menschheit umkommen lassen? Wird der Hunger den Bevölkerungsstand unter ein kritisches Niveau drücken, so daß ein Wiederaufstieg zu Milliardenzahlen unmöglich wird? Wird es wieder große Seuchen geben oder neue Viruskrankheiten, gegen die die Medizin machtlos sein wird? Oder werden als Folge des Menschengedränges auf der Erde psychische Faktoren zu hormonalen Störungen, zum schrittweisen Verlust der Fruchtbarkeit führen, ähnlich dem Geschehen im Mäusekäfig des Verhaltensforschers Calhoun? Oder warten ganz andere Möglichkeiten auf uns, vielleicht eine spezifisch menschliche »way of extinction«? Wird dem Menschen, der soviel Umwälzendes auf der Erde sich hat einfallen lassen, eine ungewöhnlich neue Form des Verschwindens von seinem Heimatstern vorbehalten sein?

Auszusterben ist das Schicksal vieler Tier- und Pflanzengruppen gewesen. Die einen ereilte es früher, die anderen später, nachdem sie mehr oder weniger lange auf der Erde waren. Man mag zwar darüber streiten, ob die Dauer der Existenz eines bestimmten Konstruktionstyps auf der Erde oder die Zahl der Arten, die nach seinem Prinzip entstanden sind, ein Qualitätsmerkmal ist – ob man hier mit dem Adjektiv »erfolgreich«, cum grano salis, überhaupt eine Wertung einführen darf. Immerhin läßt sich der Standpunkt vertreten, daß derjenige Typus »erfolgreich« sei, dem es gelingt, sein Überleben auf lange Sicht zu sichern, und weniger tüchtig der andere, dem dies nicht gelingt, so intensiv er in der kurzen Zeit seines irdischen Daseins auch gelebt haben mag. Denn die philosophische Frage nach der Intensität oder Qualität – wie relativ diese Begriffe hier auch sind und was immer man unter ihnen verstehen mag – stellt sich erst sekundär, weil die qualitative Ausfüllung zunächst einmal das quantitative Überleben voraussetzt. Die Quantität Leben hat also Vorrang, biologisch betrachtet, vor der qualitativen Ausfüllung. Darum ließe sich auch dem Menschen nur dann ein stammesgeschichtlich gutes Zeugnis erteilen, wenn er seine bisherige, kurze irdische Existenz wenigstens dazu benutzt hätte, die Bedingungen für das Überleben der nächsten zwanzig oder fünfzig Generationen zu schaffen. Statt dessen hat er die Quantität Leben ziemlich enttäuschend mit Inhalt gefüllt: mit Streß, Umweltverpestung, permanenter Bedrohung der eigenen Existenz durch Massenvernichtungswaffen, Bevölkerungsexplosion und ethischen Wertvorstellungen, die ihm in der Stunde der Not wenig helfen. Zahlreiche Vorzüge seiner Sonderstellung unter den Lebewesen der Erde hat er zu seinem Nachteil werden und sogar zu seinem Schaden sich entwickeln lassen.

Bleiben wir bei den Tieren, so heißt es zu Recht: »Erfolgreich« ist ein Konstruktionstyp dann, wenn er es versteht, sich immer wieder auch unter wechselnden Umständen seiner Umwelt – sprich den Eigenschaften seiner ökologischen Nische – anzupassen oder diese Nische zum für ihn Wohnlicheren hin zu verändern, ohne dazu langfristig umweltzerstörende Mittel einzusetzen.

In allen Stämmen und Klassen des Tierreichs finden wir erfolgreiche Typen, die diesen Kriterien entsprechen. Es gibt zahlreiche Beispiele für gelungene Versuche der Natur, Lebewesen hervorzubringen, die über lange Zeiträume hinweg elastisch und anpassungsfähig blieben, um allfällige Wandlungen ihrer Umwelten abzufangen und sich mit neuen Verhältnissen zu arrangieren. Umgekehrt gibt es Versager, Fehlschläge: Tiere oder Pflanzen, die aus irgendeinem Grunde mit ihrer Umwelt nicht zurechtkamen, die Schiffbruch erlitten und über kurz oder lang wieder ausstarben.

Zu den besonders Erfolgreichen unter den Pflanzen zählen die Algen und Pilze, deren Entstehungsgeschichte bis tief ins Erdaltertum zurückreicht. Die Gruppe der Algen mag zwei bis drei Milliarden Jahre alt sein. Auch die vor 300 Millionen Jahren im

Karbon entstandenen Moose und Schachtelhalme sind sehr alte und erfolgreiche Pflanzenklassen. Das gleiche gilt für die Bärlappgewächse und die Farne, die mindestens 270 beziehungsweise 350 Millionen Jahre überdauert haben. Schließlich die Nadelbäume, die seit 300 Millionen Jahren auf der Erde sind und die Blütenpflanzen, die sich, weil vielfach von Insekten bestäubt, zugleich mit diesen gerade jetzt, in der erdgeschichtlichen Gegenwart, stürmisch entfalten.

Unter den Tieren muß man auf die Urtiere, die Schwämme, die Hohltiere und die Tintenfische verweisen: Tierstämme, die schon tief im Kambrium vor rund 600 Millionen Jahren auftraten und sich seither mit ungebrochener Kraft auf der Erde behaupten. Nur die Tintenfische, deren große Zeit vor 350 bis 600 Millionen Jahren lag, nehmen seither allmählich ab. »Erfolgreich« neben anderen waren die vor 70 Millionen Jahren ausgestorbenen Ammonshörner, die mit ihren teils schneckenförmigen Kalkpanzern schätzungsweise 270 Millionen Jahre auf der Erde existiert haben. Die Insekten mit ihren zur Zeit mehr als einer Million Arten traten wahrscheinlich schon vor 375 Millionen Jahren im Devon auf und haben sich inzwischen nahezu alle irdischen Lebensräume erschlossen.

Auch die Krebse leben schon sehr lange. Man vermutet, daß die ersten im Kambrium vor fast 600 Millionen Jahren das Licht der Erde erblickten. Nur wenig im stammesgeschichtlichen Alter stehen den Krebsen die Fische nach. Sie erschienen vor rund 420 Millionen Jahren im Silur, machten zwar einen vorübergehenden Artenrückgang gegen Ende des Karbon vor 270 Millionen Jahren durch, entwickelten sich dann aber erfolgreich weiter. Die ersten Vertreter der Säugetiere dürften schon vor 225 Millionen Jahren gelebt haben. Auch sie sind noch heute, nachdem sie sich im Tertiär stürmisch zu großer Artenmannigfaltigkeit entwickelt haben, in reicher Zahl auf der Erde. Daß gerade unter den Säugetieren heute viele vom Ausgerottetwerden durch den Menschen bedroht sind, steht auf einem anderen Blatt.

Alle diese Tier- und Pflanzengruppen haben, wenn man so will, durchweg schon ein älteres Hausrecht auf dem »blauen Planeten« als der Mensch mit seinen paar Millionen Jahren Erdendasein. Sie sind Meister in der Anpassung an ihre jeweiligen Umwelten gewesen und sind es noch heute, soweit ihnen der Mensch die Möglichkeit dazu nicht gewaltsam genommen hat. Nicht, daß sie in einer auch nur instinktiven Weise »gewußt« hätten oder »wüßten«, wie man sich zu verhalten hat, um ein gern geduldeter Gast, ein möglichst lange logierender Erdbewohner zu sein. Vielmehr war es bei allen diesen Organismen so, daß sie nicht aus dem natürlichen System von Umweltbedingungen ausbrachen, daß nichts sie bewegen konnte, an dem einen oder anderen Faktor Entscheidendes zu verändern, wie dies schließlich der Mensch getan hat. Dort, wo sie neue Umwelten erschlossen oder dort, wo ihre angestammte Umwelt sich änderte, boten sie der Selektion einfach neue Angriffspunkte dar und überließen sich ihr, indem sie eine behutsame und schrittweise Veränderung erfuhren, bis ein neues Optimum erreicht war. Dort aber, wo sich ihre Umwelt, ihre ökologische Nische über lange Zeit nicht wesentlich änderte – wie etwa in der Tiefsee oder im Urwald – da blieben die erreichten Konstruktionstypen weitgehend konstant. Diese Lebewesen hatte die Evolution nicht etwa vergessen – Mutation und Auslese wirken ja überall. Nur bevorzugte die Selektion in diesen Fällen, da die Umweltbedingungen stagnierten, immer wieder die gleichen, schon optimal angepaßten Formen. So stabilisierte sie das Bewährte, statt es zu verändern.

Beispiele dafür sind die lebenden Fossilien wie der Quastenflosser, ein urweltlicher Meeresbewohner mit seltsam kräftigen, abstehenden Flossen, sind die auf einigen Inseln vor Neuseeland heimischen Brückenechsen, sind die Pfeilschwanzkrebse und einige mehr. Auch der Ginkgobaum gehört dazu.

Wollte man vermenschlichen, so verhielten sich alle diese Gattungen, Ordnungen oder Konstruktionstypen weitsichtig. Sie kooperierten im Spiel jener Kräfte, die sie einst hervorbrachten. Und sie taten dies selbst dort noch, wo sie vor allzu raschen Umweltveränderungen oder einwandernden, konkurrenzüberlegenen Arten verschont blieben, wie etwa in der Tiefsee.

Beim Menschen dagegen ist alles anders. Legt man den Maßstab seiner geographischen Verbreitung zugrunde, so hat er sich zwar zum erfolgreichsten Säugetier neben der Ratte entwickelt, denn mit Hilfe seiner Technik als eines Produkts seiner kulturellen Evolution hat er selbst unwirtliche Lebensräume der Erde erschlossen. Man findet ihn auf, über und unter der Erde, auf und unter Wasser, im ewigen Eis und in der hitzeflimmernden Wüste, selbst im Weltraum. Auf Kosten von Tieren, Pflanzen und landschaftlicher Schönheit hat er seine Umwelt selber gestaltet. Aber ist er berechtigt, sich dieser seiner Taten wegen zu rühmen oder erfolgreich zu nennen?

Eher sieht es doch so aus, als habe sich der Mensch gerade wegen seiner Aktivitäten oder besser: wegen der Art seiner Aktivitäten auf diesem Planeten zu einem Wesen entwickelt, das an der Aufgabe, sich und späteren Menschengenerationen eine wohnliche Umwelt zu schaffen, gescheitert ist, ja, das durch seine unkontrollierte Massenvermehrung und seine Eingriffe in den stabilisierenden Selektionsprozeß seinen baldigen Abtritt von der Bühne des Lebens vorbereitet.

Stammesgeschichtlich gesehen ist der Mensch auf der Erde nicht »erfolgreich«. Allenfalls wäre von einer zugegeben bemerkenswerten Geschicklichkeit im »Passendmachen« zu sprechen, vergleichbar den Praktiken routinierter Bankräuber, die mit ihrer Überrumpelungstaktik große Beute erlangen, auf Kosten der Allgemeinheit davon eine Weile leben, um dann aber doch von der Polizei gefaßt zu werden.

Wie wird es mit uns weitergehen?

Blicken wir zurück. Von den Lebewesen früherer Erdepochen wissen wir durch Fossilien, durch Knochenreste, Abdrücke oder Versteinerungen. Deren Alter wird aus den Gesteinsschichten erschlossen, in denen die Funde gemacht wurden, oder mit Hilfe der Kohlenstoff-14-Methode. Diese sogenannte Kohlenstoff-Uhr beruht auf einem einfachen Prinzip. Sie macht sich den radioaktiven Zerfall des Kohlenstoff-14-Isotops zunutze, einem chemischen Zwillingsbruder des stabilen Elementes Kohlenstoff 12. Beide Kohlenstoff-Arten kommen in Pflanzen, Tieren und Menschen in einem bestimmten gegenseitigen Verhältnis vor. Dieses Verhältnis bleibt zu Lebzeiten des Organismus konstant, weil der eine wie der andere Kohlenstoff gleichermaßen über den Stoffwechsel in den Körper gelangt. Das Verhältnis ändert sich erst, wenn mit dem Tod der Kohlenstoff-Zustrom versiegt. Während von nun an das stabile Element Kohlenstoff 12 mengenmäßig unverändert im toten Gewebe erhalten bleibt, nimmt der Kohlenstoff-14-Gehalt laufend durch seine Strahlung ab. In welchem Ausmaß das geschieht, ist dank der physikalischen Gesetze voraussagbar. Damit ist das Prinzip der »Kohlenstoff-Uhr« gegeben: Je nach der vorgefundenen Menge von »C_{14}« kann man bei der Untersuchung fossiler Lebewesen oder Pflanzenteile ziemlich genau deren Alter und damit auch das Alter der Erd- oder Gesteinsschichten ermitteln, in denen sie sich befanden. Man hat nur zu bedenken, und das ist als geringfügige zeitliche »Mißweisung« auch einkalkulierbar, daß das C_{14}-Isotop nicht immer in gleichbleibender Menge in der Natur zur Verfügung stand, sondern sein mengenmäßiger Anteil im Lauf der Zeit gewissen Schwankungen unterlag.

Die Erforschung der Fossilien ergab neben Indizien für die Richtigkeit der Evolutionstheorie auch die Erkenntnis, daß viele Arten, Gattungen und Ordnungen, die früher einmal gelebt haben, nicht als Ahnen heutiger Lebewesen anzusehen sind, sondern ausgestorbene Seitenäste am Stammbaum des Lebens darstellen. Trotz zahlreicher ausgestorbener Arten und Gattungen ist die Vielfalt des Lebens im Lauf der geologischen Zeiträume aber immer größer geworden. An ihre Stelle traten entweder andere oder gänzlich neu konstruierte Typen, die es besser verstanden, sich mit den vorgefundenen Umweltverhältnissen zu arrangieren.

In diesem Kapitel soll es nicht um jene Vorgänge gehen, in deren Verlauf sich aus der einen oder anderen Art im Zuge der Evolution neue Arten entwickelt haben – bestimmte Formen also zugunsten neuer und genetisch besser angepaßter von der Erde verschwanden –, sondern nur um das echte Aussterben. Das heißt, wir wollen solche Fälle untersuchen, in denen Tiere aufgrund widriger Umstände ihre Fähigkeit einbüßten, als Art oder Gattung zu überleben. Das können schwerwiegende Anpassungsschwierigkeiten gewesen sein, so etwa die, daß Organe oder Verhaltensmuster den Anforderungen der Umwelt nicht mehr entsprachen. Anschließend an die Fallstudien werden wir prüfen, welche Formen des Aussterbens den Menschen gegebenenfalls ereilen könnten.

Grundsätzlich gilt: Alle Tier- und Pflanzenarten sind dank ihrer erblichen Ausstattung, ihrer Eigenschaftskombination im Lauf der Zeit dahin gelangt, bestimmte Umwelten oder ökologische Nischen auf der Erde auszunutzen und als Art darin zu überleben. Geht die Nische verloren oder treten überlegene Konkurrenten auf, so stirbt die Art oder die Gattung aus, wenn sie sich nicht rechtzeitig umstellen kann.

Ein interessantes Beispiel für solche »Rettung aus der Not« hat ein Experiment geliefert, das wir dem Zoologen P. van den Ende vom University College of North Wales verdanken. Er war der Frage nachgegangen, wie sich das Verhältnis von Raubtier- zu Beutetier-Population verschiebt, wenn die Beutetiere den Raubtieren schutzlos ausgeliefert sind, also am Entkommen gehindert werden. Als Versuchstiere in der Rolle der Räuber dienten Einzeller der Art Tetrahymena pyriformis (ein Wimperntierchen), die »Beute« war das Bakterium Klebsiella aerogenes. Van den Ende brachte Kulturen beider Organismen in ein Reagenzglas und zählte von Zeit zu Zeit die Bestände.

Zunächst verlief alles wie erwartet: Die Wimperntierchen

machten sich über die Bakterien her und dezimierten sie, während sie selbst an Zahl üppig zunahmen. Dann jedoch, als die Nahrung knapp wurde, änderte sich die Lage. Bei den Wimperntierchen zog Hungersnot ein, die alsbald die Reihen lichtete. Daraufhin nahm die Bakterienpopulation wieder etwas zu, und dies gab nun erneut den Wimperntierchen leichten Auftrieb. Es kam, wie der Fachausdruck lautet, zu einer »gedämpften Schwingung der Populationsdichte«. Gedämpft: So nennt man eine Kurve mit zunächst weiten, dann immer kleiner werdenden Amplituden.

Bevor sich freilich ein Endergebnis abzeichnete, geschah etwas Merkwürdiges. Die Bakterien lernten nämlich, den Wimperntierchen dadurch zu entgehen, daß sie sich an der Glaswand des Reagenzglases festhielten. So konnten die Wimpern ihrer Verfolger, deren Bewegung im Wasser eine Art Sog erzeugt, sie nicht mehr herbeistrudeln. Ein klebriges Sekret, eine zufällig aufgetretene Erbeigenschaft, hatte die Wende zugunsten der Bakterien herbeigeführt, so daß diese in der neugewonnenen ökologischen Nische überlebten. Nur diejenigen unter ihnen fielen jetzt den Wimperntierchen noch zum Opfer, die sich von der schutzbietenden Glaswand lösten und im Wasser umherschwammen. Damit entstand ein neues ökologisches Gleichgewicht.

Ein ähnliches Beispiel hat der Engländer J. Townsend beschrieben. Bei ihm handelte es sich um ein Ziegenpaar. Die beiden Tiere wurden versuchsweise auf einer einsamen Atlantik-Insel ausgesetzt. Sie vermehrten sich zunächst ungehindert. Als die vorhandenen Weideflächen voll besetzt waren, verlangsamte sich das Vermehrungstempo. Ein Gleichgewichtszustand zwischen Ziegenzahl und Nahrungsquellen stellte sich ein. In diesem Stadium setzte man ein Windhundpaar auf der Insel aus. Für die Hunde waren die Ziegen anfangs leichte Beute, und so vermehrten sie sich, solange sie Ziegen fangen konnten. Das wurde erst anders, als der Ziegenbestand stärker zurückging.

Townsend schreibt: »Würden die Ziegen vollständig vernichtet, so müßten auch die Windhunde zugrunde gehen. Da jedoch viele Ziegen sich in die steilen Felsen der Insel zurückgezogen hatten, wo sie von den Hunden nicht verfolgt werden konnten, und die Felsen nur kurzfristig zur Nahrungssuche verließen, wurden nur wenige von ihnen erbeutet. Und nur die wachsamsten, stärksten und aktivsten Hunde konnten genügend Nahrung finden. Auf diese Weise kam ein neues Gleichgewicht zustande.«

Ein anderes Beispiel für eine stammesgeschichtliche schutzbietende ökologische Nische ist die Wirtsabhängigkeit der Parasiten. Die Spezialisierung des einen auf den anderen geht in diesen Fällen oft weit. Die ökologische Nische der Bettwanze ist neben anderen Warmblütern der Mensch. Stürbe der Mensch aus, so würde auch die Bettwanze von ihrem Schicksal ereilt werden, falls sie den Ausfall ihres »Haupternährers« nicht wettmachen und auf andere Wirte ausweichen kann.

Aus alledem folgt, daß stark spezialisierte Arten mit geringen Ausweichmöglichkeiten auch entsprechend gefährdet sind. Der Ratte als vermehrungsfreudiger Allesfresserin werden gelegentliche Umweltänderungen wenig ausmachen. Damit die Ratte ausstirbt, müßte schon Einschneidendes geschehen. Anders bei Spezialisten, etwa Bewohnern bestimmter Biotope im Korallenriff. Deren Überlebensnerv könnte schon durch eine geringfügige Änderung des Salzgehaltes oder durch einen vergleichsweise harmlosen Verschmutzungsfaktor im Meer tödlich getroffen werden.

Ein erhebliches Risiko für das Überleben ist also die Spezialisierung. Warum sie zustande kommt und wie sie sich äußert, darüber hat der deutsche Evolutionsforscher Professor Bernhard Rensch scharfsinnige Überlegungen angestellt. Rensch weist darauf hin, daß Spezialanpassungen, darunter extrem große Stoßzähne, Fühler, Schwanzfedern oder Geweihe häufig bei solchen Tieren anzutreffen sind, die man als Endstadien von

Stammesreihen auffassen muß, Reihen, in deren Verlauf die Tiere immer größer werden. So haben zum Beispiel unter den Elefantenarten die größten auch die längsten Stoßzähne. Herkuleskäfer, Hirschkäfer und andere tragen extrem große wehrhafte Kau- oder Greifwerkzeuge an ihren Köpfen, während stammesgeschichtlich ältere Vertreter ihrer Familien keine derart großen Gebilde haben und auch sonst wesentlich kleiner sind. Da die Auslese immer das gefördert hat, was in der jeweiligen Situation nützlich war, könnten die vergrößerten Kiefer oder Kauwerkzeuge den Tieren Vorteile bei der Nahrungssuche gebracht haben oder bei ihren Scheinkämpfen während der Paarungszeit hilfreich gewesen sein. Auf die naheliegende Frage, warum nicht andere, noch lebende, stammesgeschichtlich ältere Vertreter der betreffenden Tierfamilie die großen Kauwerkzeuge bekommen haben, wird sich antworten lassen, daß im Rahmen ihrer jeweiligen Umwelt andere Merkmale für die Auslese Vorrang besessen haben und entsprechend bevorzugt gefördert worden sind.

Ähnlich ist es bei den Wapitis und den eiszeitlichen Riesenhirschen. Auch sie sind, beziehungsweise waren, Endglieder von Entwicklungsreihen mit besonders großen Organen, in diesem Fall mit Geweihen. Die Geweihe mögen bei ihnen als Exzessivorgane solange toleriert worden sein, wie sie in der Auseinandersetzung mit der Umwelt gerade noch tragbar waren, zumindest nicht störten, während das Merkmal Körpergröße mit seinen zahlreichen Vorteilen für die Auslese Vorrang besaß.

Rensch nennt weitere Beispiele, für die dies gelten könnte. Die außergewöhnlich langen und spitzen, zahnlosen Kiefer der Flugsaurier oder die beiden Reihen riesiger, senkrecht stehender Knochenplatten des Stegosaurus, der mit neun Metern Körperlänge in der frühen Kreidezeit lebte, oder der lange Hals der Giraffe und die stattlichen, nach oben gebogenen und zum Wühlen unbrauchbar gewordenen Hauer der auf Celebes heimischen Wildschweingattung Babirussa – sie alle gehören dazu.

Überall treffen wir solche Extrembildungen bei den Endformen von Stammesreihen. Die übertrieben großen, »luxurierenden« Organe dieser Tiere haben, wie dies Hans Krieg einmal genannt hat, »den funktionell zweckmäßigen (nicht nur den notwendigen) Ausbildungsgrad überschritten, einen schädlichen aber noch nicht erreicht«. Dabei könnte laut Professor Krieg der Umstand, daß solche Organe am ausgeprägtesten bei den weniger von der Fortpflanzung belasteten Männchen auftreten, für ein »Abreagieren von Überschüssen in der Ernährungsbilanz« sprechen. Für Kriegs These sprechen auch die Brüll-Orgien der Brüllaffen und die Schrei-Tumulte mancher Kuckucksvögel und Papageien: Auch dies sind Exzessiv-Eigenschaften, wenn auch im Bereich des Verhaltens, die allein den Männchen vorbehalten sind.

Rensch hält dagegen, beide Auffassungen brauchten sich nicht unbedingt zu widersprechen. Man müsse nur davon ausgehen, daß auch die Weibchen ursprünglich die großen Organe gehabt hätten, es dann aber als Kompensation zu ihrer stärkeren Belastung im Fortpflanzungsgeschäft zu einer Verkleinerung gekommen sei. Immer jedenfalls, wenn Organe oder Verhaltensweisen ein Ausmaß erreichen, das die Gesamtbilanz positiver und negativer Eigenschaften zum Schädlichen hin verschob, waren auch die Tage dieser Tiere gezählt.

Das gilt nicht zuletzt für den berühmten Säbelzahntiger Smilodon, der während 35 Millionen Jahren in den Urwäldern des jüngeren Tertiärs jagte und dessen furchterregendes Gebiß die Besucher der Vorzeitmuseen noch heute erschauern läßt. Man nimmt an, daß der Säbelzahntiger vor allem dem schwerfälligen, elefantenartigen Mastodon nachstellte. Beide lebten unter anderem auf dem nordamerikanischen Festlande, wo erst im Jahre 1973 ein über zwei Meter langes, gut erhaltenes Smilodon-Skelett beim Bau eines neuen Bank-Gebäudes in der Stadt Nashville entdeckt und auf ein Alter von 9500 Jahren datiert worden ist.

Als das pflanzenfressende Mastodon ausstarb, fingen auch für den Säbelzahntiger harte Zeiten an, denn er hatte weder die Behendigkeit noch die Schläue der heutigen Tiger, die über ein größeres Gehirn verfügen. Er war außerstande, in der kurzen Galgenfrist, die ihm vermutlich blieb, sich auf andere weniger plumpe Beutetiere umzustellen. So schlug ihm vor 9000 bis 10 000 Jahren die Todesstunde trotz oder gerade wegen seines gefährlichen Gebisses, das ihm nun, da er sich neu anzupassen hatte, im Wege war. Seine Unfähigkeit, als »Endform« auf veränderte Umweltfaktoren überlebensgerecht zu reagieren, also genetisch rasch genug neue, konkurrenzfähige Varianten zu bilden, wurde ihm zum Verhängnis.

Am Beispiel des Säbelzahntigers wird zugleich deutlich, welche Rolle die Zeit bei den Anpassungsvorgängen spielt. Sind Lebewesen noch nicht allzu spezialisiert, haben sie insbesondere noch keine Exzessivorgane, dann bleibt ihnen noch Reaktionsraum, dann können noch genügend erbliche Varianten entstehen, aus denen die Selektion solche Typen auslesen kann, die den neuen Umweltverhältnissen wieder gerecht werden. Ergebnis: Die betreffende Art oder Gruppe überlebt. Sind Lebewesen dagegen schon recht speziell an ein bestimmtes Biotop angepaßt und tritt eine Umweltänderung verhältnismäßig rasch ein, so wird es dem Mutations-Auslese-Mechanismus schon aus zeitlichen Gründen schwerfallen oder gänzlich versagt bleiben, eine Antwort in Gestalt neuangepaßter Formen zu finden.

Was den Menschen betrifft, so muß dieser Sachverhalt für ihn über kurz oder lang katastrophale Folgen haben. Der Homo sapiens macht ja insofern eine Ausnahme unter den Lebewesen der Erde, als er seine Umwelt selbst gestaltet. Doch findet dieser Vorgang nicht allmählich statt, wie es sinnvoll wäre – nämlich unter strikter Bewahrung des Bewährten – sondern in einer atemberaubenden Geschwindigkeit. Dem gefährlichen Trend dieses Gebarens könnte der Mensch selbst dann nicht entrinnen, wenn ihm das Risiko seiner Veränderungsmanie endlich klar werden würde. Denn es ist eine immanente Eigenart seines Großhirns, nach fortgesetzter Änderung seiner Umwelt zu streben, solange nur die Aussicht besteht, daß ein, wenn auch noch so geringer und noch so kurzfristiger Nutzen dabei herausspringt.

Alvin Toffler, dem wir das bemerkenswerte Buch über den »Zukunftsschock« verdanken, weist darauf hin, daß die Veränderungssucht und das damit verbundene Beschleunigungsphänomen des technischen Fortschritts schon innerhalb einer Generation zu einer völligen Desorientierung des Menschen führen kann, weil die Maßstäbe, an denen wir uns in unserer Jugend zu orientieren begonnen haben, immer rascher fragwürdig würden und fortwährend neuen Maßstäben weichen müßten. In immer kürzeren Zeitabständen, betont Toffler, erlebten wir tiefgreifende Veränderungen, und doch sollten wir diese Veränderungen verarbeiten und uns immer neu an sie anpassen.

Aber zurück zu den Todesmechanismen, den »ways of extinction«, wie sie die Natur in der Vergangenheit der Erdgeschichte unter den Lebewesen praktiziert hat. Ein interessanter Lehrfall dazu sind die Höhlenbären, deren Knochen in großer Zahl unter anderem in der Mixnitzer Drachenhöhle in der Steiermark gefunden worden sind. Die Knochen zeigten Degenerationserscheinungen, was den deutschen Genetiker O. Abel zu der These veranlaßt hat, die Tiere könnten damals unter besonders günstigen Bedingungen gelebt haben. Möglicherweise hätte die Auslese unter ihnen dadurch an Schärfe verloren, so daß auch erblich benachteiligte Bären überlebten. Als Folge davon wären immer mehr nachteilige Erbanlagen erhalten geblieben, bis schließlich das große Bärensterben nicht mehr aufzuhalten war. Haben wir hier eine Parallele zur Situation des modernen Menschen? Leben nicht auch wir – zumindest in den westlichen Industrieländern – unter optimalen Lebensbedingungen im Überfluß, wenn man von den Anpassungsproblemen absehen will, vor die die selbstgeschaffene Umwelt den Menschen stellt, darunter den psychischen Streß? Und tut nicht auch unsere Medizin alles, um nachteilige Erbanlagen zu erhalten und zu vermehren?

Eine andere Art des Aussterbens haben die Dinosaurier demonstriert, die größten Tiere, die die Erde je bevölkert haben. Der Grund, weshalb sich die Natur von ihnen getrennt hat, lag zwar hauptsächlich ebenfalls darin, daß die mächtigen Kostgänger der Kreidezeit nicht mehr mit den Umweltgegebenheiten kooperieren konnten. Doch hatte ihr Aussterben eine besondere Note. Sehen wir uns dies einmal genauer an.

Furchterregende Fleischberge vom zwanzigfachen Gewicht heutiger Elefanten, so stapften die Saurier durch die Sumpfwälder des Erdmittelalters und ließen den Boden unter ihrem Schritt erzittern. Das große Rätsel, warum sie gegen Ende der Kreidezeit sozusagen über Nacht von der Erde verschwanden, hat der Wissenschaft keine Ruhe gelassen. Bis vor kurzem war ungewiß: Fanden die Tiere nicht mehr genug Nahrung? Wurde es ihnen zu kalt oder zu heiß auf der Erde? Aber die damalige Klima-Änderung, von der wir wissen, lag ziemlich lange vor ihrer Todesstunde – sie kann es kaum gewesen sein. Auch starben die Dinosaurier damals nicht allein. Mit ihnen ereilte die großen Meeresechsen und die fliegenden Reptilien ihr Schicksal. Auch die Ammoniten und Belemniten starben aus.

Der merkwürdige Vorgang hat inzwischen mehrere, wenn auch noch keine verbindlichen Deutungen gefunden, auf die wir eingehen müssen, weil sich auch aus ihnen vielleicht Hinweise auf einen für den Menschen zutreffenden »Killer-Faktor« ergeben könnten.

Einen wichtigen Beitrag zur Aufklärung des Saurier-Rätsels lieferten die Paläontologen, als sie in Südfrankreich, bei Aix-en-Provence, auf engem Raum zahlreiche Eier aus der letzten Generation der Tier-Riesen entdeckten; Eier, die sowohl außergewöhnlich dicke, als auch – und vor allem – extrem dünne Kalkschalen besaßen. Beide Abnormitäten müssen für die Saurier-Embryonen tödlich gewesen sein. Im Falle der zu dicken Eischalen blieben die Schalenporen geschlossen und blockierten damit den Gasaustausch des Keimlings mit der Außenwelt: Das heranwachsende Tier erstickte, bevor es schlüpfen konnte. Im Fall der zu dünnen Schalen trocknete der Inhalt der Eier aus – auch dies führte unweigerlich zum Tode.

Den Beweis dafür, daß die Saurier-Embryonen tatsächlich gar nicht erst geschlüpft sind, bevor sie starben, sehen die Wissenschaftler im Fehlen von Ätzspuren auf der Innenseite der Eischalen. Normalerweise verwenden die Embryonen nämlich einen Teil des Eischalenkalks zum Aufbau ihres eigenen Skeletts, und dieser Vorgang hinterläßt charakteristische Merkmale, sogenannte Resorptionskrater, auf den Innenschalen. Da die Krater bei den dünnschaligen Eiern fehlen, dürften diese schon in einem verhältnismäßig frühen Entwicklungsstadium zu Grabkammern des Saurier-Nachwuchses geworden sein.

Zwei Fragen dazu verlangen Antwort. Erstens: Welche Vorgänge im Körper der Saurier führten dazu, daß die Muttertiere Eier sowohl mit zu dicken als auch zu dünnen Schalen legten? Zweitens: Welche Umweltfaktoren lassen sich gegebenenfalls dafür verantwortlich machen? Die Antwort auf die erste Frage ist verhältnismäßig einfach: Es dürften Hormonstörungen gewesen sein. Wir wissen zum Beispiel, daß Entgleisungen des Hormonhaushaltes auch durch das Schädlingsgift DDT ausgelöst werden, wenn es in hinreichender Menge in den Vogelkörper gerät. Das ist zum Beispiel der Fall, wenn die Tiere DDT-verseuchte Fische oder Regenwürmer gefressen haben. Als Folge davon kommt ihr Kalkstoffwechsel in Unordnung. Die betroffenen Vögel können nicht mehr genügend Kalk für die Eierschalen bilden und die Eier zerbrechen dann häufig beim Bebrüten unter dem Gewicht des Weibchens. Auch für die zu dünnen und zu dicken Eierschalen der Saurier dürften Hormonstörungen die Ursache gewesen sein, wenn sie im einzelnen auch noch unklar sind. Möglicherweise spielt dabei das Vasotocin-Hormon eine Rolle.

Die zweite, interessantere Frage nach der Ursache solcher Störungen im Hormonhaushalt läßt weit mehr Spekulationen zu, nicht zuletzt deshalb, weil wir uns von den Umwelt-Gegebenheiten gegen Ende der Kreidezeit, also vor rund 70 Millionen Jahren, nur vage Vorstellungen machen können. Der deutsche Paläontologe Heinrich K. Erben vermutet, es sei vielleicht ein ungewöhnlicher psychischer Streß für die hormonale Entgleisung des Saurier-Organismus verantwortlich gewesen. Er weist dazu auf Befunde hin, wonach Südfrankreich in der ausgehenden Kreidezeit mehr und mehr zu einem wüstenähnlichen Gebiet geworden sein soll. Außerstande, nach Norden oder Süden hin auszuweichen, könnten sich die Tiere gezwungen gesehen haben, in den kleiner werdenden Oasen auf immer engeren Raum zusammenzurücken. Tatsächlich deutet die große Zahl der bei Aix-en-Provence gefundenen Dinosaurier-Eier auf einen bevorzugten Nistplatz der Tiere während dieser Zeit. Die Pferchung, meint Erben, könnte zu einem psychischen Streß geführt haben, der die Hormonstörungen auslöste und damit auch die tödlich dicken oder dünnen Eierschalen verursacht hat.

Eine andere Deutung des großen Sterbens hört sich zwar unverbindlicher und pauschaler an, doch verdient sie deshalb nicht weniger, erwähnt zu werden. Man muß dazu wissen, daß Störungen im Kalkstoffwechsel zur selben Zeit, da die Dinosaurier ausstarben, auch bei anderen Tieren aufgetreten sind, und zwar auch bei solchen, deren Nervensysteme – soweit vorhanden – gegenüber psychologischen Belastungen gewiß unempfindlicher gewesen sind. Bohrproben aus dem Meeresgrund nämlich, die während der Challenger-Expedition in 4500 Meter Tiefe aus dem äquatorialen Pazifik zutage gefördert worden sind, erwiesen, daß gegen Ende der Kreidezeit auch zahlreiche kleinere Meerestiere mit Kalkgehäusen von der Erde verschwanden, unter ihnen allein 26 Plankton-Arten.

Ein Zusammenhang mit dem Saurier-Tod erscheint vorstellbar, wenn man die damalige »Umpolung« des Erdmagnetfeldes bedenkt. Solche Umkehr-Epochen haben während der Erdgeschichte mehrmals stattgefunden. In ihrem Verlauf ist das magnetische Kraftfeld der Erde wahrscheinlich vorübergehend gänzlich oder fast ganz zusammengebrochen. Da das unversehrte Magnetfeld wie ein schützender Schirm über der Erde zahlreiche harte Strahlenarten aus dem Weltraum abfängt, könnte sein Ausfall zu einer starken Strahlenbelastung der Erdoberfläche geführt haben. Der Strahlenschock könnte die Mutationsrate unter den Lebewesen erhöht haben, was die hochspezialisierten Arten naturgemäß am härtesten getroffen haben dürfte. Ihnen könnte der einsetzende hohe Mutationsdruck tödlich viele Erbänderungen beschert und auf dem Wege über das empfindliche Hormonsystem alsbald den stammesgeschichtlichen Garaus gemacht haben.

Nicht einfach von der Hand zu weisen ist schließlich eine Spekulation, die Rensch angestellt hat. Er bezieht sich auf die sogenannte Ozonschicht, die in 30 bis 40 Kilometer Höhe über der Erde die kurzwelligen Strahlen absorbiert und starken Intensitätsschwankungen unterliegt. Obwohl es an konkreten Beweisen fehle, meint Rensch, könne zumal bei den großen Wasserwirbeltieren ein zeitweiliger Mangel an Vitamin D aufgetreten sein, wenn vorübergehend zu wenig ultraviolettes Licht einstrahlte. Man weiß, daß das Vitamin D vorwiegend unter dem Einfluß des ultravioletten Lichts im Körper entsteht. Wird zu wenig gebildet, so führt dies zu Rachitis unter den Jungtieren.

Wie immer nun die Saurier um ihre irdische Existenz gekommen sein mögen – es läßt sich generell die Ursache »Anpassungsschwierigkeiten« für ihr Aussterben nennen. Dies gilt ja gleichermaßen für alle Tier- und Pflanzenarten mit ähnlichem Schicksal, besonders aber für die spezialisierten Formen, wenn sie ohne längere Vorwarnzeit einschneidenden Umweltänderungen preisgegeben waren.

Auch unerwartet auftretende Feinde gehören natürlich zum Repertoire der Umwelt. Auch sie können einer Tierart oder -gattung das Leben schwer, ja unmöglich gemacht haben. Als Seeleute im Jahre 1872 neun indische Mungos – eine Schleichkatzenart – auf der Insel Jamaika aussetzten, ahnten sie nicht, welche Folgen dies haben würde. Die Mungos vermehrten sich ungewöhnlich rasch und rotteten in kurzer Zeit Eidechsen, Landkrabben, Schildkröten, zahlreiche Schlangenarten und nahezu alle Ratten, Tauben und Sturmvögel auf der Insel aus. Ähnlich erging es dem australischen Beutelwolf, der dem Dingo weichen mußte.

Auf dem südamerikanischen Kontinent lebte einst eine artenreiche originelle Säugetierfauna mit Urhuftieren, Gürteltieren, Faultieren, Ameisenbären und einer Reihe von Beuteltieren. Als dann im frühen Tertiär die mittelamerikanische Landbrücke die Verbindung zu Nordamerika herstellte, wanderten konkurrenzüberlegene Arten ein und vernichteten nicht nur die Urhuftiere und den größten Teil der sogenannten Zahnlücker (Edentaten), sondern auch die Beuteltiere bis auf die Beutelratte.

Für unser Problem spielt diese Art des Aussterbens allerdings keine nennenswerte Rolle, es sei denn, wir glaubten an die Invasion von Marsbewohnern, Astronautengöttern oder an die »Kleinen grünen Männchen« ferner Milchstraßen, die uns mit überlegenen Waffen heimsuchen und ins Jenseits befördern könnten.

Viel interessanter ist dagegen das Aussterben »durch eigenes Verschulden«. Hierfür liefert die Zoologie Beispiele genug, und zwar wiederum unter den spezialisierten Arten. Die Spezialisierung ist, wie wir wissen, ein verbreitetes Ergebnis von Mutation und Auslese, sofern beide Kräfte in einer Stammesreihe lange genug wirken konnten. Ist beispielsweise ein einfaches lichtempfindliches Organ entstanden und hat es sich als nützlich erwiesen, so werden diejenigen Individuen bevorzugt, bei denen via Mutation funktionelle Verbesserungen dieses Organs auftreten. Das kann eine Steigerung der Lichtempfindlichkeit sein, oder es kann sich um Zusatzeinrichtungen zum Farben- und Formensehen handeln. So erwirbt eine Art immer neue vorteilhaftere Anpassungen und entwickelt zugleich ein immer komplizierteres

Instrumentarium von Organen und Verhaltensweisen. Beispiele dafür sind die Sinnesorgane schlechthin, die vielzitierte Entwicklung der mehrzehigen, urtümlichen Huftiere zum einzehigen, schnell laufenden Pferd, aber auch innersekretorische und immunbiologische Systeme zählen dazu. All dies trägt zu einem möglichst erfolgreichen Verhalten innerhalb der ökologischen Nischen bei. Die Gefahr solcher Spezialisierung ist die wachsende Empfindlichkeit gegenüber Umweltveränderungen. Wir müssen uns vorstellen: Was die primitiven, nach vielen Entwicklungsrichtungen hin noch offenen Typen stammesgeschichtlich eher verkraften können, dem fallen die Spezialisten leichter zum Opfer. Es geht ihnen wie den Menschen: Wie tüchtig ein Facharbeiter auch sein mag, solange es darum geht, in seiner zivilisierten Umwelt sein Können zu erweisen, seine Spezialkenntnisse wären nutzlos, wenn ihn ein Schiffsunglück auf eine einsame Insel verschlüge und er dort als Robinson sich selbst überlassen bliebe. Hier hätte ein einfacher, robuster Menschentyp, der »hart im Nehmen ist«, die größten Chancen.

Noch unbefriedigt beantwortet ist nun die Frage, warum es so oft zum völligen Aussterben einer Tiergruppe kommt und kommen kann. Anders gesagt: Warum können – nachdem das Gros dezimiert ist – nicht wenigstens einige Vertreter der betroffenen Arten in kleinen Populationen weiterleben? Forscht man in der Stammesgeschichte des Lebens nach solchen Fällen, so findet man auch sie – allerdings nur vereinzelt. Der Quastenflosser als Urvater der landbewohnenden Wirbeltiere und andere »lebende Fossilien« wie der Ginkgobaum, gehören dazu. Aber das ist wirklich selten. Denn je kleiner eine überlebende Gruppe wird, um so mehr droht ihr eine neue Gefahr: die Inzucht. Wenn die betroffenen Tiere dann auch noch auf engem Raum, zum Beispiel einer Insel, gemeinschaftlich wohnen und die Selektion wegen der konstanten Umwelt immer wieder die gleichen Typen bevorzugt, so ist ihr Schicksal meist rasch besiegelt. Inzucht führt, wie wir das von den Haustieren her kennen, über kurz oder lang zu verringerter Lebenstüchtigkeit. Vorhandene Leiden, Neigung zu Krankheiten und Schwächen aller Art können potenziert und per Saldo meist nicht wettgemacht werden von der Verstärkung positiver Eigenschaften, die natürlich auch stattfindet. Versiegt bei einer solchen isolierten Gruppe von »letzten Mohikanern« der Zustrom neuer Gene von außen, dann führt die Inzucht-Depression bald das restlose Ende herbei. Unsicher freilich ist, wann der kritische Punkt dieser Entwicklung erreicht wird, der »Point of no return«: bei 1000, bei 500, bei 100 oder noch weniger Individuen? Hier bestimmen arteigene Merkmale wie Fortpflanzungsrate, Nachkommenzahl und ähnliches den Lauf des Geschehens mit.

Ein Schutz vor dem Aussterben ist nach alledem nur gegeben, wenn der Konstruktionstyp und Funktionsplan eines Organismus sich möglichst lange in ausgewogener Harmonie, in Balance mit sich selbst und seiner Umgebung befindet, und wenn es nicht zur Überspezialisierung kommt.

So könnte man mit einigem Vorbehalt folgern: Überspezialisierungen wie Exzessivorgane sind Zeichen des nahenden Art- oder Gattungstodes. Und ich möchte nun die These wagen, daß auch das menschliche Großhirn ein solches Exzessivorgan ist, ein Organ, das von der Auslese zunächst längere Zeit gefördert worden ist, dann aber – seit etwa 100 000 Jahren – nur noch toleriert wurde. Ohne anatomische oder funktionelle Fortschritte zu machen, ist es zu einer stammesgeschichtlichen Belastung seiner Träger geworden, die unter seiner Regie eine zunehmend überlebensfeindliche Aktivität auf der Erde entfalten.

Für das Großhirn als Exzessivorgan, vergleichbar den zweckwidrig gekrümmten Stoßzähnen des Mammuts oder dem Verhalten der Brüllaffen, spricht einiges. Einmal verkörpert der Homo sapiens wie die meisten Tiere mit solchen Organen das körperlich nahezu größte Endglied einer stammesgeschichtlichen Entwicklungsreihe. Nur der Gorilla mit 1,90 Meter Körpergröße übertrifft ihn noch – aber der Mensch ist dabei, auch diesen Vorsprung aufzuholen. Seine durchschnittliche Körpergröße nimmt zu, die Pubertät tritt zunehmend früher ein und die endgültige Körpergröße wird heute im Leben des einzelnen infolge eines Vorganges, den wir Akzeleration nennen, eher erreicht.

Eine in der Göttinger Frauenklinik unter Professor Heinz Kirchhoff durchgeführte Studie ergab, daß dieses Größerwerden schon im Mutterleib beginnt. Untersuchungen Kirchhoffs an rund 27 000 Geburten im Zeitraum von 35 Jahren zeigten eine Zunahme des durchschnittlichen Neugeborenen-Gewichts in dieser Zeit um 114,5 Gramm. Entsprechend verhielt sich die Kurve der Durchschnittslängen. Der Anteil der Babys mit Überlängen zwischen 57 und 59 Zentimetern stieg um 12 Prozent. Die Akzeleration (vom lateinischen accelerare = beschleunigen) demonstrieren auch die für heutige Begriffe relativ kurzen Betten früherer Zeiten und die auffällig kleinen Ritterrüstungen aus dem Mittelalter. Unseren heutigen Frauen hat das alles eine unerfreuliche Belastung beschert. Laut Kirchhoff haben die akzelerierten Babys die Häufigkeit der Kaiserschnitt-Entbindungen deutlich ansteigen lassen.

Wir haben also ein Indiz dafür, daß der Mensch dabei ist, das vorläufig größte Endglied der Hominiden-Entwicklungsreihe zu werden, um damit ein wichtiges Begleitmerkmal für den Besitz von Exzessivorganen auszubilden. Doch damit nicht genug. Der Homo sapiens hat – so peinlich es für uns sein mag – ein weiteres Exzessivorgan in Gestalt seines Penis. Nirgendwo unter seinen äffischen Verwandten finden wir ein Kopulationsorgan von solchen Ausmaßen, und wenn man die These Professor Kriegs im Hinblick auf Extrembildungen anwenden will, so läßt sich zumindest vermuten: Auch der menschliche Penis hat den funktionell notwendigen Ausbildungsgrad überschritten, einen schädlichen aber noch nicht erreicht. Darum wird er vergleichsweise noch »geduldet«. Dies nebenbei.

Wichtiger für unser Problem ist das Gehirn, genauer: das

Großhirn. Für das Exzessivverhalten des Großhirns spricht nicht nur seine Fähigkeit zum Abstrahieren, die weit über seine ursprüngliche Bestimmung als Überlebensorgan hinausgeht. Ein Hinweis dafür ist auch sein luxurierendes, sein unmäßiges Verhalten im geistig-seelischen Bereich. Stichpunktartig seien erwähnt die Extremformen des Hasses, wie man sie bei politischen und religiösen Fanatikern gegenüber Andersdenkenden findet, Formen der leidenschaftlichen wie der leidenden Liebe, wenn der eine für den anderen unerreichbar ist. Erwähnt seien die Exzesse der Strafjustiz wie die Hexenverbrennungen im Namen der Kirche, die wissenschaftlichen Leistungen wie die Konzeption der Allgemeinen Relativitätstheorie, die Entwicklung von Massenvernichtungswaffen, oder die imaginären Kräfte des Gehirns, wie sie sich etwa in der Kunst offenbaren.

Seinen eigentlichen Stempel als stammesgeschichtlich gefahrbringende Exzessivbildung erhält das Gehirn jedoch von anderswo. Es erhält ihn durch seine Eigenschaft als ruheloser Motor, der den Menschen zu überschießenden, umweltverändernden Aktionen antreibt, die – anfangs noch maß- und sinnvoll – jetzt auf eine Zerstörung der menschlichen Lebensgrundlagen hinauslaufen. Es erhält ihn aus seiner Unfähigkeit, die menschliche Massenvermehrung als gefährlichste Existenzbedrohung einzudämmen und aus seinem Unvermögen, die immer undurchsichtiger werdenden Verstrickungen im politischen, wirtschaftlichen, gesellschaftlichen und technologischen Bereich zu entwirren und harmonisch zu steuern.

Die Konsequenzen daraus liegen auf der Hand. Da der Mensch die natürliche Auslese überspielt hat und dem Kampf ums Dasein seiner biologischen Vorfahren entronnen ist, werden ihn Mechanismen zu Fall bringen, die nur bedingt Parallelen zu den historischen Beispielen aus dem Tierreich zulassen. Grundsätzlich wird für den Menschen gelten, daß er auf die Dauer außerstande sein wird, unter jenen Umweltverhältnissen zu leben, die sein Großhirn auf der Erde geschaffen hat. Er wird eines Tages von der Erde verschwunden sein, nicht, weil ihm überlegene Konkurrenten erwachsen wären oder natürliche Umweltänderungen ihn bedroht hätten, sondern weil er sich mit seiner Massenvermehrung und seiner selbstgeschaffenen Umwelt systematisch in eine tödliche, unentrinnbare Gefahr begeben hat. Mit einem Satz: Er wird am Exzessiv-Verhalten seines Großhirns scheitern.

9. Kapitel
Die ersten Zeichen

Es ist merkwürdig, daß wir zwar zunehmend über bedrohliche Vorgänge auf der Erde klagen: über die Rohstoffverknappung, über Terror und Gewalt, über die Bevölkerungslawine, die Belastungen durch den Leistungsdruck in der Industriegesellschaft und manches mehr, aber niemand auf die Idee zu kommen scheint, es könnte all dies ein Indiz für Schwerwiegenderes sein – nämlich erste Zeichen für den bevorstehenden Untergang unserer Art. Woher nehmen wir eigentlich unsere Unbekümmertheit? Warum nennt niemand die Katastrophe beim Namen? Liegt es daran, daß wir die Bedrohlichkeit einer Situation um so weniger erkennen, je langsamer sie sich aus harmlosen Anfängen entwickelt?

Aber wenn überhaupt, wie anders als allmählich, gewissermaßen schleichend, sollte ein Verfall der Art Homo sapiens einsetzen, wenn wir von einem Atomkrieg absehen? Noch immer, auch im fortgeschrittenen Stadium, wirken ja kompensierende, gegensteuernde Regelgrößen, und das Menschenhirn wird nicht zögern sich zu wehren, wenn es sich bedroht fühlt. Verdrängen wir nicht auch täglich den Gedanken an den persönlichen Tod? Wir wissen um die »Macht des positiven Denkens«, aber auch sie ist nur eine Schutzfunktion, die zwar individuellen und kurzfristigen Erfolg bringen, nicht aber langfristige Trends abwenden kann, weil sie letztlich eine Vogel-Strauß-Methode ist.

Machen wir uns nichts vor: Zwar gibt es immer noch genügend Medikamente und Impfseren, um Seuchen zu bekämpfen, zwar wachsen unsere medizinischen Kenntnisse, aber die Zahl der Kranken nimmt ständig zu, vor allem bei den psychischen Leiden. Wohl hat uns die Ölkrise an die Begrenztheit unserer Energiereserven gemahnt, aber der Schock verpuffte. Nach kurzem Schrecken gingen wir zur Tagesordnung über und zahlen lieber jeden Preis, als daß wir die fortschreitende Ausbeutung der Ölquellen reduzieren und auf unsere Bequemlichkeiten verzichten. Wohl wiegen uns Butter- und Zuckerberge in Sicherheit, aber zunehmend kommt es zu katastrophalen Hungersnöten in der Welt. Auch den Erbverfall, den Ethik, Moral und Medizin mitbewirken, nehmen wir nicht ernst. Er ist kein Vorgang wie ein plötzlicher, aufflackernder Brand, den die Feuerwehr rasch unter Kontrolle bringen kann, sondern ein unter der Oberfläche sich ausbreitendes Geschehen, dessen Tragweite erst Generationen später deutlich wird.

Diese Hinweise zeigen schon, daß am Untergang der Menschheit mehrere Ursachen beteiligt sein können. Mag den Todesstoß einst auch ein einzelner Faktor führen, so haben doch mehrere zuvor den Boden bereitet, haben den Patienten Menschheit reif gemacht für den Exitus, wie Verschleißkrankheiten den Greis erst schwächen, bis ihn die »Krankheit zum Tode« schließlich dahinrafft.

Es soll nicht der Sinn dieses Kapitels sein, möglichst vieles von dem aufzuzählen, was an Symptomen für den Verfall, für die biologische Schwächung unserer Art, gewertet werden kann. Ein solcher Katalog würde in seiner Vielgestalt vielleicht zu spekulativ ausfallen. Wir wollen uns auf Offenkundiges beschränken. Nach allem, was in den vorangegangenen Kapiteln beschrieben worden ist, zeichnen sich fünf große Bereiche ab:

Erstens die psychischen Auswirkungen des Lebens in der modernen Leistungsgesellschaft unter den Bedingungen zunehmender Pferchung, wie sie in den Ballungsräumen der Erde bereits erkennbar werden: Ausdruck der Unfähigkeit des Großhirnwesens Mensch, seine Bevölkerungszahl und sein Verhalten den selbstgeschaffenen Umweltbedingungen harmonisch anzupassen.

Zweitens die wachsende Ernährungskrise. Verantwortlich für sie ist vor allem die sogenannte Eiweißlücke. Bezeichnend für sie sind Hungersnöte eines neuen Charakters, wie etwa in Indien oder in der afrikanischen Sahel-Zone.

Drittens die einsetzende Rohstoffknappheit. Sie äußert sich in sprunghaft steigenden Preisen, Wirtschaftsdepressionen, Inflation und Arbeitslosigkeit, daraus folgendem politischen Terror und Gewalt. Teilweise überschneiden sich die Folgen mit denen der Ernährungskrise.

Viertens die Zunahme von Erbkrankheiten, das Absinken des Bildungsstandes weiter Bevölkerungskreise in den Entwicklungsländern und das anwachsende Analphabetentum als Hindernis für einsichtiges Verhalten zugunsten des Überlebens der Art.

Fünftens die Unfähigkeit des menschlichen Gehirns, weltweite, von zahlreichen variablen Regelgrößen beeinflußte Entwicklungstendenzen zu durchschauen und in kollektiver Anstrengung so zu steuern, daß die Umweltverhältnisse ein streßfreies, befriedigendes Leben ermöglichen: ein Leben, in dem jeder seine Fähigkeiten weitgehend entfalten und ein hohes Maß an Glück erreichen kann.

Wer nach Zeichen dafür sucht, wo die Psyche des Menschen unter den gegenwärtigen Lebensbedingungen schon Schaden leidet, der hat es nicht schwer, sie zu finden. Aufschlußreiche Hinweise dazu hat unlängst eine ärztliche Fragebogen-Aktion erbracht. Sie wurde von den Psychiatern Professor W. Walcher (Graz), Dr. W. Pöldinger (Wien) und Professor P. Kielholz (Basel) veranlaßt. Befragt wurden etwa 10 300 vorwiegend niedergelassene Ärzte (ohne Psychiater) in der Schweiz, Österreich und der Bundesrepublik Deutschland. Knapp 4000 füllten die Fragebögen aus und schickten sie zurück. Aus den Antworten ergab sich ein Bild, das Pöldinger zusammenfaßte: »Alle Kollegen vertreten die Meinung, daß sowohl psychische Störungen überhaupt als auch Depressionen im speziellen zunehmen.« Walcher führt das Ergebnis auf »die anhaltenden Belastungsfaktoren unserer heutigen, dem unabdingbaren Leistungs- und Erfolgsprinzip unterstellten, unbiologischen Lebensführung« zurück. Ähnliche Befunde erhält man auch aus anderen Ländern, von anderen Ärzten und Statistikern. Der deutsche Psychologe und Fachschriftsteller Dr. Wolfgang Schmidbauer findet: »Nach vorsichtiger Schätzung leidet mindestens ein Drittel der rund zwölf Millionen Westdeutschen, die Jahr für Jahr in den Wartezimmern der Ärzte sitzen, an Beschwerden, die durch seelische Spannungen verursacht sind. Wie Ronald Laing gesagt hat, ist die Chance, daß ein heute geborenes Kind einmal in seinem Leben in eine Nervenklinik kommt, rund zehnmal so groß wie die, daß es einmal eine Universität besuchen wird.«

Naturgemäß kann man keine ganz exakten Zahlen dafür ermitteln, wie viele Personen aus einem bestimmten Bevölkerungskreis zu einem bestimmten Zeitpunkt psychisch krank sind. Schwierigkeiten bereitet schon der Ausdruck »psychisch krank«. Faßt man den Begriff bewußt weit, so sind darunter mindestens alle jene Menschen zu verstehen, die wegen eines persönlich empfundenen Gefühls, seelisch krank zu sein, den Arzt aufsuchen und behandelt zu werden wünschen. Tatsächlich ist der betroffene Kreis jedoch weit größer. Er umfaßt auch alle diejenigen, die nicht zum Arzt gehen, aber doch – entweder dauernd oder zeitweise – an psychischen Störungen leiden, darunter anhaltende Verstimmungen, Depressionen, Angstzustände und ähnliches. Vor allem Schlafstörungen gehören dazu: Stundenlanges Wachliegen aus allgemeiner Existenzangst, wegen wirtschaftlicher oder zwischenmenschlicher Probleme – eine psychische Verfassung, aus der dann Auswege im Gebrauch – und nicht selten Mißbrauch – von Schlafmitteln gesucht werden.

Unter Anwendung eines strengen Maßstabes einerseits und eines weniger strengen andererseits ist bereits in den fünfziger Jahren unter 110000 Einwohnern des Stadtteils Manhattan von New York eine Befragung durchgeführt worden. Manhattan ist ein ausgesprochen großstädtischer Bezirk mit allen Merkmalen dessen, was der Begriff »Großstadt« im Extremfall umschließt. Das Ergebnis war mehr als bedrückend. Es zeigte sich, daß nahezu jeder vierte – nämlich 23,3 Prozent der Bewohner – ernsthaft psychisch erkrankt war. Wurde das Merkmal »psychisch krank« großzügiger ausgelegt, so kamen die Untersucher sogar auf 80 Prozent der Einwohnerschaft von Manhattan. Allein drei Viertel aller Befragten erklärten, sie litten zeitweise unter Angstzuständen.

Das gleiche Bild ergab sich etwa zur gleichen Zeit in einem weit weniger großstädtischen Raum – im Regierungsbezirk Stirling Country in Neuschottland. Hier war jeder zweite Erwachsene entweder psychisch krank oder verhielt sich zumindest psychisch auffällig. Auch in der Bundesrepublik Deutschland leben verhältnismäßig viele Menschen, die eigentlich einer psychiatrischen Behandlung bedürften. Nach einer Schätzung fallen darunter etwa 15 bis 20 Prozent der Bevölkerung, nicht eingerechnet die leichteren Fälle.

Aus einigen Untersuchungen geht hervor, daß die schwereren Fälle psychiatrischer Erkrankungen überwiegend aus den dichtbesiedelten Stadtkernen stammen. Noch interessanter ist: Es gibt einen Zusammenhang zwischen psychischen Krankheiten und der sozialen Schicht. So trifft man Geisteskrankheiten, Charakterstörungen und schwere Neurosen bei den Angehörigen niedriger und mittlerer Einkommensklassen in aller Regel häufiger an als bei Personen aus der sogenannten gehobenen Schicht. Bei diesen wieder ist das Risiko größer, an leichteren Neurosen zu erkranken. Die Manhattan-Studie zeigte: Die unteren sozialen Schichten litten etwa dreimal so häufig an Psychosen und Charakterstörungen und etwa doppelt so häufig an schweren

Neurosen als die gehobenen sozialen Schichten. Die Gründe für dieses unterschiedliche Verhalten liegen weitgehend im dunkeln.

Fragt man nach den Ursachen für die Zunahme psychischer Erkrankungen überhaupt, so gilt zunächst festzuhalten: Alle diese Störungen und Leiden, von denen grob geschätzt die Hälfte aller Menschen mit steigender Tendenz betroffen sind, gibt es bei wildlebenden Tieren nicht. Es müssen ihnen spezifisch menschliche Gründe zugrunde liegen, die entweder aus dem Lebenslauf oder den Lebensumständen der Betroffenen herrühren, oder aber aus der fortschreitend »technischer«, also eigentlich unmenschlicher werdenden Umwelt des Naturwesens Mensch. Der deutsche Gesellschaftskritiker Georg Picht nennt diese Krankheiten ein Produkt der künstlichen Welt, und da diese künstliche Welt der zukünftige Lebensraum der gesamten Menschheit sei, würden die Zivilisationskrankheiten in Zukunft die psychophysische Verfassung der Menschen noch weit stärker bestimmen als heute.

Weiter sagt Picht: »Die Expansion der Wirtschaft, der Fortschritt der Technik und der Prozeß der Gesellschaft im ganzen wird dadurch erkauft, daß sich die Krankenhäuser, die psychiatrischen Kliniken und die Gefängnisse mit unzähligen Opfern dieses Prozesses füllen. Die Zahl der Opfer muß um so größer sein, je reibungsloser die Maschinerie funktioniert.«

Besonders empfindliche Indikatoren für diese Entwicklung sind unsere Kinder. Es ist in diesen Jahren viel die Rede von antiautoritärer Erziehung, vom »Protestverhalten« der jungen Generation und vom Auseinanderfallen der familiären Bindungen. Ist dies nicht letztlich ein Ausdruck dafür, daß die Jugendlichen unter der Gesellschaft leiden, in der sie leben? Offenbar sehen sie sich, wie dies der Kieler Jugendpsychiater Professor H. W. Löwnau ausdrückt, als Teile einer Massengesellschaft, »in der weniger Kontakt, aber um so mehr Gedränge herrscht«. Die Wurzeln der Verunsicherung, meint Löwnau, lägen nicht zuletzt im Erlebnis einer technokratischen Krise, die die vertraute Umwelt unaufhaltsam wandele, in der Haltung einer emanzipierten Jugend, die weitgehend unhistorisch denke und den Vorteil des »Nullpunktes« für sich beanspruche, von dem aus jeweils neu zu beginnen sei. Die Wurzeln lägen aber auch in Enttäuschung, Angst und Neid der Erwachsenengeneration sowie in einer latenten Ratlosigkeit hinsichtlich der Zukunft.

Löwnau beklagt, daß schon die Kinder dem Lärm unserer Industriewelt ausgesetzt seien, er verweist auf die Allgegenwart der Massenmedien und die bedrohliche Einengung der Kinder und Jugendlichen. In der Tat provoziert gerade die räumliche Beengung den Konflikt: Die natürlichen Bedürfnisse der Kinder und Jugendlichen werden mißachtet. In zu kleinen, hellhörigen Wohnungen wird ihr Aktionstrieb gebremst, die Spielplätze werden mehr nach ästhetischen oder architektonischen Gesichtspunkten statt nach den wirklichen Wünschen der Kinder angelegt. In Parks und auf Wiesen stehen Verbotsschilder. Hochhäuser als Wohnsilos erschweren den Kontakt mit der Natur. Löwnau diagnostiziert: »Unablässige Stimulation bei gleichzeitiger Behinderung.«

Die Konfliktsituation ist geradezu klassisch. Das Gehirn ist überfordert von der Aufgabe, sich an unbiologische, der Natur des Menschen widersprechende Umweltverhältnisse anzupassen, Verhältnisse, die der Mensch selber geschaffen hat und die er obendrein mit einer Geschwindigkeit verändert, die das notwendige »Mitgehen« nahezu unmöglich macht.

So verliert, folgert Löwnau, der moderne Mensch immer mehr das Gefühl für das Eingebettetsein in die Umwelt. Das sei ein Tatbestand, der sich seit etwa einem Jahrhundert immer deutlicher zeigt. Die industrielle Umwelt erzeuge Verlorenheits- und Entfremdungserlebnisse. Schon dem Kind, das in noch stärkerem Maße in seiner subjektiven Welt lebt, erschwere sie den Aufbau emotionaler Bindungen. Die Landschaft schwinde dahin, sie werde durch technische Konstruktionen ersetzt. Der Verkehr zerschneide das Gelände. Ständig stoße das Großstadtkind auf Dinge, deren Zweck es nicht verstehe und die es weder zum Mittun noch zur Anteilnahme anregten. Hinzu komme die latente Ratlosigkeit der älteren Generation, der Kompetenzverlust des Vaters in der Familie.

Das Überangebot an materiellen Gütern führt dazu, daß für fehlende zwischenmenschliche Bindungen Ersatzbefriedigungen im bloßen Sinnesgenuß gesucht werden – der wachsende Alkoholkonsum Jugendlicher ist ein Symptom dafür. Die Kinder fühlen sich der Kompliziertheit des Lebens nicht gewachsen, sie sehen keine Zukunft. Darum finden sich auch immer häufiger angstneurotische Schulversager. Jugendliche Kriminelle und Drogenabhängige werden zahlreicher. Zu verwundern ist das nicht, wenn man bedenkt, in welchem Maße jungen Menschen heute die Möglichkeit fehlt, unter dem Ansturm von Reizflut und psychischer Manipulation die eigenen Talente zu entfalten und die Erfüllung ihrer Wünsche zu erleben. Die vielen Depressiven unserer Zeit, vor allem die vielen jugendlichen Depressiven, sind lebendige Zeugen für gescheiterte Versuche, sich selbst zu verwirklichen, ja sogar dafür, daß diese Versuche gar nicht erst gemacht werden konnten. Im Zusammenhang damit steht das Problem der »inneren Leere«, einer Gemütsverfassung, für die Vergeblichkeitsgefühle, Unlust, Ausweglosigkeit, Passivität, »Sich-hängen-Lassen«, Interesselosigkeit und Niedergeschlagenheit bezeichnend sind.

Wie kommt die »innere Leere« zustande? Ihre wesentlichen Ursachen hat sie in dem eben Geschilderten. Hinzu kommt für viele der Verlust eines metaphysischen Haltes. Namentlich im westlichen Kulturkreis finden sich heute Verunsicherte im Glauben, denen die alten Heilslehren nichts mehr geben können, weil sie unglaubwürdig geworden sind und neue, glaubwürdige, nicht existieren. Aber das ist nicht alles.

Eine weitere Ursache der inneren Leere dürfte die abnehmende Neigung des Menschen unserer Epoche sein, Risiken einzugehen. Wir versichern uns gegen alles und jedes, von der Krankheit über die Gefahr, gekidnappt zu werden, bis hin zum Verlust des Schoßhündchens. So haben wir zeitweilig zwar die Illusion, es könne uns nichts passieren, aber die Kehrseite solcher Absicherungen ist der Verzicht auf die immer neue Anspannung der Kräfte. Im selben Maße, wie der Kampf ums Überleben seine elementaren physischen Züge verliert und anderen Formen mehr psychischer Auseinandersetzung Platz macht; im selben Maße, wie das System von Sicherungen gegen soziale Unbill perfekter wird, läßt auch die Leistungsbereitschaft nach. Hinzu kommt, daß die wenigsten Menschen heute noch die Chance haben, kreativ nach ihren eigenen Vorstellungen zu leben und zu arbeiten. Die Mehrheit ist den Zwängen des Berufs unterworfen, verrichtet Arbeiten, deren Ablauf sie nicht selbst bestimmen kann und deren Ergebnis ihnen mehr oder weniger gleichgültig ist oder sein muß. Den normalen, kompensationsfähigen Zeitgenossen wird dies freilich nicht gleich umwerfen. Er findet in Hobbies, im Sammeln, bei Sport und Spiel Ausweichmöglichkeiten, die ihn aktiv halten. Nicht so der labile, der von der Anlage her Depressive: Er schlafft ab, wird lustlos, deprimiert – ein Opfer der leistungsbesessenen Industriegesellschaft mit ihrem zugleich hochentwickelten Sozialsystem.

Besonders typische Vertreter dieser Menschengattung finden wir in den Ballungszonen der Erde, den großen Städten und Stadtlandschaften mit ihrem Millionenheer von Bewohnern, mit Menschen, die zuweilen jahrelang nebeneinander leben, ohne sich zu kennen. Da die Großstadt allen gegenteiligen Beteuerungen zum Trotz einen wesentlichen Faktor für die zunehmende psychische Belastung des Menschen darstellt, da diese Stadtlandschaften und Ballungsräume in Zukunft einen immer größeren Teil der besiedelbaren Erdoberfläche einnehmen werden, müssen wir uns noch eingehender mit dem krankmachenden Einfluß des Lebens in diesen Gebieten befassen.

Das Zeitalter der modernen Stadt begann vor etwa 150 Jahren gleichzeitig mit der von Wissenschaft und Technik ausgelösten Industrialisierung und der erstmals fühlbaren Beschleunigung des Wachstums der Erdbevölkerung. »Urbanisierung« ist das Stichwort. Vereinzelt sind große Städte freilich schon sehr viel früher gegründet worden. Das berühmte Ur, eine der ersten menschlichen Großsiedlungen im »Zwischenstromland«, soll vor fünf Jahrtausenden entstanden sein. Andere Städte folgten, aber so attraktiv das Leben in der griechischen Polis, im antiken Rom, in den mittelalterlichen Städten für viele Menschen auch gewesen sein mag, so verlockend es war, in ihren Mauern Glück und Schutz zu suchen, so lebte doch bis zum Beginn des 19. Jahrhunderts der größte Bevölkerungsteil noch auf dem Lande. Bis zum Jahre 1885 gab es schätzungsweise erst zehn Städte auf der Erde mit mehr als einer Million Einwohner, nämlich Rom, Angkor, Hang-tschou, Peking, Tokio, London, Paris, New York, Berlin und Wien.

Die Millionenstädte sind also eine verhältnismäßig späte Errungenschaft des Menschen – und eine durchaus zweischneidige. »Ich habe das Merkwürdigste gesehen, was die Welt dem staunenden Geiste zeigen kann«, schrieb Heinrich Heine im Jahre 1828 aus der englischen Hauptstadt. »Ich habe es gesehen und staune noch immer – noch immer starrt in meinem Gedächtnis dieser steinerne Wald von Häusern und dazwischen der drängende Strom lebendiger Menschengesichter mit all ihren bunten Leidenschaften, mit all ihrer grauenhaften Hast der Liebe, des Hungers und des Hasses – ich spreche von London.«

Von Jahrzehnt zu Jahrzehnt wurde der Reiz des Stadtlebens immer größer. Um die Jahrhundertwende sollen 19 Städte der Welt mehr als eine Million Einwohner gehabt haben. Dann ging es rasch: Eine Zahl aus dem Jahre 1962 nennt 141 Millionenstädte – wie viele es heute sind, weiß niemand genau. Die »Landflucht« ist zu einem Problem geworden, und das vor allem in den unterentwickelten Ländern. Dort verdoppeln sich die Stadtbevölkerungen alle elf Jahre – eine gefährlich kurze Zeit.

Der Entschluß eines Menschen, in eine große Stadt zu ziehen, mag verschiedene Gründe haben. Offen geblieben ist bis heute die Frage, ob es vor allem starke Naturen sind, die sich in der Stadt bessere Möglichkeiten des Fortkommens erhoffen, oder ob es die schwachen sind, die sich in der Anonymität, im Menschengewühl, in der vermeintlichen Geborgenheit der Häuser- und Steinwüsten größere Überlebenschancen ausrechnen. Fest steht: Der Sog der Großstädte hält an. Wie von Magneten fühlen sich immer mehr Menschen von den steinernen Meeren angezogen, um dann freilich auch die Kehrseiten der glanzvollen Fassaden zu erblicken.

Auf der Stockholmer Umweltschutz-Konferenz im Juni 1972 haben die Städteplaner und Streßforscher Gösta Carlestam und Dr. Lennart Levi vom Stockholmer Karolinska Krankenhaus über eingehende Untersuchungen referiert, die sie in den vorangegangenen Jahren über das Phänomen »Großstadt« angestellt hatten. Danach ist der durchschnittliche Großstadtbewohner einer fortgesetzten zeitlichen Aufeinanderfolge von übermäßigen Reizen einerseits und »Leerlauf«, also fehlender Anregung andererseits, ausgesetzt, vergleichbar dem psychischen Wechselbad eines Show-Stars, der allabendlich nach turbulentem Bühnenauftritt in die Einsamkeit seines Hotelzimmers oder Wohnwagens zurückkehrt, wenn sich keine Zerstreuung mehr bietet. Zu der Überschwemmung mit Lärm und Lichtkaskaden, dem Verkehrsgewühl und dem Menschengedränge steht der mangelhafte oder fehlende Kontakt zum Mitmenschen im auffälligen Gegensatz. Der Vereinsamte, erklärten die Referenten in Stockholm, fliehe aus der Abgeschiedenheit seiner Wohnung in die laute Umwelt. Von dort kehre er überstimuliert in seinen engen Lebensraum zurück, wo die große Langeweile auf ihn warte, wo er ein quälendes Vakuum vorfinde, das er nicht ausfüllen kann.

Es kann nicht überraschen, wenn das unablässige geistig-seelische Kontrastprogramm auch den Menschentyp des durchschnittlichen Großstädters prägt. Das anonyme Leben inmitten eines Massenaufgebots an Menschen, das Bewußtsein, einerseits Teil dieser Masse zu sein und doch Individuum, das hoffnungslos nach Individualität verlangt, dieser Zustand bewirkt Veränderungen der Persönlichkeit. Er fördert Neurosen, wenn er längere Zeit währt, er macht mißtrauisch, aggressiv, nicht selten ängstlich.

Menschen wie Tiere brauchen aber neben Wärme und Liebe auch einen minimalen Raum um sich herum, damit sie sich wohl fühlen können. Das demonstrieren schon die Schwalben auf der Überlandleitung. Sie achten darauf, daß keine der anderen zu nahe kommt, sie halten »artgemäßen Abstand«. Das gleiche gilt von uns Menschen: Kommt uns einer zu nahe, so empfinden wir dies als Einbruch in den persönlichen Hoheitsbereich. Spricht uns jemand aus weniger als einem halben Meter Entfernung an, so weichen wir zurück, fühlen uns belästigt, unangenehm berührt, ja reagieren mit Feindseligkeit. Wir lassen uns nicht gern »zu nahe treten«.

Man kann auch sagen: Lebewesen, die höheren zumindest, tragen einen unsichtbaren räumlichen Mantel mit sich herum, eine Intimzone, die nicht verletzt werden darf, ohne daß es zu Störungen käme. Ausnahmen machen da nur die Liebenden, die die körperliche Nähe suchen, oder der Mensch bei Spiel und Tanz. Im täglichen Leben aber, beim Umgang mit Fremden zumal, gilt die Regel: »Bitte Abstand halten.«

Es gibt sogar Hinweise dafür, wie groß dieser Mindestabstand von Mensch zu Mensch sein muß, und daß er von Kulturkreis zu Kulturkreis wechselt. Die Japaner, so heißt es, brauchen etwa 90 Zentimeter, die Südamerikaner weniger, die Europäer mehr. Wie stark das Bedürfnis des Menschen ist, seinen persönlichen Umraum gewahrt zu wissen, zeigt sich in kleinen Begebenheiten: Setzt sich ein Spaziergänger auf eine freie Bank im Park, so wird er selten die Mitte wählen, sondern sich auf eine Seite setzen. Er wird dies tun, um nicht von links und rechts her »beengt« zu werden, wenn andere auf der Bank Platz nehmen. Oft wird er dann noch eine Tasche oder einen Gegenstand, der ebensogut am Boden abgestellt werden könnte, neben dem eingenommenen Platz auf die Bank legen, um auf jeden Fall zu vermeiden, daß sich ein anderer zu nahe setzen könnte.

Ähnlich verhalten sich die Besucher eines Restaurants: Sie halten zuerst nach einem Ecktisch Ausschau, nach einem Tisch an der Wand oder am Fenster, bevor sie sich, wenn diese besetzt sind, für einen »ringsum bedrohten« Mitteltisch entschließen. Spielt hier ein stammesgeschichtliches Erbe mit? Kommen wir so rasch nicht von jenen Jahrmillionen los, in denen unsere Ahnen in der Geborgenheit der Höhlen lebten? Damals hatte man die schützende Wand noch ganz konkret im Rücken. Rühren manche unserer Probleme heute daher, daß wir die Wand nicht mehr spüren?

Die unbewußte Suche nach Geborgenheit hat etwas vom »Einigeln« an sich, und es ist – sicher nicht von ungefähr – beim Großstädter als dem psychisch besonders Bedrängten auch besonders ausgeprägt. Der japanische Soziologe Professor Hidetoshi Kato aus Kyoto hat diese Zusammenhänge eingehend untersucht:

»Es steht fest, das das ›Einigeln‹ des Menschen eine Massenerscheinung im Leben unserer Stadtgesellschaften ist. Im Gegensatz zu den Menschen in ländlichen Gemeinden, die einander auf der Straße grüßen, beachten wir den einzelnen im geschäftigen, drangvollen Großstadtgewühl nicht. Natürlich haben die Dörfler noch traditionelle Gemeinschaftsbindungen, aber es hat den Anschein, daß sich die Menschen bei geringer Bevölkerungsdichte ohnehin füreinander interessieren. In dicht besiedelten Städten dagegen sind wir an anderen Menschen nicht interessiert und können es auch nicht sein. Da jeder einzelne sich noch nicht einmal den Mindestraum sichern kann und da Stadtbewohner ständig gegenseitig ihren persönlichen Umraum verletzen, ist das einzig mögliche Ergebnis beim Individuum ein schwerer, furchtbarer Streß, wenn er sich für andere Menschen als ›Personen‹ interessiert. Der beste und sogar einzige Ausweg aus der Streßlage ist, eine Person nicht als Person zu betrachten, sondern als ›Sache‹. Es ist für einen Menschen unerträglich, eine Person lange Zeit hindurch auf eine Entfernung von 30 Zentimetern wahrzunehmen. Das Vorhandensein einer Sache, etwa Gestein, auf dieselbe Entfernung erträgt er dagegen. Sachen sind in Ordnung, aber nicht Menschen. Daher versuchen wir, die Menschen um uns herum zu ›verdinglichen‹.«

Weiter sagt Kato: »Ein Journalist hat das Verhalten der Fahrgäste in einem überfüllten Pendlerzug beobachtet. Er fand, daß sie ausnahmslos sich ›privat‹ beschäftigen: Sie lesen ein Taschenbuch, dösen oder starren aus dem Fenster. Wenn ein Passagier nicht nach draußen schauen kann, senkt er die Augen oder ist jedenfalls bemüht, den Blick nicht mit anderen zu kreuzen. Für das Individuum müssen die anderen eben ›Sachen‹ sein. Steinen braucht man kein menschliches Interesse entgegenzubringen. Menschen vom Lande, die in die Großstadt kommen, ›berauschen‹ sich an den Menschen, weil sie psychologische Bindungen zu anderen eingehen. Der Stadtbewohner hat ein hohes Geschick, die zahllosen Menschen um sich herum als eine bloße riesige Anhäufung nichtssagender ›Sachen‹ wahrzunehmen, wie auf einem Müllplatz.«

Was Kato da sagt, klingt hart, und man muß es wohl relativieren. Doch im Grunde hat er mit seinen Überlegungen recht, zumal wenn er findet: »Einerseits gibt es viele Menschen, andererseits gibt es niemanden. Es gibt nur eine Riesenanhäufung einander entfremdeter Personen ohne gegenseitige Gemeinschaftswirkung.«

Ist es verwunderlich, wenn sich Menschen immer weniger umeinander kümmern, wenn die zwischenmenschlichen Beziehungen erlahmen und der »Nächste« immer weniger als Wesen mit einem persönlichen Schicksal empfunden wird, als Mensch aus Fleisch und Blut, der Freude und Leid empfindet, sondern im Sinne Katos nur noch ein Umweltbestandteil ist? Wenn der Verfall mitmenschlicher Zuwendung dann noch einhergeht mit einem unbefriedigenden oder psychisch stark belastenden Beruf, so ist es oft nur eine Frage der Zeit, bis sich Gereiztheit oder aggressive Stimmungen einstellen, bis es zu Schlafstörungen, Medikamenten-, Alkohol- oder Nikotinmißbrauch kommt. Die Leistungsgesellschaft fordert dann ihre Opfer. Sie wirkt als krankmachender Faktor, und die Großstadt erweist sich letzten Endes als Brutstätte für Neurosen.

Für das, dem der Mensch sich unter solchen Einflüssen ausgesetzt sieht, haben wir auch den von dem Deutschkanadier Hans Selye geprägten Begriff des Streß. Selye verstand darunter allgemein die leibseelische Reaktion auf ungewohnte Belastungen, und es ist bezeichnend, daß bei einer Umfrage des Bundesgesundheitsministeriums Anfang der siebziger Jahre jeder zweite deutsche Bundesbürger zwischen 14 und 70 Jahren sich als »unter Streß« leidend bezeichnet hat.

Streßgeplagte vor allem im mittleren Lebensalter bevölkern heute die einschlägigen Sanatorien, deren Betrieb zu einem lukrativen Geschäft geworden ist. Übereinstimmend klagen die Patienten über jene psychischen Belastungen, die auch die gefürchtete Managerkrankheit hervorrufen: Terminhetze, wirtschaftliche oder familiäre Sorgen oder beides, Überreiztheit, die zu Herzbeschwerden, Magengeschwüren und ähnlichem führen.

Es hat nicht an Untersuchungen gefehlt, auch die stammesgeschichtliche Seite dieser Erscheinungen aufzudecken. Wir Menschen sind ja in unserer leibseelischen Struktur noch vielfach so primitiv geblieben wie etwa die Neandertaler. Unbewußt reagieren wir in manchen Situationen noch wie er, der Sammler und Jäger, der sich vor feindlichen Horden, vor Raubtieren schützen mußte und insofern weitaus gefährlicher lebte als der heutige Mensch.

Ein Beispiel: Bei einem beliebigen, bedrohlichen Vorfall in unserer Umgebung bereitet sich der Urmensch in uns auf das vor, was diesem einst half, die Lage zu meistern: auf Kampf oder Flucht. Nur ist die Verwirklichung solcher Vorhaben heute nicht mehr so einfach wie einst. Handgreiflich zu werden steht uns nicht mehr an, nachdem wir über das Schulalter hinaus und nicht gerade unter die Rocker gegangen sind. Wer Gewalt ausübt, um seine Ziele durchzusetzen, gerät mit dem Gesetz in Konflikt und muß seinen elementar befreienden Rückfall in die Urzeit-Gewohnheiten unter Umständen mit schweren Strafen büßen.

Auch das Weglaufen, die Flucht, ist nicht mehr ohne weiteres möglich, seit es menschliche und gesellschaftliche Verpflichtungen gibt und die Landesgrenzen bewacht werden. Die umherschweifenden, zwischenmenschlich nur lose verbundenen Gruppen der steinzeitlichen Jäger kannten jedoch weder enge Familienbindungen noch Vorgesetzte. Auch Haus und Hof – weil nicht vorhanden – konnten sie nicht daran hindern, das Lager zu verlassen, um unter anderen Umweltbedingungen ihr Glück neu zu versuchen. Wir heutigen Menschen dagegen sind normalerweise zum Aushalten, zum Ertragen der jeweiligen Lebensumstände verurteilt. Wir müssen unsere Probleme an Ort und Stelle durchstehen und haben meist nur noch wenige Ventile, uns von dem Druck psychischer Belastungen zu befreien. Unsere Fluchtburg ist auf das eigene Ich geschrumpft, und immer häufiger zeigt sich, auf wie sandigem Boden diese Burg steht.

Welch naturwidriges Verhalten uns die moderne Leistungsgesellschaft und vor allem das Leben in den Großstädten aufzwingt, dafür liefert die Reaktion des Menschen auf ruhestörenden Lärm ein drastisches Beispiel. Ungewohnter und peinigender Lärm kann dramatische Kurzschlußhandlungen auslösen, wie die jenes japanischen Studenten, der sich von einer Dampframme vor seinem Studierzimmer in seiner Arbeit dermaßen gestört fühlte, daß er hinausrannte und seinen Kopf auf den Pfahl unter das herabsausende Gewicht legte.

Wie kommt es zu einem solchen Verhalten? Wie wir wissen, haben alle lärmenden Geräusche etwas gemeinsam. Sie wirken auf uns als Schreckreize. Das heißt, sie erzeugen eine »Erwartungsspannung«. Unser Ohr übt, ähnlich wie die Nase, eine Warnfunktion aus. Es dient uns nicht nur zur Verständigung, sondern läßt uns auch Gefahren erkennen. Alle Geräusche, die als Lärm empfunden werden, haben solchen gefahrverkündenden Alarmcharakter. Sie bewirken, daß sich der Körper auf eine Abwehrreaktion einstellt. Der »Urmensch« in uns reagiert auf plötzliche, ungewohnte Ereignisse mit Alarmcharakter in der Nähe. Das Herz bereitet sich auf eine erhöhte Leistung vor. Das Nervensystem gerät in einen Zustand der Anspannung. Das Ärgerliche an diesem Zustand ist nur, daß er sich so einfach nicht wieder löst. Denn die Abwehr, die »Entladung«, bleibt ja aus. Der Schreckreiz »Lärm« stellt sich als blinder Alarm heraus. Und das nicht nur einmal – in lärmreicher Umgebung geschieht es wieder und wieder: Mit jedem neuen Geräusch läuft das Spiel des »Erschreckens« mit der darauf folgenden »Enttäuschung« über die ausbleibende Abwehrreaktion ab.

Diesem Geschehen entsprechen unbewußte Vorgänge, die den Körper auf eine unmittelbar bevorstehende, kraftfordernde Leistung vorbereiten. Es beginnt damit, daß die Hypophyse an der Hirnbasis das Signal zu erhöhter Hormonausschüttung an die Nebennierenrinden gibt: Adrenalin und Noradrenalin gelangen ins Blut. Adrenalin veranlaßt die Leber, aus ihrem Vorrat an Glykogen vermehrt Traubenzucker herzustellen, außerdem erhöht es die Pulsfrequenz. Noradrenalin steigert den Blutdruck. So stellt sich der Körper auf die erwartete Aktion ein – auf den Kampf oder die Flucht. Aber beides bleibt aus. Unser Verstand schaltet sich ein und zwingt uns zu »besonnenem« Verhalten. Inzwischen aber warten die mobilisierten Energien im Körper vergeblich auf Verwendung.

Die Folge ist, daß beispielsweise Fettsäuren an den Wänden der Blutgefäße abgelagert werden. Und wenn dies übermäßig stark und allzuoft geschieht, dann verengen sich die Gefäße, werden sklerotisch – das Risiko des Herzinfarktes wächst. Unser selbstgewähltes Leben voller Reize und Anspannungen, doch auch voller Versagungen und »In-sich-Hineinfressen« von Ärger und Wut macht uns krank, weil die erlösende Entspannung immer wieder unterdrückt wird, weil es, mit anderen Worten, so wenige »Erfolgserlebnisse« gibt.

Was für die streßbedingte »Managerkrankheit« gilt, trifft auch für eine Reihe von Neurosen zu. Auch sie können durch psychische Belastungen ausgelöst werden, auch sie sind zu Merkmalen unserer Gesellschaft geworden. Strenggenommen sind Neurosen Verhaltensstörungen mit psychischen Ausnahmezuständen, auch mit körperlichen Krankheitszeichen ohne organische Ursache. Sie werden meist als Folge mißlungener Anpassungsversuche an die Umwelt gedeutet. Ihre Erscheinungsformen sind vielfältig. Im Gegensatz zum Geisteskranken bekommt der Neurotiker seinen »Tick«, doch versucht er, die Anpassung an die Umwelt aufrechtzuerhalten. Er schließt einen Kompromiß mit sich selbst. Vielleicht sind die Neurotiker unter uns nichts weiter als beredte Zeugen dafür, daß die Menschen früher, während Jahrmillionen, alles andere als Mitglieder einer Industriegesellschaft waren mit dem Zwang, eng beieinander zu wohnen, sondern frei umherschweifende Jäger und Sammler gewesen sind, die weder Arbeitsplatzprobleme kannten noch Ärger mit Vorgesetzten. Da die Frühmenschen keine festen Wohnsitze hatten, spielte auch der materielle Besitz bei ihnen noch nicht jene Rolle, wie er dies heute für uns tut. Das, was wir Eigentum nennen, wäre für die Menschen jener Zeit nur Ballast gewesen. Ihre Stärke lag in ihrer Ungebundenheit. Wer nomadisiert, darf sich mit großem Gepäck nicht belasten. Für ihn kommt es darauf an, geschickt zu sammeln und möglichst viel zu finden und zu erjagen. Die Beute war kein Eigentum im Sinne von Hausrat, sondern es waren »Verbrauchsgüter«, Nahrung vor allem. Erst später hat sich aus der Sammlertätigkeit der Drang zum Erwerb materiellen Besitzes entwickelt.

Wir sind heute weit davon entfernt, uns wieder steinzeitliche Verhältnisse zu wünschen. Wir müssen aber zugeben, daß es damals weit weniger Umstände und Anlässe gab, die den Menschen psychisch zu schaffen machten. In der Steinzeit war man noch weit entfernt von der heute immer weiter getriebenen beruflichen Spezialisierung und den damit verbundenen Spannungen zwischen persönlichen Interessen, Wünschen und Lebenszielen.

Während die Jäger und Sammler von einst nur wenige Aufgaben hatten – über den Nahrungserwerb, die Waffen- und Geräteherstellung, den Schutz vor Feinden und die Sorge um das Lager gingen sie kaum hinaus –, ist die Skala der Berufe und Verpflichtungen heute unübersehbar geworden.

Auch die sogenannte »orale Versagung« – eine wesentliche Ursache für Neurosen – gab es in der damaligen Zeit nicht. Denn die Kinder, sollten sie einmal zwanzig oder fünfundzwanzig Jahre alt werden, mußten von ihren Müttern jahrelang an der Brust gestillt werden. Wo dies nicht geschah, machte die Auslese kurzen Prozeß: Solche Kinder kränkelten, blieben schwach, wurden getötet oder erlagen den Alltagsgefahren, so daß sie das fortpflanzungsfähige Alter nicht erreichten.

Schließlich der »vorprogrammierte Lebenslauf«, der heute dem Kind die Stationen seines Daseins diktiert: die Erwartung, daß es einen Beruf erlernt und »etwas leistet«, daß es auf der Stufenleiter des Erfolges möglichst weit kommt, daß es auf seinem Lebensweg zwischen den Paragraphenzäunen nicht strauchelt – all das gab es damals nicht. Für den Steinzeitler entfiel der Leistungsdruck mit einer Ausnahme: Er mußte sich seinen Lebensunterhalt in ständiger Gefahr beschaffen, jeden Tag neu, also Jagdbeute mitbringen oder Erfolg beim Sammeln haben. Doch diese Tätigkeiten fielen ihm – von der Gefährdung durch Feinde und Naturkräfte abgesehen – nicht besonders schwer, da ihm die natürliche Umwelt zumindest in den Tropen und Subtropen Nahrung in Fülle bot. Schätzungsweise dürfte der steinzeitliche Mensch kaum länger als drei Stunden am Tage intensiv »gearbeitet« haben. Der ehrgeizige, Verantwortung tragende und streßbelastete Zeitgenosse von heute ist dagegen oft bis in die Nacht mit seinen Problemen beschäftigt.

Gäbe es nicht das Argument der Lebenserwartung und das des Lebensstandards, könnte man bei dieser Gegenüberstellung neidisch werden. Was muten wir uns heute zu! Man werfe einen Blick auf das Umfrageergebnis einer Schweizer Arzneimittelfirma. Befragt wurden Vertreter besonders streßbelasteter Berufe, nämlich Journalisten, vom Reporter über den freien Mitarbeiter bis zum Chefredakteur einer großen Tageszeitung. 85 Prozent all jener, die auf die Fragen antworteten, fühlten sich unter Streß stehend. Zwei Drittel machten dafür ihren Beruf verantwortlich, der zuwenig Freizeit gewähre und durch ständige Terminhetze und übermäßiges Engagement belaste. Nur jeder fünfte Journalist kam laut Umfrage mit weniger als 44 Arbeitsstunden in der Woche aus. Die meisten arbeiteten rund 56 Stunden hart, manche bis zu 100 Stunden in der Woche – das wäre das Fünffache des Steinzeitmenschen, zu schweigen von der Art der Arbeit, zu schweigen auch von anderen Berufen, die dem des Journalisten in der Streßbelastung kaum nachstehen.

Welches Maß an Selbsttäuschung ist bereits notwendig geworden, um den Streß eines derartigen beruflichen Alltags alljährlich durch das kompensieren zu wollen, was man Urlaub nennt. Die im Regelfall strapaziösen, tagelangen Fahrten im ermüdenden »Faradayschen Käfig« des Automobils an den entlegenen Ferienort und die nicht weniger aufreibende Rückfahrt, die den Erholungseffekt, falls es ihn gibt, zum großen Teil wieder aufzehrt – wer hätte sich nicht schon über die Unverhältnismäßigkeit dieses Aufwandes seine Gedanken gemacht. Was die Ballungsräume der Industriegebiete auszeichnet, verlagert sich zur Urlaubszeit in die Gebirge und an die Strände der Meere: der Massenandrang von Menschen, den zu beherrschen die Unternehmer fragwürdige »Abfertigungspraktiken« erfanden. So ist der »Urlaub« heute zu einer dürftigen Konfektionsware geworden, einer Ware, die man nach dem Katalog kaufen kann und die in Wahrheit nur die Fortsetzung der psychischen Alltagsbelastung mit anderen Mitteln ist. Immerhin tun die Verwaltungen der Ferienorte einiges, um ihre Gäste zu verwöhnen. So hat sich die Stadt Nizza an der französischen Riviera im Sommer 1973 dazu entschlossen, ihren berühmten Strand zweimal wöchentlich mit Parfum zu bestäuben, um die Geruchsbelästigung in Grenzen zu halten. Meerwasserverschmutzung und andere Geruchsquellen hatten überhand genommen.

Wenn psychischer Streß, Neurosen und Geisteskrankheiten zunehmen, so ist sich dessen vorerst freilich nur ein Kreis von Eingeweihten voll bewußt: Ärzte, Psychiater, Sozialfürsorger, Erzieher – sie vor allem spüren den Trend. Das Gros der Bürger übersieht ihn noch, weil die schwer Betroffenen verborgen in den Anstalten leben und weil selbst dort, wo die Zeichen nicht zu übersehen sind, an harmlose Störungen gedacht wird, die eher auf eine Modeerscheinung deuten als auf Symptome einer existentiellen Krise.

Offensichtlicher ist dagegen auch für den Nichteingeweihten die Selbstbedrohung des Menschen durch seine Neigung, immer mehr zu erzeugen und zu verbrauchen, die Rohstoff-Vorräte der Erde immer intensiver auszubeuten und damit die Versorgung der wachsenden Menschenzahlen zu gefährden. Wir haben hier ein zweites der »Ersten Zeichen« für die drohende Katastrophe vor uns. Mit einer bemerkenswerten Analyse dazu hat sich der »Club of Rome« auf einer Tagung in Salzburg im Frühjahr 1974 geäußert. Das prominente Gremium, auf dessen Initiative seinerzeit die MIT-Studie »Die Grenzen des Wachstums« zurückging, verwies in einer Art Lagebericht auf die Endlichkeit unserer Erde und erklärte:

»Unter den gegenwärtigen Produktions- und Konsumbedingungen weisen die wichtigsten Entwicklungsindikatoren wie Volkseinkommen, Rohstoff- und Energieverbrauch, Umweltbeanspruchung usw. einen exponentialen Trend auf. Das heißt: Die absoluten Zuwachsraten nehmen im Ablauf der Zeit zu, beziehungsweise gleichbleibende absolute Zuwachsraten werden in zusehends kürzeren Zeitabständen verwirklicht. Dieser Beschleunigungsprozeß ist um so größer, je größer die Zuwachsrate beziehungsweise je größer der Zuwachs dieser Steigerungsrate ist. Verschiedene Trends in der modernen Industriegesellschaft, vor allem jene, die auf den technischen Fortschritt zurückzuführen sind, scheinen dem Gesetz einer Trendbeschleunigung (Zuwachs der Zuwachsrate) zu unterliegen. Der gegenwärtige exponentiale Entwicklungsverlauf (mit oder ohne Trendbeschleunigung) steht im Widerspruch zur Endlichkeit der Welt.«

In schon naiver Hoffnung fügte der »Club of Rome« dieser Stellungnahme dann noch hinzu: »Es ist infolgedessen erforderlich, den gegenwärtigen exponentialen Entwicklungsverlauf in einen Entwicklungsverlauf überzuführen, welcher der Endlichkeit dieser Welt Rechnung trägt. Eine mögliche Form der Anpassung des bestehenden Entwicklungsverlaufs an die Endlichkeit der Welt läge in der Überführung der gegenwärtigen konstanten oder zunehmenden Wachstumsraten in kontinuierlich sinkende Wachstumsraten.« – Das käme der Aufforderung an eine Katze gleich, allmählich zurückhaltender beim Mausen zu werden, oder der treuherzigen Empfehlung an einen Lungenkrebskranken im fortgeschrittenen Stadium seiner Krankheit, täglich ein paar Zigaretten weniger zu rauchen.

Welchen Kurs wir tatsächlich steuern, wird neben anderem seit etwa einem Jahrzehnt an spektakulären Hungerkatastrophen in verschiedenen Teilen der Erde deutlich. Tut man auch hier das, was verläßliche Ursachenforschung am ehesten ermöglicht und bezieht sich auf die Einschätzung der Lage durch Experten, vor allem auf die Sprecher der FAO, der Organisation für Ernährung und Landwirtschaft der Vereinten Nationen, so findet man in den Berichten der letzten Jahre mehr und mehr Pessimismus. Der alarmierendste Tatbestand ist: Die Welt-Nahrungsreserven sind derzeit auf ihrem tiefsten Stand seit dem Ende des Zweiten Weltkrieges angelangt. »Wir halten gerade noch unseren Kopf über Wasser«, kennzeichnet der FAO-Sekretär John Mollet die Lage. Und die Reserven schrumpfen schnell. Eine einzige große Mißernte in einem Entwicklungsland, und es muß schon heute mit einem Massensterben von Menschen gerechnet werden.

Aber wir wollen nicht nur die FAO befragen. Es hat in der Vergangenheit auch immer wieder Fehleinschätzungen durch einzelne Wissenschaftler gegeben, die dann eine unverantwortliche »Es-ist-alles-nicht-so-schlimm-Einstellung« zur Folge hatten. Ein erstaunlich optimistischer Autor ist der deutsche Ernährungswissenschaftler Professor Fritz Baade aus Kiel gewesen. In seinem Buch »Welternährungswirtschaft« schrieb er noch im Jahre 1956 neben anderen bemerkenswerten Prognosen die Sätze: »Die heutige Erdbevölkerung von 2,5 Milliarden wird sich in den nächsten 50 bis 60 Jahren verdoppeln... Günstigenfalls kann eine Bevölkerung von fünf Milliarden Menschen bald nach dem Jahre 2000, also beispielsweise im Jahre 2010, erwartet werden.« (Er schrieb »günstigenfalls«.)

Wie sieht es wirklich aus? Schon im Jahre 1974 hatte die Weltbevölkerung nahezu vier Milliarden Menschen bei ungebrochenem Beschleunigungstrend des Zuwachses erreicht. Nach dem im Frühjahr 1974 erschienenen Jahrbuch der Vereinten Nationen betrug der Zuwachs des Jahres 1973 nicht weniger als 76 Millionen Menschen, so daß bei einem Wachstum von zwei Prozent bereits im Jahre 2007 mit 7,6 Milliarden Menschen zu rechnen wäre. Die Verdoppelungszeit beträgt derzeit also nicht 50 oder 60 Jahre, wie Baade meinte, sondern nur noch etwa 30

Jahre, und die Zeichen deuten darauf, daß sie sich noch weiter verkürzt.

Ähnlich zukunftsfroh klangen Baades Ernährungsvoraussagen: »Daß auf dieser Erde Nahrung nicht nur für fünf, sondern nötigenfalls auch für zehn Milliarden Menschen geschaffen werden kann, wird die Analyse des Nahrungsraumes der Erde zeigen ...«

Die Wahrheit ist: Im Frühjahr 1974 war die Welternährungslage so kritisch, daß nach Meinung des Europa-Kommissars Claude Cheysson bereits »jeder kleinste Zwischenfall zu Hungersnöten führen kann«. Seit zwei Jahren, betonte Cheysson, habe sich die Versorgung mit Nahrungsmitteln in einem Maße verschlechtert, wie es Fachleute nicht für möglich gehalten hätten.

Dabei sind es vor allem auch die Verteilungsschwierigkeiten, die Sorge bereiten. Ein Beispiel dafür liefert die Situation im südlichen Sahara-Randgebiet, der sogenannten Sahel-Zone mit den Staaten Senegal, Mauretanien, Mali, Obervolta, Niger und Tschad. Seit der Regen hier ausblieb, sank der Grundwasserspiegel vielerorts von einst 15 auf 30 Meter. Von den rund 25 Millionen Bewohnern des Gebietes sind etwa 13 Millionen direkt von der Dürre betroffen. Ihre Brunnen sind weitgehend versiegt, die Weiden sind verdorrt oder verbrannt und die Tiere mußten zum größten Teil kurz vor dem Entkräftungstod geschlachtet werden. Etwa 80 Prozent des Viehbestandes in der Sahel-Zone soll mittlerweile verendet sein. Trotz der Lieferung von 518 000 Tonnen Weizen aus den Überschußgebieten der Erde im Jahre 1973 starben im Sahel bis zum Frühjahr 1974 mindestens 100 000 Menschen an den Folgen des Hungers. Wir werden auf diese Katastrophe im letzten Kapitel noch einmal zurückkommen.

Wahrscheinlich ist es weniger entscheidend, ob die auch in anderen Erdteilen herrschenden Krisen ein Erzeugerproblem oder ein Verteilungsproblem sind – vermutlich tragen beide Faktoren dazu bei. In Europa, den USA und in anderen Ländern haben wir einen Produktionsüberschuß, der zu den bekannten Fleisch- und Butterbergen geführt hat. Schon beim Weizen gibt es jedoch Engpässe. 1973 erreichten die Welt-Weizenvorräte ihren tiefsten Stand seit 20 Jahren, und die Preise verdreifachten sich. In anderen Ländern herrscht aus verschiedenen Gründen katastrophaler Nahrungsmangel. Die »Verteilung« funktioniert nicht – aus ebenso verschiedenen Gründen. Es soll uns auf diese Gründe jetzt nicht ankommen. Wir stellen lediglich fest: In weiten Gebieten der Erde bekommen die Menschen nicht genug zu essen, oder sie bekommen eine falsche Nahrung. Sie werden unter- oder fehlernährt, sie sterben an Hunger, sie werden als Folge der Fehlernährung krankheitsanfällig, bleiben geistig zurück und sind nicht voll leistungsfähig.

Schon die FAO-Jahresberichte der sechziger Jahre ließen erkennen, daß vor allem der Eiweißbedarf immer größer wird. Die »Eiweißlücke« macht uns zu schaffen. In den unterentwickelten Ländern kann der tägliche Bedarf von 20 Gramm tierischem Eiweiß pro Kopf der Bevölkerung nicht einmal mehr zur Hälfte gedeckt werden. In diesem Sinne äußerte sich auf einem internationalen Symposion über Eiweißchemie in Aachen im Sommer 1973 auch Professor Henning Klostermeyer von der deutschen Bundesanstalt für Milchforschung in Kiel. Er sagte, die klassische Agrarchemie sei bereits heute mit ihrem Eiweißlatein am Ende, weil das Wachstum der Ernteerträge in der Welt in keinem Verhältnis mehr zur Zunahme der Erdbevölkerung stehe. Die Bevölkerungsexplosion auf der Erde werde noch in diesem Jahrhundert ihr Ende finden, falls es nicht gelinge, die Welt-Eiweißlücke rechtzeitig zu schließen. An dieser Prognose könne auch die Tatsache nichts ändern, daß die Welt-Eiweißproduktion derzeit mit jährlich 193 Millionen Tonnen noch über dreimal so hoch sei wie der Weltbedarf. Das Bedenkliche sei: Während die Zahl der Menschen ständig wachse, schrumpften die Anbauflächen der Landwirtschaft zusammen. Die Weltmeere seien schon heute zu einem großen Teil überfischt. Ein hoher Prozentsatz der Proteine falle Schädlingen zum Opfer oder verderbe, außerdem werde viel Eiweiß vergleichsweise unrentabel verfüttert.

Hungersnöte hat es zu allen Zeiten und in vielen Teilen der Erde gegeben, aber die der letzten Jahre in Brasilien, Biafra und in der Sahel-Zone trugen einen neuen Stempel. Wie immer sie entstanden sein mögen: Eine hochtechnisierte westliche Welt mit einer glänzenden Agrartechnologie und einem Versorgungssystem, das in kurzer Zeit Luftbrücken errichten und Versorgungsschiffe in die entlegensten Erdenwinkel schicken kann, war außerstande, sie zu verhindern. Während sich in Europa und den USA die Nahrungsberge türmten, verhungerten in anderen Gebieten die Menschen zu Zehntausenden.

Noch bedenklicher ist ein anderer Sachverhalt: Intensiv betriebene Landwirtschaft wird künftig immer stärker auf die Produktion und den Nachschub von Maschinen, von Dünge- und auch – allen Risiken zum Trotz – auf Schädlingsbekämpfungsmittel angewiesen sein. Wenn aber schrumpfende Rohstoffvorräte die Erzeugung dieser notwendigen Hilfsmittel zurückgehen lassen, so wird das eintreten, wovor schon der Bericht »Die Grenzen des Wachstums« warnte: Die Landwirtschaft wird in weiten Teilen der Welt zusammenbrechen und mit ihr werden Hungersnöte großen Ausmaßes einsetzen.

Alle diese Umstände wären nicht so ernst zu nehmen, wenn die Menschenzahl auf der Erde zurückginge oder wenigstens stagnierte, oder wenn es noch nennenswerte Landreserven gäbe, die unter den Pflug genommen werden könnten. Statt dessen wachsen aber die Produktions- und Verteilungsprobleme zu einer Zeit, da die Menschenzahl stürmisch zunimmt – das gefährlichste Zusammentreffen, das sich denken läßt. Dazu erschweren Infrastruktur- und politische Probleme die Verteilung des Vorhandenen dort, wo sie möglich wäre, und religiöser Eifer verhindert selbst die Nutzung der landeseigenen Möglichkeiten wie in Indien, wo die sogenannten Heiligen Kühe geschont werden. Hinzu kommt eine meteorologische Erscheinung, die den Fachleuten zunehmend Sorge bereitet. Seit etwa zehn Jahren wird beobachtet, daß bisher verhältnismäßig ortsbeständige Windbänder, die hoch über der Erde rings um den Nordpol wehen, sich zunehmend südlich verlagern. Die Gründe dafür sind unbekannt, doch führt dieser Vorgang offenbar zu einer allmählichen Veränderung der Wetterverhältnisse auf der Erde. Eine der Folgen könnte es sein, daß ein Teil des segensreichen indischen Monsunregens nicht mehr wie bisher über dem Festland, sondern schon im Indischen Ozean und damit nutzlos für die Landwirtschaft niedergeht.

Auch die merkwürdige Erscheinung, daß die Sahara sich seit einigen Jahren um etwa 150 Kilometer weiter nach Süden ausgedehnt hat, wird von manchen Meteorologen mit der Wetterküche im Norden in Verbindung gebracht. Andere vermuten dahinter eine Auswirkung des wachsenden Staub- oder Kohlendioxid-Gehaltes der Erdatmosphäre durch die Industrialisierung – Genaues wissen wir nicht.

Was immer hier die auslösende Rolle spielt: Klimatische Erscheinungen haben in weiten Teilen der Erde mit schuld an Engpässen und Mißernten der letzten Zeit, und die minimalen Reserven machen es immer schwerer, den betroffenen Menschen in ihrer Not zu helfen.

Selbst weltweit wachsende Erträge bei einzelnen Nahrungsmitteln können die langfristig schlechten Aussichten kaum noch bessern. Das zeigen die Fangergebnisse der Weltfischerei, deren Wachstum gegenwärtig auf jährlich sieben Prozent geschätzt wird. Die Eiweißlücke ist angesichts des Bevölkerungswachstums durch diese an sich erfreuliche Entwicklung aber nicht kleiner geworden. Im Gegenteil. Auch das Verhältnis von technischem Aufwand und Fangergebnis wird immer ungünstiger, weil viele bisher nicht befischte Arten tieflebende, schnell flüchtende oder so kleine Fische sind, daß ihre Verarbeitung sich kaum lohnt.

Einen aufschlußreichen Bericht über diese Schwierigkeiten hat Professor Gotthilf Hempel, Direktor im Kieler Institut für Meereskunde, am 2. März 1974 in der Tageszeitung »Die Welt« veröffentlicht. Hempel geht auf die enge Verflechtung der angelandeten Fänge mit den Weltmarktpreisen ein und erwähnt den Zusammenbruch der Anchoveta-Fischerei vor Peru im Jahre 1972. Damals sei der Fischmehlpreis in der Welt auf das Vierfache hochgeschnellt, was vor allem die Geflügel- und Forellenzüchter schmerzlich zu spüren bekommen hätten.

Nach den Worten Hempels erbeutet die Weltfischerei gegenwärtig rund 60 Millionen Tonnen Fisch jährlich – eine Menge, die mit konventionellen Fangmethoden noch auf 81 bis 110 Millionen Tonnen zu steigern sei. Das entspräche der Erwartung, daß das Meer als Nahrungsquelle in den kommenden Jahrzehnten eine wachsende Rolle spielen wird. Ein Trost ist es jedoch nicht, denn das Meer als Nahrungsspeicher ist kleiner, als gemeinhin angenommen wird. Auch Hempel wies auf den wachsenden Aufwand zur Steigerung der Fangergebnisse hin. Der Überschwang, mit dem manche Futurologen die Möglichkeiten einer zukünftigen Plankton- und Algenernährung beurteilt haben, sei ebenfalls nicht gerechtfertigt. Ihnen und anderen Utopisten seien die folgenden Worte Hempels nahegelegt:

»Als ein Irrglaube hat sich erwiesen, daß die Welternährung eines Tages durch Algen gesichert werden könnte. Zugegeben, die Pflanzenproduktion im Weltmeer ist nicht viel kleiner als auf den fünf Kontinenten (Verhältnis 2 : 3). Das Gros der Meerespflanzen machen einzellige Planktonorganismen aus. Während beim Getreide die Produktion einer Saison in Korn und Stroh gespeichert werden kann, haben die Plankton-Algen nur eine Lebensdauer von wenigen Tagen. Sie müßten also unentwegt geerntet werden, dabei wäre die Ernte noch durch die geringe Größe der Mikroalgen und ihre dünne Verteilung über gewaltige Wassermassen energetisch vollkommen unrentabel. Die Großalgen, die nur an den schmalen Felsküsten gedeihen, werden bereits recht intensiv genutzt. Ihr Nährwert ist bescheiden.« Soweit Professor Hempel.

Zu den Auswirkungen der beginnenden Ernährungskrise gehören Hunger und Verhungern dort, wo die landeseigene Erzeugung schon jetzt zusammenbricht und die Versorgung von außen nicht gewährleistet werden kann. Wie die Medizin von einem »locus minoris resistentiae« im Körper des Menschen spricht – einem Ort des geringsten Widerstandes, an dem sich eine Infektionskrankheit meist zuerst auswirkt –, so sind auch die Völker der Entwicklungsländer besonders anfällig für Versorgungskrisen. Wenn es ernst wird mit der Welternährung, dann gehören sie zu den ersten, die es trifft. Dann sind sie es, die der Hungertod am ehesten heimsucht. Heute schon sterben durch Nahrungsmangel oder indirekt durch Fehlernährung alljährlich rund zehn Millionen Menschen. Doch ist dieser Aderlaß – wie auch der durch die Kriegstoten – nur ein Tropfen auf den heißen Stein angesichts von fast 80 Millionen Menschen, die trotz dieser Toten alljährlich die Erde zusätzlich bevölkern und sich ein menschenwürdiges Leben erhoffen.

Denn die Liebe scheint nicht nur das Brot der Armen, sondern auch das der Hungernden zu sein, wie die Fortpflanzungsraten gerade der notleidenden Völker zeigen. Nach einer Schätzung sollen in China im 19. Jahrhundert etwa 150 Millionen und in Indien zwischen den Jahren 1870 und 1900 rund 20 Millionen Bewohner verhungert sein. Dessenungeachtet leben heute mehr als 1,25 Milliarden in diesen Ländern – die Hälfte aller in Entwicklungsgebieten wohnenden Menschen.

Bei aller Schrecklichkeit des Leidens, das der Hunger für den einzelnen Betroffenen bringt – wen würden nicht die Bilder der ausgemergelten, fehlernährten, mit aufgetriebenen Bäuchen dasitzenden oder zu Skeletten abgemagerten Kinder anrühren –, der Hunger wird noch zunehmen. Erst dann, wenn die Toten nach Hunderttausenden zu zählen beginnen, wird es zu einer fühlbaren Verlangsamung des Bevölkerungswachstums in der

Welt kommen. Das, was wir in den Hungergebieten der Erde heute erleben, ist nur ein erstes Zeichen.

Wem Zahlen etwas sagen, der möge sich die Entwicklung in den letzten Jahren in Indien mit seinen derzeit 570 Millionen Menschen vor Augen halten. Noch nie ist die Ernährungssituation der indischen Bevölkerung so verzweifelt gewesen wie jetzt. In Kalkutta und ganz West-Bengalen mußten die ohnehin schon bescheidenen Reisrationen von 1000 auf 750 Gramm je Person und Woche reduziert werden. Die Getreideernte 1973/74 war so schlecht, daß Indien, wenn auch widerstrebend, jährlich mindestens zwei Millionen Tonnen Getreide wird einführen müssen. Die Regierung weiß aber weder, woher sie das Geld für diese Käufe nehmen soll, noch woher die ebenso dringend benötigten Düngemittel kommen sollen. Denn die indischen Düngemittelfabriken können als Folge der Ölverteuerung nur noch mit stark herabgesetzter Kapazität arbeiten.

Während die Bevölkerung Indiens im Jahr um 15 bis 20 Millionen Menschen wächst, während schon jetzt ein Drittel der ländlichen und fast die Hälfte der städtischen Bevölkerung ständig unterernährt ist, läßt sich die Produktivität der Landwirtschaft und Industrie im Lande nicht mehr steigern.

Krankheit und Tod sind, wie sollte es anders sein, zwei direkte Folgen des Hungers – und dies nicht nur in Indien.

Eine indirekte Folge ist der von Politikern gefürchtete (oder erwünschte) Aufstand der Massen, über den der Abteilungschef bei der amerikanischen Entwicklungshilfe, Herbert Waters, gesagt hat: »Hunger wird nicht länger der stille Feind des Menschen, nicht länger die leise Art zu sterben sein. Hunger kann zum millionenfach widerhallenden Lärm des Aufruhrs und der Gewalttat werden.«

Andrej D. Sacharow, dreimal ausgezeichneter Held der Sozialistischen Arbeit, Leninpreisträger und Mitglied der Sowjetischen Akademie der Wissenschaften, schätzt diese Gefahr kaum geringer, wenn er in seinem Buch »Wie ich mir die Zukunft vorstelle« schreibt: »Wir sprechen von einer nach den bestehenden Tendenzen vorauszusehenden Verschärfung der »mittleren« Ernährungslage, bei der die lokalen, gebietsweise und zeitlich begrenzten Lebensmittelkrisen zu einem einzigen Hungermeer zusammenfließen, zu einer Welle von unerträglichen Leiden, Verzweiflung, Vernichtung und Haß Hunderter Millionen von Menschen. Diese Katastrophe bedroht die gesamte Menschheit.

Eine Katastrophe von solchem Ausmaß muß in der ganzen Welt, für jeden Menschen, die stärksten Folgen haben, sie wird überall Kriege hervorrufen, allgemeines Absinken des Lebensstandards nach sich ziehen ...«

Konkret heißt das: Hungernde Völker werden sich auf die Dauer nicht ruhig verhalten. Wie die Geschichte lehrt, werden sie gegen die Herrschenden in ihren Ländern oder gegen andere Völker rebellieren. Und die zunehmende Arbeitslosigkeit in diesen Ländern wird alles noch schlimmer machen.

Während die Inflation den Indern mit einer Teuerungsrate von 20 bis 25 Prozent davonläuft, kommt es immer häufiger zu blutigen Unruhen. Als im Frühjahr 1974 1,8 Millionen Eisenbahner wegen ihrer Forderung nach 75 Prozent Lohnerhöhung streikten, antwortete die Regierung mit Zwangsmaßnahmen: 15 000 bis 20 000 Streikende wurden verhaftet und wanderten in die Gefängnisse.

Aber die Lage wird davon nicht besser. Sie entspannt sich nicht mehr. Ein Ausschuß des Föderalparlaments schätzte die Arbeitslosenzahl im Jahre 1974 auf 18,7 Millionen. Schenkt man dagegen dem Wirtschaftswissenschaftler Professor Amartya Sen Glauben, so gibt es allein in der indischen Landwirtschaft 42,4 Millionen Arbeitslose – das wären 29,1 Prozent aller landwirtschaftlichen Arbeitskräfte. Als in einer Zeitung in Kalkutta ein Inserat erschien, mit dem 17 Hilfsangestellte für Sozialarbeit gesucht wurden, gingen rund 100 000 Anfragen von Hochschulabsolventen ein. Das nach vielen Dienstjahren erreichbare Gehalt in einer solchen Stellung hätte monatlich etwa 260 DM betragen.

In Südamerika trifft jeden vierten arbeitsfähigen Menschen und mit ihm seine Familie das Schicksal der Arbeitslosigkeit.

Man kann hier natürlich die Frage stellen, warum die Bevölkerungspolitik in diesen Ländern so wenig Erfolg gehabt hat und das Arbeitslosenproblem in ihnen ständig wächst. Die Antwort ist immer die gleiche: Weil die politischen, wirtschaftlichen und sozialen Verhältnisse dort keine rasche und wirkungsvolle Neuorientierung zulassen; weil der Wunsch, Kinder zu haben, namentlich bei den sozial schlechter Gestellten übermächtig ist und Kinder oft auch die Altersversicherung der Eheleute darstellen – oder sie darstellen sollen.

Und diese Misere wird größer statt kleiner. Sie spitzt sich im selben Maße zu, wie die Bevölkerungszahlen, wie Armut und Hunger wachsen. In Indien vermehren Jahr für Jahr schätzungsweise 100 000 Abgangsschüler höherer Schulen das Arbeitslosenheer. Zunehmende politische Spannungen, Terror, Haß und Gewalt sind die Folgen in einem Land, dessen Religionsstifter die Gewaltlosigkeit gepredigt haben. Und nicht nur für Indien gilt: Die Situation in all diesen Ländern greift gefährlich über die Landesgrenzen hinaus. Korea und Vietnam, der Nahe Osten, Chile und Kuba, Pakistan, Bangla Desch und Malaysia zeigen, wie dünn der Faden geworden ist, an dem der Weltfrieden heute hängt. Und auch der Unterschied zwischen den Habenden und den Habenichtsen, den reichen und den armen Völkern, liefert Zündstoff. Diese größer werdende Kluft: daß die reichen dreimal soviel Nahrungsmittel pro Kopf erzeugen, daß sie zwanzigmal soviel Elektrizität verbrauchen und sechsmal soviel Industriegüter haben wie die armen – diese Kluft wird von den armen Völkern verständlicherweise als Ungerechtigkeit empfunden und sie erhöht das Risiko eines Weltbrandes, weil immer weniger politische Mittel und Wege zur Verfügng stehen, die Menschenlawine und ihre Folgewirkungen zu beherrschen. Wo Lebewesen in Not geraten, wo sie mit dem Rücken an der Wand zu kämpfen gezwungen sind, werden sie aggressiv. Das gilt auch für den Menschen. Nur wird seine Aggression sich nicht gegen einen artfremden Feind wenden, sondern gegen seinesgleichen. Vergleichbar den Krabben im Seewasser, die ihre Bevölkerungsprobleme lösen, indem sie den Artgenossen fressen, um Platz für sich selber zu schaffen, so wird der Mensch über kurz oder lang in primitivste Praktiken der Selbsterhaltung zurückfallen.

Um die Zeichen zu sehen, die das Ende der Menschheit signalisieren, muß man nicht in die Ferne schweifen. Sehen wir uns im eigenen Lande um. Arbeitgeber, Behörden und Kliniken beklagen den steigenden Krankenstand. Wie kommt es, daß den medizinischen Fortschritten zum Trotz immer mehr Menschen erkranken? Was Beobachter der Szene dazu erklären, sind Zeugnisse der Ratlosigkeit. Die deutsche Bundesregierung verwies im Sommer 1973 auf den Konjunkturverlauf, das gestiegene Arbeitstempo und die durch Mehrarbeit entstehenden gesundheitlichen Belastungen. Staatssekretär Heinz Eicher vom Bundesarbeitsministerium gab zu, es sei bisher nicht möglich gewesen, »die unterschiedlichen Einflußgrößen zahlenmäßig sichtbar zu machen«.

Bezeichnend in diesem Zusammenhang sind die weltweit zunehmenden Geschlechtskrankheiten. Als nach dem Zweiten Weltkrieg die Sulfonamide und die Antibiotika zur Verfügung standen, glaubte alle Welt, daß nun zumindest die Volksseuche Gonorrhoe, der Tripper, alsbald beherrscht werden und verschwinden würde. Das war eine Illusion. Angesichts von gegenwärtig 16 Millionen Gonorrhoe-Kranken in der Welt – eine Zahl, die Professor V. Lundt vom Bundesgesundheitsamt in Berlin im Sommer 1973 nannte – muß man vielmehr von einer neuen weltweiten Seuche, einer Pandemie, sprechen.

Die Ursachen liegen auf der Hand. Einerseits ist das sexuelle Verhalten im Zuge von Emanzipation und dem engeren Zusammenwohnen der Menschen wesentlich freizügiger geworden. Sexuelle Bindungen werden rascher geschlossen, flüchtigste Geschlechtlichkeit bis hin zum »Instant-Sex« – dem im Volksmund sogenannten »sexuellen Schnellimbiß« sind kaum noch Ausnahmen. Zweitens wird auf den Gebrauch von Kondomen zur Empfängnisverhütung zugunsten der »Pille« weitgehend verzichtet. Schließlich fördert der moderne Massentourismus die geschlechtlichen Beziehungen und viele scheuen obendrein den Weg zum Arzt.

Hervorgerufen wird die Gonorrhoe durch Gonokokken, kaffeebohnenförmige Bakterien, die sich in letzter Zeit als zunehmend resistent gegenüber der bislang noch erfolgreichen Penicillinbehandlung erwiesen haben. Das hat dazu geführt, die Penicillindosis eher höher einzusetzen als zu niedrig, und das Mittel auch möglichst zu injizieren, um den Erreger zuverlässig zu vernichten. All das ändert jedoch nichts am Anstieg der Geschlechtskrankheiten, deren Zunahme in der westlichen Welt zwei Zahlen aus der Schweiz stellvertretend zeigen sollen. In den Kliniken und Polikliniken von Zürich, Basel, Lausanne und Genf wurden im Jahre 1971 insgesamt 1541 Fälle venerischer Krankheiten behandelt. 1972 war die Zahl auf 1952 Fälle gestiegen.

Der größeren sexuellen Freizügigkeit und dem, was die Älteren einen »Verfall der guten Sitten« nennen, entspricht die Drogenszene. Während ältere Menschen häufiger in den Alkohol oder zu Beruhigungs- und stimmungshebenden Mitteln fliehen, erliegen immer mehr junge Menschen den Rauschdrogen. Auch dafür gibt es viele Gründe, unter denen Neugier und Verführung sicher nur auslösende Wirkung haben dürften. Schwerwiegender scheint: Unter dem Einfluß der Industrialisierung, dem Leistungsdruck, der zunehmenden beruflichen und familiären Probleme fühlen sich immer mehr Menschen überfordert. Zum großen Teil sehen sie nicht mehr den Sinn des von ihnen geforderten Einsatzes und der eigenen Leistung. Um dem deprimierenden Zustand zu entrinnen, um einen Glaubensersatz zu finden oder ganz einfach in der Hoffnung auf positive Lebensgefühle setzen sie die »rosarote Brille« auf, indem sie zum Haschisch greifen,

um dann nicht selten der Versuchung zum Übergang auf die harten, die suchtauslösenden Mittel, zu erliegen.
Nach den Erkenntnissen von Pastor Dr. Paul Schulz, einem der besten Kenner der Drogenszene in Westdeutschland, lassen sich die Drogenkonsumenten grob in drei Kategorien einteilen: die »Probierer«, die »milden Konsumenten« und die »schweren Konsumenten«. Nach Schulz ist die Gruppe der Probierer gegenwärtig rückläufig, die milden Konsumenten dagegen nehmen zu und mit ihnen der Verbrauch an »weichen« Drogen wie Haschisch. Stark zugenommen aber hat die Gruppe der schweren Konsumenten. Schulz verweist darauf, daß immer mehr Opiat- und Amphetamin-»Schießer« einen harten Kern äußerst gefährdeter Jugendlicher bilden. Die Drogenwelle nehme da ab, wo sie nie eine Gefahr war, schwelle aber gerade dort an, wo sie irreparable Schäden anrichte. Besonders bedenklich sei es, daß immer mehr drogenabhängige Jugendliche im Alter zwischen 12 und 14 Jahren registriert würden, während die Szene bislang von den 16–25jährigen beherrscht wurde. Schulz schreibt:
»Eine Momentaufnahme der Drogenszene im Jahre 1974 ergibt ein schwarzes Bild. Verflogen ist der Reiz des Neuen, die Faszination des Unbekannten, die in vielen Jugendlichen geheime Wünsche wachrief. Verduftet ist das Flair des Leichten, das Schwebende, jene Botschaft von der Sorglosigkeit und dem Glück des Drogentrips. Zurückgeblieben ist das Belastende, die Not und die Hoffnungslosigkeit vieler Drogenabhängiger. Die Drogenszene ist fast nur noch bedrückend. Sie ist dunkel geworden – selbst da, wo noch in Farbe geträumt wird.«
Gewiß: Nicht alle, die vor den Ansprüchen, den Erwartungen der Leistungsgesellschaft kapitulieren, sehen in der Zuflucht zum Rausch die Rettung, eine Flucht, die ja in Wahrheit nur ein Betäuben, eine Selbsttäuschung ist. Ein weiteres Zeichen für die zukünftige gesellschaftliche Entwicklung ist die Zunahme der Kriminalität in aller Welt. Der Weg vom verantwortlich denkenden, die Gesetze achtenden Bürger zum Kriminellen ist offenbar

kürzer geworden, und die weltweite Konformität des menschlichen Verhaltens wird auch in diesem Bereich immer unheimlicher. Waren es früher so harmlose Dinge wie Mode und Haartracht, Pop- und Beatmusik, die rasch wie ein Lauffeuer um die Erde gingen, so sind es heute auch Gewalttaten, die Schule machen: Flugzeugentführungen, Bankeinbrüche, Kidnapping und Auftritte organisierter Polit-Rocker ähneln sich im modus operandi der Täter, ob sie nun in Brasilien oder in Frankfurt stattfinden. Zahlreiche Experten, wie der Chef der Kölner Kriminalpolizei, Hans-Werner Hamacher, sagen eine Eskalation der Verbrechen für die achtziger Jahre voraus. Was Europa betrifft, so soll der Anstieg sogar sprunghaft erfolgen. Hamacher begründet das so:

»Bei der Suche nach Anhaltspunkten richtet sich der Blick unwillkürlich auf die USA, weil von dort in ununterbrochener Folge erschreckende Mitteilungen über die Verbrechensentwicklung zu uns dringen und die fördernden Faktoren – Urbanisierung, Kommunikation und Motorisierung – in Reinkultur ausgeprägt sind. Tatsächlich müssen sich die Dinge dort in drohendem Maße zugespitzt haben, denn schon im Juli 1965 beauftragte der Präsident der Vereinigten Staaten eine unabhängige Kommission mit der Untersuchung der Kriminalität. Die Kommission legte ihren Bericht 1967 vor. Da eine Veramerikanisierung Europas von vielen ernsthaften Soziologen behauptet wird und auf vielen Lebensgebieten auch beobachtet werden kann, bot sich dieser Bericht für eine Vorstellung von der Zukunft des Verbrechens in Deutschland an.« – Weiter schreibt Hamacher: »Bei nur annähernd gleichmäßig verlaufender Entwicklung holt die Kriminalität in der Bundesrepublik gegenüber den USA schnell auf, wenn sie in absehbarer Zeit auch nirgends die dortigen Werte ganz erreicht. Im ganzen gesehen aber kann die Prognose nicht so wirklichkeitsfremd sein, denn die rein rechnerische Verlängerung des Trends in der Bundesrepublik erreicht 1980 ziemlich genau den Stand der Kriminalität von 1970 in den USA.«

Konkret würde das nach Hamacher einen Anstieg von Mord und Totschlag einschließlich der Versuche dazu von 2402 Fällen im Jahre 1970 auf 3990 Fälle im Jahre 1980 in der Bundesrepublik Deutschland bedeuten (täglich elf Fälle). Die Notzuchtverbrechen würden im selben Zeitraum von 6885 auf 7599 Fälle zunehmen (stündlich eine Notzucht), Raub würde von 13 230 auf 51 228 Fälle (alle zehn Minuten eine Beraubung oder Erpressung) und Einbruch von 243 839 auf 650 745 Fälle (jede Stunde 14 Einbrüche) in die Höhe gehen.

Auch wenn die Grundannahme für diese Hochrechnung, das allmähliche Übergreifen amerikanischer Verhältnisse auf Europa, zurückhaltend bewertet werden muß, so sind die Aussichten erschreckend genug. Sicher zunehmen wird der »Härtegrad« der Gewalttätigkeiten, von dem wir heute schon Kostproben erhalten. Nach der Entführung eines Neffen des amerikanischen Millionärs Getty scheuten sich die Kidnapper nicht, dem Jungen ein Ohr abzuschneiden und es den entsetzten Angehörigen in einem Paket zu übersenden, um ihrer Lösegeld-Forderung Nachdruck zu verleihen. Blutbäder auf großen Flughäfen, Bombenanschläge, Kaufhausbrandstiftungen, Flugzeugentführungen und spektakuläre Geiselmorde selbst an Kindern – solche Verbrechen sind in den letzten Jahren so oft geschehen, daß die Öffentlichkeit sich schon an sie gewöhnt hat. Die Abstumpfung geht so weit, daß in den Redaktionen der Nachrichtenorgane zunehmend nach der »besonderen Note«, nach dem dramatischen Detail solcher Vorfälle gefragt wird, um sie publizistisch überhaupt noch als Sensation »verkaufen« zu können.

Hierher gehört auch das Problem der Kindesmißhandlungen. Solche Taten, mit denen unbeherrschte Eltern ihre eigenen Kinder die erbärmlichste Überlegenheit spüren lassen, die sie ihnen gegenüber mit der physischen Kraft der Erwachsenen besitzen, sie hat es zu allen Zeiten gegeben. Was beunruhigen muß, ist die Zunahme und die Motivierung. In Berlin kommen nach einer sorgfältigen Untersuchung etwa zehn Kindesmißhandlungen jährlich auf 100 000 Einwohner. Auf das Bundesgebiet übertragen ergibt sich daraus eine Zahl von jährlich 6000. Nimmt man an, daß zehn Prozent dieser Kinder an den Mißhandlungen sterben, so errechnen sich 600 Todesfälle und damit weit mehr, als die Todesrate durch alle kindlichen Infektionskrankheiten zusammengenommen ausmacht.

Welches Ausmaß Kindesmißhandlungen tatsächlich haben, darüber sagen Statistiken nur wenig aus. Was bekannt wird, ist nur die Spitze des Eisberges. Die Dunkelziffer ist beträchtlich. Wie groß sie ist, erfuhr die Öffentlichkeit schlaglichtartig aus einer Umfrage der Brandeis-Universität in Chicago aus dem Jahre 1965. Damals waren 1520 Erwachsene – ein sorgfältig ausgewählter, »randomisierter«, also repräsentativer Kreis – danach befragt worden, ob sie im vorangegangenen Jahr von einer Kindesmißhandlung Kenntnis erhalten hätten. Drei Prozent antworteten mit ja, was umgerechnet auf die Bevölkerung der USA zwischen 2,53 und 4,07 Millionen Menschen mit einschlägigen Beobachtungen ergab. Die aus der Berliner Untersuchung abgeleitete Zahl von 6000 jährlichen Fällen in der Bundesrepublik Deutschland liegt also sicherlich noch zu niedrig. Tatsächlich wurde im Frühjahr 1974 eine Schätzung von Kriminologen, Sozialwissenschaftlern und Medizinern bekannt, wonach alljährlich 30 000 Kinder in der Bundesrepublik schwer mißhandelt werden und 1000 an diesen Mißhandlungen sterben.

Und noch etwas läßt sich dokumentieren: Die Opfer sind meist unter vier Jahre alt, oft sind es Stiefkinder, uneheliche oder zu früh in einer Ehe geborene, die ihre Erzeuger mehr oder weniger zwangsweise zusammengeführt und damit unverschuldet eheliche Konflikte heraufbeschworen haben. Viele werden wie lästige Eindringlinge in einer Welt empfunden, in die versetzt zu werden sie selbst am allerwenigsten gebeten hatten. Nicht selten sind prügelnde Eltern trunksüchtig, manchmal kriminell. Häufig aber wirken sie völlig normal, sind Bürger in geordneten Verhältnissen. Nur ein Merkmal verbindet sie alle: der Jähzorn.

Es gibt ein Wort, nach dem die Zahl und der Typ jugendlicher Straftäter in den Gefängnissen die Gebrechen jener Gesellschaft spiegeln, die sie hervorgebracht hat. Man ist versucht, jenes Wort abzuwandeln auf die Kindesmißhandlungen: Offenbar scheint unsere Gesellschaft das Ihre zu tun, um Eltern dieses psychischen Zuschnitts hervorzubringen. Sie unterscheiden sich von denen, die ihren Kindern aus gegebenem Anlaß einmal kräftig die Hosenböden versohlen dadurch, daß sie die Kontrolle über sich verlieren. Vielfach sind es Menschen, denen im hektisch gewordenen Kampf um materiellen Besitz der Erfolg versagt blieb und denen in diesem Kampf auch die Liebes- und Kontaktfähigkeit verlorenging: Zeitgenossen, denen der Wohlfahrtsstaat Risiken abgenommen hat, die er aber statt dessen anfällig machte für die Unbilden des Lebens; Menschen, mit einem Wort, die für ihre unbewältigten Probleme Ventile brauchen, und die nun diese Ventile in ihren hilflosen Kindern finden.

Auch die prügelnden und quälenden Eltern sind also nur ein Teil der Zeugenschaft für eine tiefgreifende Erscheinung, deren Hintergründe der allseits angeheizte Lebensstil und die unerfüllten Erwartungen von Menschen sind, die den Belastungen der Industriegesellschaft nicht mehr standhalten können.

Wäre es nicht so makaber, könnte man die Kindesmißhandlungen sogar jenem »Cry-for-help-Phänomen« zuordnen, wie sie die Selbstmord-Versuche mit Appellcharakter darstellen. Worauf hier angespielt sei, sind die aufs Publikum gemünzten Auftritte von Selbstmordkandidaten auf Fenstersimsen in schwindelnder Höhe, oder die Vergiftungsversuche mit bewußt zu niedrig gewählter Dosis in der Gewißheit, daß der Ehepartner noch rechtzeitig nach Hause kommt. Auch sie sind nichts als Symptome einer Gesellschaft, die den Boden unter den Füßen verloren hat, in der die zwischenmenschliche Zuwendung mehr und mehr verkümmert: Selbstmord und Selbstmordversuche als Abwesenheit der anderen, wie es Paul Valéry einmal gesagt hat.

Es gibt eindrucksvolle Statistiken über die Motive von Selbstmördern, darunter jene mit Computerhilfe erstellte Studie des Berliner Arztes, Seelsorgers und Psychotherapeuten Dr. Klaus Thomas. Seine Untersuchung sollte dazu dienen, selbstmordgefährdete Menschen besser verstehen und rechtzeitig erkennen zu lernen, um sie, wenn möglich, von ihrem Entschluß noch abzubringen oder die verantwortlichen Lebensumstände zu ändern. Thomas hatte die Daten von über 10 000 Patienten ausgewertet, Selbstmordgefährdete, die sich ihm als dem Leiter der Berliner »Ärztlichen Lebensmüdenbetreuung« in zwölf Jahren anvertraut hatten. Dabei kam er zu aufschlußreichen Ergebnissen, zum Beispiel, daß die häufigsten Konflikte von Lebensmüden sich aus Sexualproblemen, Liebe und Ehe ergeben, und die meisten Selbstmordgefährdeten krank sind: zu 52,2 Prozent sind es psychotische (einschließlich depressive) Patienten, zu 23,35 Prozent neurotische und zu 2,76 Prozent körperlich kranke Menschen.

Über die Zunahme einer ausgesprochen modernen Form des Selbstmords wurde in letzter Zeit aus den USA berichtet. Es handelt sich um den »Autocide«, den Tod im Auto. Schätzungen zufolge sollen von den 52 000 tödlichen Straßenunfällen eines Jahres ein bis zehn Prozent in selbstmörderischer Absicht erfolgt sein. Stets geht es dabei um Unfälle einzelner Wagen, die gegen feste Bauten am Straßenrand, wie etwa Brückenpfeiler, gesteuert werden. Die amerikanische Polizei schöpfte ersten Verdacht, als sich Unfälle an einem Pfeiler der Autobahnbrücke 238 bei Topeka im Staate Kansas häuften. Über vier dort verzeichnete Fälle lagen gleichlautende Berichte vor. Es saß jeweils nur eine Person im Wagen, es war heller Tag, die Straße war trocken, die Sicht gut, Brems- oder Schleuderspuren wurden nicht gefunden. Während die Zahl der tödlichen Autounfälle in den vorangegangenen Jahren in den USA um 32 Prozent gestiegen war, erhöhten sich die »Single-car-accidents«, bei denen die Wagen gegen feste Objekte auf offener Straße prallten, im selben Zeitraum um 56 Prozent. War das Zufall, oder gab es Gründe?

Sucht der Auto-Selbstmörder noch in den letzten Sekunden seines Lebens den Geschwindigkeitsrausch, die Euphorie, die das bis zuletzt beherrschte, rasende Vehikel vermittelt? Oder ist es die Schwierigkeit des späteren Nachweises einer selbstmörderischen Absicht, die mit dem Makel des Schimpflichen belastet sein würde?

»Es gibt nur ein wirklich ernstes philosophisches Problem, den Selbstmord«, schrieb der so früh verstorbene Nobelpreisträger Albert Camus in seinem »Mythos von Sisyphos«. Er kam zu der Auffassung, daß es nur eine redliche Antwort auf die augenscheinliche Sinnlosigkeit der Existenz gebe: die Auflehnung, die Revolte. Camus praktizierte seine Auflehnung, indem er sich weigerte, dem sinnlosen Leben durch Selbstmord zu entfliehen. So lebte er aus Protest gegen die Sinnlosigkeit des Daseins, bis er im Jahre 1960 an den Folgen eines Autounfalles starb.

Beim Selbstmord (Suizid) oder Freitod, jener »mit Überlegung, also im Vollbesitz des Verstandes und des freien Willens ausgeführten, gewaltsamen Vernichtung des eigenen Lebens« findet man hinsichtlich seiner Häufigkeit mancherlei Gesetzmäßigkeiten. So beenden mehr Männer als Frauen ihr Leben gewaltsam, mehr Intellektuelle als Ungebildete, mehr ältere Menschen als jüngere und mehr Städter als Landbewohner – ein Tatbestand, der nach Meinung der Berliner Senatsdirektorin Dr. Barbara von Renthe-Fink mit der schicksalhaften Vereinsamung des Menschen in Großstädten zusammenhängt, jener Einsamkeit in der Menge, die typisch sei für die moderne Massengesellschaft.

Die Liste der Verfallszeichen ließe sich noch fortsetzen. Sie alle sind geeignet, die Euphorie zu dämpfen, der sich so mancher Futurologe und Politiker hingibt, weil Optimismus opportun oder modern ist und weil sich positive Gedanken besser verkaufen lassen als solche, die die Dinge unbeschönigt beim Namen nennen. Die Menschheit, so wie sie ist und wie sie sich gegenwärtig verhält, hat keine Zukunft mehr. Wir wissen zwar nicht, welcher Vorgang schließlich zum »Killer-Faktor« werden wird, oder ob es vielleicht mehrere sind. Wir wissen nur, daß der Wind zu wehen begonnen hat, der zum tödlichen Sturm anwächst. Die Stärke des Orkans ist noch nicht erreicht, aber die Barometer fallen schon, und von oben, aus der Sicht der Erdsatelliten, unsichtbar noch für den irdischen Beobachter, formiert sich die Wolkenspirale.

Wir Menschen aber sitzen mit unseren Hirnen in einem zerbrechlichen Boot und kümmern uns vor allem um die Verteilung der Sitzplätze und des Proviants. Unser Stolz hat uns blind gemacht für die Zeichen des nahenden Desasters. Die Mittel, es abzuwenden, haben wir nicht mehr. Wir haben sie nie gehabt, weil unser Gehirn für das Überleben des einzelnen in einer Umwelt programmiert ist, die groß und leer war, nicht aber für das Überleben innerhalb einer rasend sich vermehrenden Menschenmasse in einer von Beton und Stahl verstellten Umwelt. Wir haben die Mittel aus der Hand gegeben, als wir beschlossen, uns in einem vorgegebenen Lebensraum gegen dessen ebenso vorgegebene Gesetze zu verhalten.

10. Kapitel
Das Ende

Über das vermutete Ende der Menschenzeit auf der Erde zu sprechen, wird in mancher Hinsicht schwerfallen, weil Aussagen über ein mögliches Aussterben unserer Art auf Spekulationen beruhen müssen – Spekulationen zwar, denen einerseits etwa die Computer-Weltmodelle der Studie »Die Grenzen des Wachstums« und zum anderen die Überlegungen dieses Buches zugrunde liegen, denen aber doch das Merkmal aller Denkmodelle anhaftet: daß sie nur relativen Zuverlässigkeitswert haben. Wir müssen also einen Vorbehalt machen: Das, was auf den folgenden Seiten steht, wird zwar mit einiger Wahrscheinlichkeit eintreffen. Ob es so und in allen Einzelheiten so eintrifft, vermag jedoch niemand zu sagen.

Das zweite Problem ist ein psychologisches. Wir sind letztlich Optimisten, sonst hätten wir genügend Gründe, uns alle selbst umzubringen. Wenn deshalb jemand behauptet, es gehe mit uns zu Ende, so hören wir das ungern. Unser Selbstwertgefühl weigert sich, unerfreuliche Prognosen allzu ernst zu nehmen oder gar praktische Konsequenzen daraus zu ziehen. Die meisten Politiker, Zukunftsforscher, Soziologen und Publizisten folgen daher einem ungeschriebenen Gesetz. Das Gesetz ist ihnen von der Erfahrung diktiert worden. Es lautet: »Male keine düsteren Bilder, male nicht den Teufel an die Wand, denn das kommt nicht an, das schadet dir, das wollen die Leute nicht hören.«

In Pessimismus zu machen wäre demnach dumm und schädlich. Es müßte sich auch für ein Buch wie dieses verbieten. Und doch: Wie töricht eine solche bloß opportunistische Haltung sein kann, wird sofort klar, wenn wir an die letzten Monate des Zweiten Weltkrieges in Deutschland denken. Damals, unter Hitler, hämmerten die Propagandisten dem deutschen Volk bis in die letzten Kriegstage immer wieder ein, man stehe unmittelbar vor dem »Endsieg«. Obgleich der Feind von allen Seiten her schon tief ins Land eingedrungen war, versuchte man, die Gefahr zu vertuschen und erklärte, es könne sich nur noch um Tage oder Wochen handeln, dann werde sich das Kriegsglück wenden. Ein kurzes Durchhalten noch, dann würde eine »Wunderwaffe« dem Vaterland zum Sieg verhelfen. Optimismus, wie man sieht, kann tödlich sein.

Natürlich hinkt dieser Vergleich. Wer überleben will und weiß, daß ihm das Wasser schon am Hals steht, kann sich Trübsinn, Lethargie und Schicksalsergebenheit schon aus psychologischen Gründen nicht leisten. Nicht Resignation stärkt den Lebenswillen, sondern Zuversicht. Das aber muß nicht heißen, vor den Tatsachen die Augen zu verschließen. Zu wissen, wie die Dinge stehen ist besser, als den Kopf im Sand zu vergraben. Auch Unabwendbares kann noch beeinflußt werden, wenn man die Fakten kennt, nach denen es sich vollzieht.

In unserem Falle heißt das zuallererst: Wir müssen uns darüber klarwerden, was wir da in unseren Köpfen mit uns herumtragen. Wir müssen wissen, was das für ein Organ ist, was es geleistet, nicht geleistet, was es leisten kann und nicht leisten kann, was es angerichtet hat und weiter anrichten wird.

Sehen wir uns auf der Erde um, so stehen wir vor der beleidigenden Erkenntnis, daß unser Überleben auf längere Sicht vermutlich eher durch das Wirken sogenannter blinder Kräfte gewährleistet worden wäre als durch unsere Gehirntätigkeit. Unser Großhirn hat uns in den Treibsand eines unerbittlichen Automatismus gezogen und es ist, soweit das Auge reicht, kein Retter zu sehen, der uns ein Halteseil zuwerfen könnte.

»Drei Milliarden Tote zu Lebzeiten unserer Kinder und Kindeskinder«, so befürchtet der Initiator des »Clubs von Rom«, der italienische Industrielle Aurelio Peccei, »werden möglicherweise das Lehrgeld sein, das die Menschheit bezahlen muß, weil sie nicht begreifen will, daß es so nicht weitergehen kann wie bisher.« Man muß dieses Wort des angesehenen Mannes wohl noch anders formulieren: Nicht, weil die Mehrzahl der Menschen nicht begreifen *will*, daß es so nicht weitergehen darf, wird sie das furchtbare Lehrgeld zahlen müssen, sondern weil sie es nicht begreifen *kann*. Und weil sie gar nicht in der Lage ist, ihr Verhalten zu ändern.

Kritische Würdigungen zur Studie »Die Grenzen des Wachstums« sind heute jedermann zugänglich. Soweit sie ernst zu nehmen sind, haben sie den Charakter von »letzten Warnungen«. Und das nicht von ungefähr. Die Studie kam bekanntlich zu dem Schluß, ein weltweiter Zusammenbruch der Wirtschaft und ein menschliches Massensterben werde unausweichlich sein, wenn es nicht gelänge, das industrielle und das Bevölkerungswachstum in den nächsten Jahrzehnten radikal zu stoppen.

Um zu ihrer Voraussage zu kommen, hatten Dennis Meadows und seine Mitarbeiter im Auftrage des »Clubs von Rom« alle wesentlichen Regelgrößen wie Kapitalinvestition, Bevölkerungszuwachs, Umweltverschmutzung, Rohstoff-Verbrauch und andere berücksichtigt, die auf die Entwicklung der Menschheit und ihren Lebensraum Einfluß haben. Sie hatten die gegenwärtige Situation und die Trends all dieser Größen computergerecht formuliert und die Prognose dann dem Rechner überlassen.

Wie der düstere Urteilsspruch bei den verantwortlichen Stellen »angekommen« ist, dafür legte Meadows einige Jahre nach der Veröffentlichung selbst ein Zeugnis ab: »Kein einziger Politiker«, erklärte er, »keine einzige politische Organisation, keine Partei, kein wichtiges Industrieunternehmen hat sich bisher anders als vor der Veröffentlichung von ›Die Grenzen des Wachstums‹ verhalten. Es ist, als ob nichts geschehen wäre, als ob wir diese Studie in unseren Schreibtischen versteckt hätten. Alles blieb beim alten.«

Es wird auch weiter alles beim alten bleiben. Ein einziger Sachverhalt: So, wie die Zeichen stehen, wird der Druck der großen Industrienationen auf die ölfördernden und die rohstoffliefernden Länder größer werden. Das wird so bleiben, auch wenn die kaschierte Drohung während der Ölkrise, die ölverbrauchenden Staaten würden sich das Erdöl, wenn sie es nicht freiwillig bekämen, gegebenenfalls mit Gewalt holen, ein Gerücht bleiben sollte. Diese Entwicklung muß jedoch ähnlich wie der forcierte Bau von Kernkraftwerken in aller Welt als Indikator für eine beschleunigte Industrialisierung der Erde gelten.

Der Kern des Problems ist das unausrottbare Bedürfnis des Menschen, immer mehr zu produzieren und zu verbrauchen. Wohin das führt, und wohin es zumal in einem profitbedachten Wirtschaftssystem führt, hat Bertrand Russell in seinem Buch »In Praise of Idleness and Other Essays« an einem Beispiel deutlich gemacht:

»Nehmen wir an, daß gegenwärtig eine bestimmte Anzahl von Menschen mit der Herstellung von Nadeln beschäftigt ist. Sie machen so viele Nadeln, wie die Weltbevölkerung braucht, und arbeiten acht Stunden täglich. Nun macht jemand eine Erfindung, die es ermöglicht, daß dieselbe Zahl von Menschen doppelt so viele Nadeln herstellen kann. Aber die Menschheit braucht nicht doppelt so viele Nadeln. Sie sind bereits so billig, daß kaum eine zusätzlich verkauft würde, wenn sie noch billiger werden. In einer vernünftigen Welt würde jeder, der mit der Herstellung von Nadeln beschäftigt ist, jetzt eben vier statt acht Stunden täglich arbeiten, und alles ginge weiter wie zuvor. Aber in unserer realen Welt betrachtet man so etwas als demoralisierend. Die Nadelmacher arbeiten noch immer acht Stunden, es gibt zu viele Nadeln, einige Nadelfabrikanten machen bankrott, und die Hälfte der Leute, die Nadeln machen, verlieren ihre Arbeitsplätze. Es gibt jetzt, genau betrachtet, genausoviel Freizeit wie bei halber Arbeitszeit; denn jetzt hat die Hälfte der Leute überhaupt nichts mehr zu tun, und die andere überarbeitet sich. Auf diese Weise ist sichergestellt, daß die unvermeidliche Freizeit Elend hervorruft, statt daß sie eine Quelle des Wohlbefindens werden kann. Kann man sich noch etwas Irrsinnigeres vorstellen?«

Beispiele für ähnliches Verhalten gibt es zur Genüge. Sie alle bestätigen: Nur dann gäbe es Hoffnung auf eine günstigere Entwicklung, wenn wir Menschen uns radikal umstellen könnten, wenn wir ganz anders denken und handeln könnten, als es unsere Großhirne uns diktieren. Nur dann hätten wir noch eine Chance, wenn wir geradezu asketische Einschränkungen in fast allen Bereichen des Lebens auf uns zu nehmen bereit und fähig wären. Dazu gehörte massiver Konsumverzicht, Beschränkung der Kinderzahl, der Industrialisierung, der Umweltverschmutzung, der Kapitalinvestition, sogar der Nahrungsmittelerzeugung mit dem Ziel, weltweit den Übergang vom gefährlichen Wachstum in einen Gleichgewichtszustand zu erzwingen.

All dies erfolgreich durchzuführen, würde freilich übermenschliche, in jeder Hinsicht atypische Ausnahmenaturen voraussetzen und nicht Menschen, wie sie die Erde nun einmal bevölkern; jene kurzsichtigen und egoistisch handelnden, zu einem wachsenden Anteil auch noch analphabetischen Wesen, die kaum imstande sind, die Situation zu begreifen, in der sie sich befinden, geschweige denn die Katastrophe zu ermessen, in die sie hineinsteuern.

Selbst wenn aber die eine oder andere Maßnahme des Umdenkens regional durchgesetzt werden könnte – an weltweit gemeinsames Handeln ist ja gar nicht zu denken – welche politischen und sozialen Spannungen, welche wirtschaftlichen Depressionen und psychischen Belastungen würde dies mit sich bringen! Eine gesetzliche Beschränkung der Kinderzahl etwa – Elternschaft auf Lizenz – würde als Minderung der Lebensqualität empfunden werden. Eine irgendwie geartete Prozedur gerechter Rohstoff-Verteilung würde an politischen Rivalitäten scheitern, und ein Industrialisierungsstop an der Aussichtslosigkeit, ein gemeinschaftliches Wirtschaftssystem mit einer Weltregierung zu etablieren. Tropfen auf heiße Steine werden auch die hier und da begonnenen Recycling-Verfahren zur Wiederverwertung bereits benutzter Rohstoffe bleiben – sie können nur aufschiebende, verzögernde Wirkung haben.

Der Kollaps wird in jedem Fall kommen. Und er wird zuerst die technisch und wirtschaftlich fortgeschrittensten Nationen treffen, weil sie es sind, die auf Systemveränderungen am empfindlichsten reagieren. Ihr Menschenreservoir unterliegt am stärksten dem Vitalitätsverlust als Folge des streßbelasteten Lebensstils und des fortschreitenden Erbverfalls. Aber auch die unterentwickelten Länder mit ihren noch jungen, formbaren Systemen und ihren robusteren Menschen werden nicht davonkommen. Denn sie hängen technisch-wirtschaftlich von den entwickelten ab. Deren Schaden wird also auch der ihre sein.

Die Hauptfigur in dem Drama, vor dem sich der Vorhang hier öffnet, ist natürlich der Mensch. Wie wird er sich in der Endphase seiner irdischen Existenz verhalten?

Einen Vorgeschmack darauf haben wir in den letzten Jahren in der afrikanischen Sahel-Zone bekommen. Dieses Gebiet liegt als Trockensavanne zwischen den Urwäldern Zentralafrikas und der staubtrockenen Saharawüste im Norden. Seinen Namen hat es von dem arabischen Wort Sahel, was soviel heißt wie Ufer. Wahrscheinlich haben die nomadisierenden Wüstenbewohner auf ihrem Weg nach Süden die hier beginnende Dornbuschvegetation einst als Ende des Sandmeeres, als »Ufer«, begrüßt. Heute teilen sich die Staaten Tschad, Niger, Obervolta, Mali, Mauretanien und Senegal die Sahel-Zone. Wohl und Wehe der Menschen in diesen Ländern hängt von den Niederschlägen ab, die dort mit normalerweise nur 100 bis 200 Millimeter jährlich äußerst spärlich fallen. Der katastrophale Notstand der letzten Jahre wurde ausgelöst, als auch diese bescheidene Wasserzufuhr noch ausblieb und die wandernden Bewohner mit ihren Herden immer weniger Wasserstellen fanden. Letztlich verantwortlich für das verheerende Ausmaß des Hungerelends war jedoch der Umstand, daß die Versorgung der Menschen mit den vom Ausland gelieferten Nahrungsmitteln nicht funktionierte. Verteilungsprobleme erstickten die Hilfsaktionen. All das liefert uns gewissermaßen einen Miniaturfall für ein weltweites, zukünftiges Geschehen; es stellt eine kleine Ausgabe der Anatomie des Zusammenbruchs dar, dem sich die Erdbevölkerung insgesamt »entgegenvermehrt«. .

Stellen wir einen Vergleich an: Der voraussehbaren, weltweiten Nahrungsmittelkrise als Folge von Bevölkerungsexplosion, Rohstoff- und Verteilungsproblemen entsprach in der Sahel-Zone die durch Wassermangel entstandene Dürre. Die wandernden Nomaden hatten es immer schwerer, für ihre Rinder, Schafe, Ziegen, Pferde, Kamele und Esel noch Wasser und Weideflächen zu finden. Wo sie sie fanden, grasten die Tiere die Vegetationsdecke so rasch ab, daß auch der Neubewuchs gefährdet war.

Der weltweiten Bevölkerungsexplosion entsprach im Sahel-Gebiet eine extreme lokale Menschenzunahme. In den Jahren 1950 bis 1970 betrug der Zuwachs für Tschad und Niger 3,5 Prozent und für Mauretanien 5,7 Prozent, bei einem Welt-Durchschnitt von etwa 2 Prozent. Das explosive Wachstum führte schon vor der Dürrekatastrophe zu einem erhöhten Druck auf die bescheidenen Existenzgrundlagen des Landes. Der Holzbestand wurde zum Nachteil des Grundwasserspiegels dezimiert, ohne daß der Ackerbau nennenswerte Fortschritte machte. Ein übriges tat dann der hohe Anteil der Bevölkerung an Analphabeten von fast 90 Prozent. Weitsichtiges Handeln war allein aus diesem Grunde weder in der Familienplanung noch in der Landwirtschaft zu erwarten. Die Menschen benahmen sich wie Gastarbeiter, denen die Bedienung einer komplizierten Fabrikanlage überlassen wird, ohne sie vorher mit den Maschinen vertraut gemacht zu haben.

Über die wirtschaftlichen Auswirkungen der Sahel-Katastrophe haben wir im vorigen Kapitel gesprochen. Was hier interessiert, ist das Verhalten der Menschen. Auch dies kann modellhaft stehen für das, was die Erdbevölkerung im großen Maßstab erwartet. Mit zunehmender Notlage kam es im Sahel zu heftigen Fehden zwischen den nomadisierenden Stämmen untereinander und zwischen den Nomaden und den Seßhaften andererseits. Die Sorge um die nackte Existenz ließ alte Feindschaften aufbrechen und neue entbrennen. Zahlreiche Nomaden wanderten schließlich in die Vororte der Städte ab, nachdem sie laut Bericht des Roten Kreuzes ihre Herden teilweise bis zu 95 Prozent verloren hatten.

Welches Ausmaß an Not diese Menschen dazu trieb, ihr freies Leben gegen ein Dahinvegetieren in schmutzigen Slums aufzugeben, können wir nur ahnen. In den Slums entstanden dann jene erschütternden Bilder, die wir in den Zeitungen und im Fernsehen zu sehen bekamen und weiter sehen werden. Die Verhungernden sitzen apathisch da. Ihre ausgemergelten Körper sind wie von Todeskämpfen gezeichnet. Was diese Aufnahmen zeigen, ist aber neben dem Elend in seiner elementarsten Form auch das Nachstoßen der natürlichen Feinde des Menschen: der Krankheitskeime und Parasiten, die die Schwäche ihrer Opfer augenblicklich nutzen. Es ist erschütternd zu sehen, wie die geplagten Kinder und Erwachsenen nicht einmal mehr die Fliegen auf ihren Lippen und Augenlidern abwehren, sondern das Ungeziefer gewähren lassen.

Die Feinde des Menschen in solcher Not sind hauptsächlich die Kleinlebewesen. Mikroben sind es, die hier die Rolle der Wüstengeier übernehmen, nur daß der Tod, den sie bringen, ein bißchen länger dauert als der unter der glühenden Sonne. Und daß er still ist, dieser Tod, nur aufgeschoben vielleicht für Tage oder Wochen, wenn das Impfserum noch rechtzeitig kam oder die Antibiotikaspritze dem Sterbenden noch einmal aufhalf. In den Slums der Städte, bei den Stammesfehden der Sahel-Nomaden erwies sich die Wahrheit dessen, wovor der schottische Psychiater George Carstairs gewarnt hatte. Nach Carstairs' Überzeugung – und nicht nur nach seiner – wird das Bevölkerungsproblem viel zu einseitig als Ernährungsproblem verstanden. Viel zuwenig werde auf die drohende Demoralisierung von Menschen hingewiesen, die in Not gerieten und zugleich unter Pferchungsbedingungen zu leben gezwungen seien.

Wenn man solche Überlegungen weiterführt, so drängt sich noch Ärgeres auf. Unwillkürlich sieht man Szenen vor sich, in denen Menschen in akute Lebensgefahr geraten sind. Über die Kräfte, die uns in solchen Augenblicken zuwachsen, aber auch über die Unberechenbarkeit der Handlungen im Angesicht des Todes gibt es dramatische Schilderungen. Nachdem der Luxusdampfer ›Crescent Star‹ auf eine Treibmine gelaufen und gesunken war, trieb eine Gruppe Überlebender in einem überlasteten Rettungsboot im Meer. In einem aufkommenden Sturm zwang damals der vom sterbenden Kapitän mit der Befehlsgewalt ausgestattete Offizier die Kranken und Schwachen, über Bord zu springen, damit die Gesunden in dem nun entlasteten Boot eine Überlebenschance erhielten. Der Offizier wurde später wegen Mordes angeklagt, aber nur zu sechs Monaten Gefängnis verurteilt, weil die Frage, ob er richtig gehandelt hatte, nicht eindeutig beantwortet werden konnte. Ähnlich verzweifelt ist manchmal die Lage von Überlebenden nach Flugzeugabstürzen in unwegsamem Gelände fernab von Siedlungen. Es hat Menschen gegeben, die sich nicht scheuten, ihren Hunger am Fleisch toter Passagiere zu stillen.

Wenn es ernst wird, das wissen wir nur allzu gut, hört bei den weitaus meisten Betroffenen die Nächstenliebe auf. Sie weicht dem elementaren Trieb zur Erhaltung des eigenen Lebens, der auch vor Mord und Totschlag nicht haltmacht. Daß Menschen sich auf solche Situationen sogar bewußt vorbereiten, erfuhr man in den fünfziger Jahren, als begüterte Bürger in den USA sich atomsichere Bunker bauen ließen. Zu der Bunker-Ausrüstung gehörten neben den Notrationen, Radio und Gerätschaften auch scharf geladene Revolver und Gewehre. Nach dem Zweck der Waffen befragt, erklärten die Eigentümer, sie würden sie notfalls zur Selbstverteidigung gegen die eigenen Landsleute einsetzen, wenn diese im Katastrophenfall die Bunker zu stürmen versuchen sollten.

Der brutale Kampf Mann gegen Mann wird freilich noch lange nicht – und auch in der Endphase des menschlichen Lebens auf der Erde vermutlich nur ausnahmsweise – die Szene beherrschen. Auch der Tod durch solche Kämpfe wird selten, der Tod im Krieg dagegen, in der Revolution, und der stille Tod durch Krankheit und aus Entkräftung in den Asylen der Obdachlosen – sie werden die Regel sein.

Bis es zu alledem kommt, wird es noch zahlreiche Vorboten für das nahende Ende geben. Vor allem werden die psychischen Belastungen unter den Menschen in den Ballungsräumen zunehmen. Neue Formen seelischer und psychosomatischer Krankheiten werden entstehen, und immer mehr Menschen werden zu Beruhigungsmitteln, »seelischen Dämpfern« und stimmungshebenden Mitteln greifen. Anlaß für diese Entwicklung wird das zunehmende Menschengedränge auf einer mehr und mehr technisierten und industrialisierten Erde sein und der Anspruch einer nicht zuletzt durch politische Parolen verblendeten Bevölkerungsmehrheit auf hohen, aber nicht zu realisierenden Lebensstandard. Fortschreitende Naturentfremdung, Konkurrenzkampf und hektisches Konsumverhalten werden ein übriges tun, vor allem aber wird die schon für mittlere Jahrgänge immer schwieriger werdende Anpassung an die beschleunigte Umweltveränderung durch Technik und Industrie den Menschen das Leben immer schwerer machen.

Bleiben wir beim Anpassungsproblem: Schon heute heißt es, daß derjenige das geringste berufliche Risiko eingehe, der möglichst vielseitig ausgebildet ist, weil er sich auf diese Weise den wechselnden Chancen im Arbeitsleben am besten anpassen könne, wenig Umschulungsaufwand treiben brauche und gegebenenfalls schnell von einer Branche in die andere »umsteigen« könne. Aber je häufiger einer hin und her wechselt, je weniger er den festen Boden einer abgeschlossenen Berufsausbildung und eines gesicherten Arbeitsplatzes unter den Füßen spürt, um so mehr wird er auch psychisch belastet. Und je mehr ein Mensch leidet – und dies ist ja nur ein Aspekt –, desto mehr psychosomatische Krankheiten wird er haben. Die Magengeschwüre, die Ulcusleiden, die Herz- und Kreislaufstörungen, mit einem Wort: die Zivilisationskrankheiten werden zunehmen und die Krankenhäuser zu Krankensiedlungen werden lassen. Der steigende Krankenstand wird die verfügbaren Ärzte überfordern, so daß es in absehbarer Zeit mehr Kranke, vor allem mehr psychisch Kranke und Zivilisationskranke geben wird, als durch Ärzte und Pflegepersonal ausreichend versorgt werden können.

Das wird zweierlei Folgen haben: Einmal die, daß der heute schon kostspielige Pflegekomfort an den Kliniken absinken wird, und zweitens, daß die Haltung der Gesunden gegenüber den Kranken einer bedrückenden Gleichgültigkeit weicht. Wenn ein Ausnahmezustand zur Regel wird, dann erregt er nicht mehr die gleiche Aufmerksamkeit, wie wenn er die Ausnahme bleibt.

Unter diesen Umständen wird es auch mit der Hygiene bergab gehen. Die Beherrschung infektiöser und aggressiver Keime in den Krankenanstalten wird noch schwieriger werden. Infektionskrankheiten werden wieder häufiger auftreten, weil die Bakterien im Wettlauf mit den Gehirnen der nach neuen Antibiotika suchenden Chemiker die schnelleren sind. Sie entziehen sich der Vernichtung immer wieder, sie werden »resistent«. Es wird auch nicht ausbleiben, daß Viruskrankheiten wieder vordringen und dort, wo ihnen durch mangelnde Hygiene der Boden bereitet ist, zu Seuchen ausarten. Krankheiten wie Cholera,

Pocken, Ruhr, Hirnhautentzündung und ähnliche werden wieder aufflackern. Sie werden um so mehr Opfer finden, je schlechter der allgemeine Gesundheitszustand der Bevölkerung ist und je weniger Medikamente als indirekte Folge der Rohstoff-Verknappung zu ihrer Bekämpfung zur Verfügung stehen.

Der Preis, den wir Menschen für das segensreiche kurative Wirken der Medizin zahlen müssen, liegt auch darin, daß unser Organismus von ihr verweichlicht wird. Schließlich ist die Medizin stellvertretend für die körpereigenen Abwehrkräfte eingesprungen, hat immer wieder mit Medikamenten eingegriffen, wenn es erforderlich schien, hat unseren Immunsystemen und Regelmechanismen die Arbeit abgenommen. Sie hat uns dafür freilich wie allzu behütete Kinder auch anfällig gemacht für zahlreiche Gesundheitsgefahren. Wenn die Hilfe der Medizin – aus welchen Gründen immer – eines Tages ausbleibt, so wird es nicht mehr der Mensch alter Prägung sein, den diese Situation trifft, sondern es wird ein medizinisch »verwöhnter« Mensch sein, ein widerstandsarmer, dessen körpereigene Abwehrkräfte auf ständige Stützen und Hilfen von außen angewiesen sind. Besonders nachteilig wird es sein, daß diese Kräfte mittlerweile auch genetisch weiter geschwächt sind, weil die Medikamente über Generationen hinweg jene stammesgeschichtliche Auslese entschärft haben, mit deren Hilfe früher immer wieder gut funktionierende Immunsysteme begünstigt wurden.

Wir werden also in die Lage kommen, daß immer mehr Menschen mit reduzierter Gesundheit und verminderten Abwehrkräften unter psychisch stark belastenden Verhältnissen leben müssen. Auch der allgemeine Krankenstand, als Folge des fortschreitenden Erbverfalls, dürfte steigen. Wir haben im Kapitel »Zweischneidige Medizin« darüber gesprochen, welche Einflüsse das Erbgut des Menschen gegenwärtig schädigen. Wir haben dabei erfahren, daß die langfristig gefährlichsten Auswirkungen sowohl der energiereichen Strahlen wie auch der mutagenen Chemikalien die Punktmutationen sind: Änderungen im molekularen Bereich der Gene, die meist einem rezessiven Erbgang folgen.

Da die Körperzellen des Menschen jeweils einen doppelten Satz von Anlageträgern (Chromosomen) besitzen und jedes Gen mit Ausnahme der auf den Geschlechtschromosomen doppelt vorhanden ist, können Veränderungen einzelner Gene im allgemeinen zwar noch keine Krankheit auslösen. Dazu muß erst vom Geschlechtspartner ein gleichsinnig verändertes Gen hinzukommen. Punktmutationen wären also nicht so schlimm, solange noch gesunde Partnergene für den Ausgleich sorgen.

Ganz so unkompliziert ist die Sache jedoch nicht. Denn leider muß angenommen werden, daß bei einer gewissen Zahl rezessiver, also in einfacher Ausgabe oder »verdeckt« vorhandener Erbschäden dem Organismus eine allgemeine Vitalitätsschwäche erwächst. Für diese These hat der deutsche Strahlenbiologe Professor Horst Traut gute Gründe vorgebracht. Traut meint auch zu wissen, wie die Schwäche sich äußert, nämlich in einer generell gesteigerten Anfälligkeit gegen Krankheiten. Geht man davon aus, daß die Punktmutationen durch erbschädigende Einflüsse verschiedener Art künftig deutlich zunehmen, so wird die Erdbevölkerung schon nach wenigen Generationen in einen Zustand erblich bedingter Abwehrschwäche geraten, der den »Verwöhnungseffekt« der Medikamente verstärkt und den Betroffenen im Verein mit psychischem Streß, Hunger und Umweltverschmutzung das weitere Überleben immer schwerer machen wird.

Wir müssen in diesem Zusammenhang noch einen weiteren Umstand bedenken. Zunächst muß beunruhigen, daß auch in unserer Zeit noch neue Krankheitserreger entstehen. Dazu gehören Viren aus der Gruppe der von Zecken übertragenen Arboviren, auch Grippe-Erreger. Wie die schwierige Grippe-Bekämpfung zeigt, sind gerade krankheitserregende Viren außerordentlich wandelbar. Immer wieder treten sie in neuer Gestalt auf. Immer wieder entziehen sie sich der Therapie durch Veränderung ihrer Erbeigenschaften. Hat die Medizin glücklich ein Impfserum gegen einen Erregerstamm entwickelt, so stellt sich schon bald heraus, daß die Arznei nur noch bedingt wirksam ist, weil ein neuer Erregertyp das Feld beherrscht.

Das kann sich natürlich in den nächsten Jahrzehnten noch ändern. Nicht ändern aber wird sich die genetische Wandelbarkeit der Viren. Diese Wandelbarkeit ist um so gefährlicher, je rascher Varianten gebildet werden und je größer der Vitalitätsverlust einer durch Hunger und Erbschäden geschwächten Bevölkerung ist.

Dies alles deutet darauf hin, daß es Viren, aber auch Bakterien sein werden, die einst die Exekutive übernehmen, wenn das Ende der Menschenzeit auf der Erde kommt. Und je mehr wir dazu beitragen, die Abwehrkräfte unserer Körper gegen die Krankheitserreger zu schwächen, um so eher werden diese ihre Chance wittern. Hierher gehört auch eine Auswirkung der verbreiteten antibiotischen Therapie, vor der bisher viel zuwenig gewarnt worden ist. Im selben Maß nämlich, wie beispielsweise durch Penicillin-Tabletten die Darmbakterien des Menschen zurückgedrängt werden, besetzen andere Mikro-Organismen, vor allem auch Viren, die freigewordenen »ökologischen Nischen« mit zuweilen verheerenden Folgen. Die zunehmenden Magen- und Darmgrippen sollten dafür schon heute ein Warnsignal sein. Tritt irgendwann in einem solchen Fall eine Abwehrschwäche des Körpers hinzu, so ist eine ernste Erkrankung fällig.

Wenn wir jetzt einmal davon ausgehen, daß es in hundertfünfzig oder zweihundert Jahren – vielleicht eher – zu einer ersten großen Sterbewelle unter den Menschen kommen wird, so lassen sich daran weitere Überlegungen knüpfen. Einmal stellt sich die Frage nach dem Verhalten der Überlebenden. Die Erfahrung lehrt, daß der Mensch unweigerlich einer Abstumpfung seiner Gefühle unterliegt, wenn diese allzu häufig von gleichen oder ähnlichen Ereignissen beansprucht werden. Auch das Mitgefühl gegenüber Sterbenden macht da keine Ausnahme. Je mehr Menschen in einem bestimmten Gebiet umkommen, desto gleichgültiger wird der Zeuge dieses Sterbens dem Tode gegenüber sein, desto gelassener wird er die Verluste hinnehmen; was freilich nicht bedeuten muß, daß er auch gleichmütiger angesichts der gegen ihn selbst gerichteten Gefahr wird. In jedem Fall – dafür liefert die Reaktion der Öffentlichkeit auf die Vorgänge in der Sahel-Zone das Beispiel – wird der Leidensdruck herabgesetzt und die Erregungsschwelle heraufgesetzt werden, die das Phänomen Tod durch Hunger und Krankheit normalerweise bewirken. Schlimmer noch: Allen herkömmlichen Normen von Ethik und Moral zum Trotz wird ein Massensterben mit geheimem Einverständnis der Nichtbetroffenen oder Noch-nicht-Betroffenen als Voraussetzung für das eigene Überleben hingenommen werden. Wo hundert sterben, da wird Platz für andere.

Der Selbsterhaltungstrieb wird in dieser Zeit alle und alles beherrschen. In der verbreiteten Mitleidslosigkeit, die er hervorruft, werden auch Sitte und Moral weitgehend unterhöhlt werden. Beispielsweise ist vorstellbar, daß angesichts der schlechter werdenden Lebensbedingungen auch in den Hochburgen der Kultur und Zivilisation heute noch undenkbare Praktiken stillschweigend toleriert werden, darunter massive Geburtenkontrolle einschließlich Abtreibung und Kindestötung. Sterbehilfe wird auf Wunsch des Kranken ohne Umstände gewährt, ihre Verweigerung als unmenschlich empfunden werden. Unsere heutigen Moralbegriffe werden veralten, Verstöße gegen sie immer weniger Anlaß zur Erregung sein. Religiöse Verbote empfängnisverhütender Mittel oder der bedingungslose Schutz des ungeborenen Lebens werden als moralischer Luxus einer Gesellschaft bewertet werden, die den Ernst ihrer Lage nicht einmal ahnte.

Die Anstrengungen der Ärzte, Menschenleben in den Sterbezonen der Erde mit allen verfügbaren Mitteln zu erhalten, werden erlahmen und das ärztliche Ideal, der Hippokratische Eid, wird fragwürdig werden angesichts der veränderten Situation.

Denn die Sterbenden würden ja nur noch gerettet, um kurze Zeit später einen anderen Tod zu erleiden. Ärzte und Angehörige von Todkranken werden sich fragen müssen, ob es human sei, einen Menschen zwei- oder dreimal sterben zu lassen. Aufwendige Herzverpflanzungen, die Rettung leberkranker Patienten durch den vorübergehenden Anschluß ihres Blutkreislaufs etwa an den eines Pavians, werden Erinnerungen an eine »gute alte Zeit« sein, in der es sich die Medizin leisten konnte, elitäre Glanztaten zur kurzfristigen Verlängerung des Lebens einzelner zu vollbringen.

Wenn die Annahme berechtigt ist, der Mensch werde im Fall seines Untergangs prinzipiell wie andere Lebewesen früherer Erdepochen aussterben, so wird sein Sterben in aufeinanderfolgenden Schüben verlaufen, möglicherweise in Form einer gedämpften Schwingung. Auf die erste große Ernte des Todes wird eine Atempause folgen, in der die Erdbevölkerung wieder etwas zunehmen kann. Dann werden neue Sterbewellen kommen. Die großen Städte werden sich leeren. Erschütternde Szenen werden sich in fernen, unwirtlichen Gebieten abspielen, wo klimatische Unbill die Zufluchtsuchenden erfrieren, ertrinken oder verdursten lassen wird. Es wird überfüllte Überlebensschulen geben, in denen verzweifelte Anstrengungen gemacht werden, das einfache Leben zu lernen, Schulen, in denen man erfährt, wie auf vereistem Boden Feuer zu entfachen und aus welcher Baumrinde ein noch genießbarer Brei zu bereiten ist.

Sauberes Wasser wird dann in weiten Teilen der Erde kaum noch verfügbar sein. Der Sauerstoffgehalt der Luft, der im wesentlichen vom Pflanzenkleid der Erde stammt, wird angesichts der mehr und mehr reduzierten Grünflächen gefährlich abgenommen haben. Schon heute sind nahezu 50 Prozent des irdischen Waldbestandes durch den Menschen vernichtet worden, und es scheint nur noch eine Frage der Zeit zu sein, bis der Mensch seine Axt auch an die tropischen Regenwälder legt. Diese Wälder gehören zu den verwundbarsten Vegetationsgebieten der Erde überhaupt, aber das wird ihn nicht hindern, obwohl er es weiß. Die wuchernd-grünen, verfilzten Pflanzenmassen täuschen. Außerdem sind die Urwaldböden weder besonders nährstoffreich noch fruchtbar. Die täglichen Regenfälle schwemmen die Nährstoffe rasch aus den Oberflächenschichten heraus – daher die vielfach tiefreichenden Wurzeln der Urwaldbäume. Nur etwa 30 Prozent der mineralischen Nährstoffreserven enthält der Urwaldboden, die Hauptmenge ist in den Pflanzen selber gespeichert.

Im Amazonasgebiet hat der nährstoffarme Boden die Bewohner seit jeher gezwungen, einen großen Teil ihres Eiweißbedarfs aus tierischer Nahrung zu befriedigen. Da dies nur begrenzt möglich ist, haben die Eingeborenen Praktiken entwickelt wie die Kindestötung, sexuelle Tabus und andere, um das Gleichgewicht der Bewohnerzahl mit den Ernährungsmöglichkeiten aufrechtzuerhalten. Wird ein Urwaldstück gerodet, wie es in Brasilien gegenwärtig beim Bau der Straßenverbindung zwischen Brasilia und Belem, dem Zentrum der Gummigewinnung, geschieht (dort soll im gleichen Zuge ein 20 Kilometer breiter Streifen links und rechts der Trasse der Landwirtschaft zugänglich gemacht werden), da beschwört dies die Gefahr einer fortschreitenden Erosion des komplizierten Ökosystems »Urwald« herauf.

Für die Folgen haben wir anschauliche Beispiele in den Karstgebieten Südeuropas. Nur wird in den Tropen das Ausmaß der Waldzerstörung umfangreicher sein und nicht nur den Sauerstoffgehalt der Atmosphäre, sondern auch das Klima beeinträchtigen. Das große Wälderlegen wird auch hier den Satz des Nobelpreisträgers Max Born bestätigen: »Es scheint mir, daß der Versuch der Natur, auf dieser Erde ein denkendes Wesen hervorzubringen, gescheitert ist.«

Nach der ersten großen Dezimierungswelle, vielleicht nach der zweiten, wird ein seltsamer Zustand auf der Erde herrschen. Die Überlebenden werden sich zwar mit primitiveren Verhältnissen abfinden müssen. Aber dies werden weder steinzeitliche Verhältnisse sein, noch werden die Davongekommenen mit dem Rüstzeug des Steinzeitmenschen dastehen. Das, was sie zur Verfügung haben werden, wird sich als eine Art Müll-Kultur erweisen. Es wird die Hinterlassenschaft der Toten sein: öde Industriegebiete, ausgedehnte Erosionswüsten und verschmutzte Meere. Man wird Berge von zumeist demoliertem Zivilisationsplunder zur Verfügung haben, stilliegende Industrieanlagen und nutzlos gewordene Gerätschaften aus Kunststoffen, Stahl und Blech, Fahrzeugwracks und Elektronik, Waffen und Haushaltsbestandteile aller Art. Es wird komplizierte, noch intakte Apparate geben, deren Benutzung jedoch weitgehend sinnlos geworden sein wird, weil die Zwecke, für die sie konstruiert wurden, nicht mehr aktuell sind.

Es wird viel Raum geben, aber unfruchtbaren und von Betondecken versiegelten Raum, der erst aufgerissen, unter dem die Erde erst freigelegt werden muß, um sie wieder bepflanzen und nutzbar machen zu können. Die großen Städte werden nicht mehr von Menschen bewohnt, Häuser und Straßen leer sein. Es wird erregte Diskussionen um die Frage geben, ob ein kleiner Teil der Menschheit jetzt noch überleben könne: die Robustesten vielleicht, die Anspruchslosesten? Man wird die Oberfläche der Erde absuchen nach solchen Ledernacken. Man wird sie in den Restbeständen der Urwälder vermuten oder in den rauhen Einöden der Tundra oder in den kanadischen Wäldern – falls diese noch stehen.

Aber es wird auch Wissenschaftler geben, die von solchen Überlegungen wenig halten. Wenn die Bevölkerungsabnahme einen kritischen Punkt unterschreitet, so werden sie argumentieren, dann wird es kein Halten mehr geben, bis auch der letzte Mensch gestorben ist, weil der Inzucht-Effekt die ohnehin geschädigten Erbanlagen weiter verschlechtert. Man wird sie anfeinden, die solches verkünden, und immer wieder wird es Hoffnung geben. Propheten werden sich finden, die einen neuen

Messias beschwören und andere, die in flammenden Reden das große Gericht als göttliche Strafe für das Treiben jenes Wesens bezeichnen, von dem Georg Picht sagte:

»Kein Raubtier erreicht die Stufe der Bestialität, der Ruchlosigkeit und der zynischen oder tückischen Wut, mit der der Mensch im Namen der Zivilisation zu morden, zu vernichten, auszurotten, zu unterdrücken, zu erpressen, zu knechten und auszubeuten versteht. Man muß an Gott glauben, wenn man den Glauben an die verborgene Zukunft des Menschengeschlechtes nicht verlieren soll. Empirisch läßt sich die Hoffnung nicht mehr begründen, daß aus der Schändung von allem, was heilig ist, daß aus Niedertracht, Dummheit, Gier, Roheit und Barbarei noch ein Segen für die Zukunft der Welt hervorgehen kann.«

Das Schicksal der noch Lebenden wird dann ihre körperliche und seelische Verfassung sein. Der allgemeine Gesundheitszustand mochte zwar für ein Leben in einer hochgezüchteten Zivilisation noch ausgereicht haben, wird aber Belastungen nach dem ersten oder dem zweiten Akt der Katastrophe nicht mehr standhalten. Man mag hier an die Nachkriegszeit in einer ausgebombten Stadt denken. Doch dieser Vergleich hinkt. Denn damals waren die Menschen für den Wiederaufbau zwar körperlich geschwächt, nicht aber eigentlich krank. Ihre Immunsysteme waren noch nicht von einer jahrzehntelangen Antibiotika- und Sulfonamid-Therapie geschwächt, die Medizin hatte ihre Pyrrhussiege auf diesem Gebiet nicht gefeiert. Die Fähigkeit, sich gegen Erkrankungen zu wehren, war noch besser. Die Abhängigkeit von Medikamenten und Prothesen war noch nicht so gravierend, wie sie es in Zukunft sein wird. Die Menschen damals fanden zwar Trümmer vor, aber die Erde hatte noch ihre Rohstoffe. Das Wasser war noch sauber, die Luft noch rein. Die Äcker trugen noch Frucht, die Wiesen blühten noch und die Wälder bildeten weithin unversehrte, zusammenhängende Vegetationsreservate.

Dagegen werden sich die Überlebenden der ersten Wellen viel

stärker mit den Problemen der eigenen Existenz und der Krankenversorgung auf einer mißhandelten und verwahrlosten Erde konfrontiert sehen. Sie werden sich tierische Feinde vom Leibe halten müssen – von den Krankheitserregern über die Insekten bis zu den Ratten – Feinde, die in die freigewordenen Räume nachstoßen und überall dort zu finden sind, wo höheres Leben auf dem Rückzug ist. Die Kindersterblichkeit wird massiv zunehmen. Die Alten und Schwerkranken werden mehr oder weniger sich selbst überlassen bleiben und die relativ Gesunden werden vor den Aufgaben, die auf sie warten, immer häufiger kapitulieren.

Wie lange die dann lebenden Menschen die Erde noch bevölkern werden, wird niemand voraussagen wollen. Insgesamt werden die Aussichten jedoch schlechter werden, denn geschädigte Erbanlagen lassen sich schwerlich reparieren. Wahrscheinlich werden die letzten Wellen mit nur geringer Verzögerung kommen und jene »gedämpfte Schwingung« auslaufen lassen, an deren Ende der Mensch von der Erde abgetreten sein wird.

Dieses Ende wird undramatisch mit einem drastischen Fruchtbarkeitsverlust kommen, der den noch halbwegs Gesunden – vielleicht aufgrund gestörter innersekretorischer Systeme – immer weniger und schließlich keine Nachkommen mehr bringt. Die letzten der Art Homo sapiens werden sich dann vielleicht noch lieben, aber ihre Liebe wird keine Früchte mehr tragen. Vielleicht werden sie sich auch nicht mehr lieben, sondern gleichgültig nebeneinander herleben als Überbleibsel ihrer selbst: erloschene Zeugen eines Großversuchs der Natur mit einem Wesen, das in seiner vermeintlichen Blütezeit die Erde beherrscht hat. In ihrer Erinnerung werden die letzten Menschen dieser ihrer großen Zeit nachtrauern. Aber ihre Reue wird ihnen nichts mehr helfen. Der Planet wird überleben, nicht der Mensch.

Literaturhinweise
(Auswahl)

Affemann, R., Krank an der Gesellschaft, Stuttgart 1973
Amery, C., Das Ende der Vorsehung, Reinbek 1972
Ayala, F. J., Anpassung und Zweckmäßigkeit in der Natur, Naturwissenschaft und Medizin 7. Jg. *33*, 3–7 (1970)
Baade, F., Welternährungswissenschaft, Hamburg 1956
Barghoorn, E. S., The Oldest Fossils, Scientific American Vol 224, 5, 30–42 (1971)
Berthold, P., Fortschreitende Rückgangserscheinungen bei Vögeln, Mitteilungen der Max-Planck-Gesellschaft *1*, 18–33 (1973)
Bilz, R., Die unbewältigte Vergangenheit des Menschengeschlechts, Frankfurt/M. 1967
Bilz, R., Paläoanthropologie, Erster Band, Frankfurt/M. 1971
Bresch, C., Klassische und molekulare Genetik, Berlin 1965
Brocher, T., Krisen der kollektiven Anpassung, in: Schlemmer, J., (Hrsg.), Anpassung als Notwendigkeit, München 1973
Campbell, J. J., Der Irrtum mit der Seele, Bern 1973
Carmine, F., Anpassung – Chance zum Überleben, Pharmazeutische Zeitung 118. Jg. *51/52*, 2081–2088 (1973)
Dobzhansky, Th., Die Entwicklung zum Menschen, Hamburg 1958
Enzyklika Papst Paul VI. über die rechte Ordnung der Weitergabe des menschlichen Lebens (Humanae vitae), von den deutschen Bischöfen approbierte Übersetzung, in: Kirchlicher Anzeiger für die Erzdiözese Köln, 108. Jg. vom 8. 9. 1968
Forrester, J. W., Der teuflische Regelkreis, Stuttgart 1972
Forrester, J. W., Die Kirchen zwischen Wachstum und globalem Gleichgewicht, in: Meadows, D. L. und D. H., Das globale Gleichgewicht, Stuttgart 1974, und: Bild der Wissenschaft, Juni 1974, 82–96 (Diskussion)
Fromm, E., Anatomie der menschlichen Destruktivität, Stuttgart 1974
Fuhrmann, W., Genetik, Moderne Medizin und Zukunft des Menschen, München 1970

Fuhrmann, W. und Vogel, F., Genetische Familienberatung, Berlin 1968
Gadamer, H. G. und Vogler, P. (Hrsg.), Biologische Anthropologie, I. und II. Teil, Stuttgart und München 1972
Harbers, E., Nucleinsäuren, Stuttgart 1969
Hardy, A., Verhalten als auslesende Kraft, Umschau 68. Jg. *1*, 13–17 (1968)
Heberer, G., Homo – unsere Ab- und Zukunft, Stuttgart 1968
Hempel, G., Von Plankton und Algen wird keiner satt, Die Welt (Beilage) vom 2.3.1974
Jungk, R., Der Jahrtausendmensch, München 1973
Kahn, H. und Wiener, A., Ihr werdet es erleben, Wien 1968
Kaiser, H. E., Das Aussterben der Tierarten, Naturwissenschaftliche Rundschau 26. Jg. *3*, 102–107 (1973)
Kaplan, R. W., Der Ursprung des Lebens, Stuttgart 1972
Kaplan, R. W. und Mohn, G., Molekulare Mechanismen der Evolutionsprozesse, Umschau 68. Jg. *22*, 679–684 (1968)
Kielholz, P., Pöldinger, W. und Walcher, W., Interview über eine Fragebogen-Aktion zu psychischen Störungen, Medical Tribune *1*, 4.1.1974, 12
Köhler, U., Die gegenwärtigen Möglichkeiten der Lebensverlängerung, Therapiewoche *16*, 790–794 (1965)
Köttgen, U., Kindesmißhandlung, Deutsches Ärzteblatt *10*, 683–688 (1974)
Kurth, G., Biologische Voraussetzungen und Gefahren der Selbstmanipulation des Homo sapiens, Naturwissenschaftliche Rundschau 27. Jg. *5*, 182–189 (1974)
Lausch, E., Manipulation, Der Griff nach dem Gehirn, Stuttgart 1972
Löbsack, Th., Denn sie wissen nicht was sie tun, Der Griff nach dem Leben im Atomzeitalter, München 1959
Löbsack, Th., Die unheimlichen Möglichkeiten oder Die manipulierte Seele, Düsseldorf 1971
Löbsack, Th., Medizin als Gefahr, München 1972
Löwnau, H. W. (ref.), Latente Ratlosigkeit in der Massengesellschaft wesentlicher Faktor für die seelische Fehlentwicklung der Jugend, Medical Tribune *41*, 12.10.1973, 36
Lorenz, K., Das sogenannte Böse, Wien 1963
Lorenz, K., Die Rückseite des Spiegels, München 1973
Manstein, B., Liebe und Hunger, München 1967
Mayr, E., Artbegriff und Evolution, Hamburg 1967
Mayr, E., Zwischen Affe und Affe, Die Welt (Beilage) vom 9.3.1974
Meadows, D., Die Grenzen des Wachstums, Stuttgart 1972
Meadows, D., Wachstum bis zur Katastrophe? Stuttgart 1974
Milne, L. und M., Das Gleichgewicht in der Natur, Hamburg 1965

Monod, J., Zufall und Notwendigkeit, München 1971
Morris, D., Der nackte Affe, München 1968
Nachtsheim, H., Eugenik im Lichte moderner Genetik, Forschung, Praxis, Fortbildung 17. Jg. *1*, 3–8 (1966)
Nachtsheim, H., Kampf den Erbkrankheiten, Schmiden bei Stuttgart 1966
Ochoa, S., Die molekularen Grundlagen der Vererbung und Evolution (Vortrag anläßlich der Nobelpreisträgertagung 1972 in Lindau), Naturwissenschaftliche Rundschau 26. Jg. *1*, 1–15 (1973)
Osche, G., Anpassung in der Stammesgeschichte von Pflanzen und Tier, in: Schlemmer, J. (Hrsg.), Anpassung als Notwendigkeit, München 1973
Osche, G., Biologische und kulturelle Evolution (Vortrag) in: Naturwissenschaftliche Rundschau 26. Jg. *2*, 70–72 (1973)
Osche, G., Evolution, Freiburg 1972
Oparin, A. J., Die Entstehung des Lebens auf der Erde, Berlin/Leipzig 1949
Overhage, P., Experiment Menschheit, Frankfurt/M. 1967
Picht, G., Mut zur Utopie (Zwölf Vorträge), München 1969
Plack, A., Die Gesellschaft und das Böse, München 1967
Randow, Th. v., Sind wir der Informationsflut noch gewachsen? BP-Kurier 20. Jg. *1*, 4–8 (1968)
Remane, A., Storch, V. und Welsch, U., Evolution, München 1973
Rensch, B., Biophilosophie auf erkenntnistheoretischer Grundlage, Stuttgart 1968
Rensch, B., Die höchsten Hirnleistungen der Tiere, Naturwissenschaftliche Rundschau 18. Jg. *3*, 91–101 (1965)
Rensch, B., Die stammesgeschichtliche Entwicklung der Hirnleistungen, Naturwissenschaft und Medizin 7. Jg. *32*, 23–31 (1970)
Rensch, B., Homo sapiens, Vom Tier zum Halbgott, Göttingen 1959
Rensch, B., Neuere Probleme der Abstammungslehre, Stuttgart 1972
Rudzinski, K., Amerikas Brüterprojekt unter Beschuß, Frankfurter Allgemeine Zeitung *128*, 5.6.1974
Sacharow, A. D., Wie ich mir die Zukunft vorstelle, Frankfurt/M. 1968
Schaefer, H., Anpassung als biologisches Prinzip, in: Schlemmer, J. (Hrsg.), Anpassung als Notwendigkeit, München 1973
Schmidbauer, W., Homo consumens, Stuttgart 1972
Schuhmacher, E., Europas Paradiese, Letzte Chancen eines gefährdeten Kontinents, München 1972
Schulz, P., In eine Ecke fliehen, Die Situation Drogenabhängiger scheint aussichtslos, Die Zeit *16*, 12.4.1974, 61
Schurz, J., Gehirnstruktur und Verhaltensmotivation, Naturwissenschaftliche Rundschau 25. Jg. *2*, 45–52 (1972)

Slodbodkin, L. B., Die Strategie der Evolution, Naturwissenschaft und Medizin 5. Jg. *21*, 3–18 (1968)
Steinbuch, K., Falsch programmiert, Stuttgart 1968
Steinbuch, K., Kurskorrektur, Stuttgart 1973
Stephenson, W., The Ecological Development of Man, Sydney/London 1972
Taylor, G. R., Die Biologische Zeitbombe, Frankfurt/M. 1969
Toffler, A., Der Zukunftsschock, Bern 1970
Venzky, G., Die nächste Krise heißt Hunger, Die Zeit *23*, 31. 5. 1974, 3
Vogel, F., Genetische Aspekte der Anpassung, in: Schlemmer, J. (Hrsg.), Anpassung als Notwendigkeit, München 1973
Vogel, F., (Interview zur Humangenetik) in: Medical Tribune *2*, 11. 1. 1974, 6
Wagner, F., Die Wissenschaft und die gefährdete Welt, München 1964
Wahlert, G. v., Latimeria und die Geschichte der Wirbeltiere, Stuttgart 1968
Weizsäcker, C. F. v., Grenzen des Wachstums, Die Naturwissenschaften 60. Jg. *6*, 267–273 (1973)
Wendt, G. (Hrsg.), Genetik und Gesellschaft, Stuttgart 1970
Wickler, W., Die Biologie der Zehn Gebote, Stuttgart 1971
Wieser, St., Isolation, Vom schwierigen Menschen zum hoffnungslosen Fall, Reinbek 1973
Wieser, W., Systeme der Nachrichtenverarbeitung im Gehirn, BP-Kurier 20. Jg. *1*, 14–17 (1968)
Williams, R. H., To Live and To Die: When, Why, and How, Berlin 1973
Zimmermann, W., Vererbung »erworbener Eigenschaften« und Auslese, Stuttgart 1969